中國學術思想 研究輯刊

四十編

林 慶 彰 主編

第 **14** 冊

郝大通《太古集》及其「全真丹道《易》學」研究

吳 韋 諒 著

花木蘭文化事業有限公司

國家圖書館出版品預行編目資料

郝大通《太古集》及其「全真丹道《易》學」研究／吳韋諒 著
-- 初版 -- 新北市：花木蘭文化事業有限公司，2024〔民113〕
目 6+238 面；19×26 公分
（中國學術思想研究輯刊 四十編；第 14 冊）
ISBN 978-626-344-778-3（精裝）
1.CST：太古集 2.CST：易學 3.CST：道教修鍊
4.CST：道教宗派
030.8   113009316

ISBN-978-626-344-778-3

中國學術思想研究輯刊
四十編　第十四冊　　　　　　　　　ISBN：978-626-344-778-3

郝大通《太古集》及其「全真丹道《易》學」研究

作　　者	吳韋諒
主　　編	林慶彰
總 編 輯	杜潔祥
副總編輯	楊嘉樂
編輯主任	許郁翎
編　　輯	潘玟靜、蔡正宣　美術編輯　陳逸婷
出　　版	花木蘭文化事業有限公司
發 行 人	高小娟
聯絡地址	235 新北市中和區中安街七二號十三樓
	電話：02-2923-1455／傳真：02-2923-1452
網　　址	http://www.huamulan.tw 信箱 service@huamulans.com
印　　刷	普羅文化出版廣告事業
封面設計	劉開工作室
初　　版	2024 年 9 月
定　　價	四十編 15 冊（精裝）新台幣 40,000 元

郝大通《太古集》及其「全真丹道《易》學」研究

吳韋諒　著

作者簡介

　　吳韋諒，建國高級中學畢業、臺師大國文系學士、碩士。先天罹患罕見疾病脊髓性肌肉萎縮症，終身須與輪椅為伍。

　　曾獲優秀、傑出學生、中華民國斐陶斐榮譽學會榮譽會員，亦獲建中紅樓文學獎課堂文選獎、臺師大紅樓現代文學獎、文薈獎、青穗文學獎、臺南古典詩獎、天籟詩獎等，現任職臺師大公共事務中心。

　　畢業事隔一年，幸蒙指導教授賴貴三恩師之薦舉，修訂付梓碩論。更是感激父母恩勤，二十七年無論寒暑，盡心竭力將多重重度障礙者撫育茁壯，誠盼能將本書出版，敬獻雙親，深表寸心。

提　要

　　本論文以郝大通（1140～1212）《太古集》及其「全真丹道《易》學」，作為主要研究論題。因其上承象數《易》學，中繼圖書《易》學，下啟「全真丹道《易》學」，更合魏伯陽（151～221）、張伯端（987～1082）、王重陽（1112～1170）之學，「北宗」和「南宗」之「《易》道」與「丹道」遂於其身心圓融，而成「華山派」之一家之學。

　　筆者立足於前人之重要學術研究成果，進而提出基源問題意識：郝大通《太古集》及其「全真丹道《易》學」涵蘊為何？是以論證凡四主題：其一，郝大通之行誼及其《易》道與丹道之師承；其二，〈《周易參同契》簡要釋義并序〉儒、釋、道之三教會通和體用一如；其三，修真圖以《易》道為體、以丹道為用，建立圖式化之內丹修煉理論；其四，金丹詩能顯見於其人可謂王重陽至全真七子之「歧出」，於其論更可謂乃是首創「全真丹道《易》學」。

　　本論文之最大貢獻在於「材料」、「方法」、「觀點」三者有所創見，且經由茲四主題之論證，深化郝大通及其《太古集》涵蘊，且提出自郝大通《太古集》後之專用術語──「全真丹道《易》學」，洞貫其《易》道和丹道之妙，更闡揚郝大通《太古集》及其「全真丹道《易》學」之學術價值。

謝　誌

　　我天生即罹患「罕見疾病」（Rare Disease）——「脊髓性肌肉萎縮症」（Spinal Muscular Atrophy, SMA），因第五號染色體長臂之 5q13.2 區域，[註1] SMN1（Survival of Motor Neuron 1）基因有所缺失，導致運動神經元之退化。[註2]自小學五年級以後，已經完全無力站起，昊蒼正式宣判終身須以輪椅代步，全身上下的肌力和肌耐力亦漸趨孱羸乃至關節攣縮，肺臟、心臟、脊柱、睡眠等基本生理機能運作，更因此遭受相當程度之侵襲。

　　撰寫碩士學位論文的半年時日內，我除了必須藉由復健緩和病魔長期的外在戕害，也需要正視內在之囹圄，且處於身心雙重攪擾之情態，更顯得這本碩士學位論文之完成，相對正常人而言非常之不易。而艱難之背後，自當以母親、父親最重要，萬分感謝父母這二十五年來的關照和栽培，使我在健康上、在品行上、在學業上等等皆能保持良好，又撰述之期間，媽媽細心照料身心，使我可以灌注飽滿精神進行研究，爸爸隨時借閱文獻，讓我不必耗費大量氣力搬運書籍，因有父母，纔有本人，纔有本文，亦盼能將本文以及文學創作學分學程之文學創作作品集——《無為集》，作為小小回報，誠然，「寸草心」難言、難報「『廿』春暉」。

〔註1〕NCBI Genome Data Viewer：https://www.ncbi.nlm.nih.gov/genome/gdv（網站檢索日期：2022 年 12 月 22 日）。

〔註2〕詳細關於罕見疾病「脊髓性肌肉萎縮症」之發病原因、病徵分型、治療藥物等，請參：Thomas W. Prior, Meganne E. Leach, and Erika Finanger, "Spinal Muscular Atrophy," in Adam M. P., Everman D. B., Mirzaa G. M., et al., eds., *GeneReviews*®（Seattle: University of Washington, 1993-2022）, pp. 1-30. https://www.ncbi.nlm.nih.gov/books/NBK1352（網站檢索日期：2022 年 12 月 22 日）。

　　再者，謝謝師長，謝謝師長們的循循善誘、諄諄教誨，使我漸漸明白如何適時謙退、適時表現：感謝指導教授賴貴三老師，自大學三年級開始，啟迪《易》學，鼓舞升學，開闊經學，而於著述期間，除了有問必答、有議必建、有誤必正，且從未施以任何之壓力，更是經常透過手機以便師生聯繫，以及藉此解疑釋結，無論學業還是人生中之躓踣，總是如是給我誠心、安心、信心，可謂既是經師亦為人師乃至亦師亦父；感謝陳廖安老師，自大學一年級引領我進入國學之大千世界，至碩士班深入《易》學、曆學和道教學等等之殿堂，以及以同理心教導做人處事之道；感謝謝聰輝老師，於大學一年級教授《易》學與道教學基礎知識，至碩士班傳授道法和內丹學進階學識，以及對於我之拔擢；感謝黃明理老師、黃瑩暖老師、許華峰老師、陳炫瑋老師、林保淳老師、江淑君老師、沈維華老師、李幸玲老師，授予儒學、道學、佛學等與關懷我生命之哲學體證；感謝鄭燦山老師、蕭進銘老師，提點我內丹學之學脈和學說；感謝徐國能老師、古亭國中導師暨天籟吟社理事長楊維仁老師，指點我詩學之理論以及創作；感謝趙中偉老師、陳睿宏老師，於口試時予我以肯定、指正、通過與鼓勵；感謝建國高中資源教室劉貞宜老師、本校資源教室蘇宗翔老師、張雅雯老師、曾昱翔老師，給予我身心上之支持和撫慰。進而，謝謝親友，謝謝親友們的相知相惜與共患難、共喜樂，使我於生命道塗上不會感到孤寂：感謝亭潔學姐協助查詢論文注腳，感謝簡妤幫忙記錄口試意見；感謝昱甫學長、知臻學長、宜潔學姐、偉傑學長、碧金學姐、昭瑋學長、宇琛學姐、敦喻學姐以及李謙、昀珊、思蘋、柏蓉等人的關心和歡心。另又感謝本碩士學位論文之讀者，精力、體力、學力有限，龎疏、罅漏、謬誤難免，敬請不吝賜教。

　　「人生如《易》，《易》如人生」：乾卦猶如剛「健」之「命」，坤卦宛若柔「順」之「性」；坎卦即是「身」之缺「陷」，離卦則為「心」之光「明」；咸卦似於「情」之「感」通，恆卦類乎「道」之「久」長；既濟卦係「碩士」之「貞」，未濟卦乃「新生」之「元」。「元」、「亨」、「利」、「貞」，『貞』下啟『元』」。碩士班之三年學術研究生涯，韶華不啻光速般地轉盼而去，追憶、回憶，即刹那即永恆，即永恆即刹那，難忘、莫忘。「淡看世事去如煙，銘記恩情存如血。」要之正是因為有父母之養育、因為有師長之作育、因為有親友之惠育，才得以讓我的人生更趨完整、完善、完美，遂而「與道合真」、「與道合一」是也！妙哉！──「韋柔損道心如水，諒直增才墨似流。」

吳韋諒〈易‧道〉
亂流人事坎離樊，
罕疾身心剝復屯。
玄酒一壺消否泰，
玄珠一顆合乾坤。
（2022 年 8 月 25 日）

吳韋諒〈恭頌廣寧通玄妙極太古真君〉
太教重陽畀衲裘，
古經正義契剛柔。
真圖象法陰陽偶，
君道丹珠性命悠。
（2022 年 11 月 25 日）

賴貴三老師〈步和韋諒仁棣頌郝大通太古真君〉
妙極通玄克嗣裘，
廣寧行道大和柔。
三才萬有生生偶，
濟世形神反本悠。
（2022 年 11 月 26 日）

歲玄黓攝提格臘月初九，2022 年 12 月 31 日
吳韋諒　謹誌於無為齋

目

次

第一章　緒　論

　　本章凡分三節：第一節述論「研究動機與問題意識」，自《周易》（*Book of Changes*）於《易》學（*Yi-ology*）史上之通變性和發展性出發，至《周易參同契》函三為一，其又對於道教（Taoism）之丹鼎派產生深遠影響，而全真道（The Quanzhen Taoism）之郝大通（1140～1212）更是其中特殊且重要的代表人物之一，筆者進而據茲提出基源問題（Fundamental Question）意識：郝大通《太古集》及其「全真丹道《易》學」（*Yi-ology Applied to Internal Alchemy of the Quanzhen Taoism*）涵蘊為何？第二節進行「文獻回顧與內容析論」，細分深論太古真君、概論全真七子、總論全真教史三類，並且各舉三項助益相對大之論著，以明其貢獻與缺失，筆者亦期能夠加以正補。第三節說解「研究方法與研究步驟」，應用基源問題研究法、視域融合（Fusion of Horizons）研究法、歷史文獻分析法、詮釋學（Hermeneutics）方法、演繹法（Deduction）、歸納法（Induction）六法，筆者期許可以應合至今對於郝大通之研究成果，更能於本碩士學位論文有所突破，闡揚郝大通《太古集》及其「全真丹道《易》學」之學術價值也。

第一節　研究動機與問題意識

一、研究動機

　　《周易·繫辭傳下》：

　　　　《易》之為書也，不可遠，為道也屢遷，變動不居，周流六虛，上

下无常，剛柔相易，不可為典要，唯變所適。〔註1〕

《易》學洪流，源遠流長，「兩派六宗」，「互相攻駁」，〔註2〕時移世易，積厚流光：先秦（221 B.C.E.～207 B.C.E.）時期之「哲學」（Philosophy）化和「倫理」（Moral）化，兩漢（202 B.C.E.～220 C.E.）時期之「象數」（Phenomenon-Number）化和「讖緯」化，魏（220～266）、晉（266～420）、南（420～589）、北（439～581）朝時之「義理」（Meaning-Principle）化和「玄學」（Metaphysics）化，隋（581～619）、唐（618～907）代時之兼備「象數」和「義理」，宋（960～1279）、金（1115～1234）、元（1271～1368）、明（1368～1644）代時之「圖書」（Diagram-Chart）化和「理學」（Neo-Confucianism）化，清（1636～1912）代以後之「漢《易》」和「宋《易》」的會歸。

民國（1912～）以來，百家爭鳴，除了「象數」派之「占筮」（Divination）、「禨祥」與「圖書」，以及「義理」派之「玄理」、「儒理」（Confucianism）與「史事」，藉由「援《易》立說」之法，續掣推象通辭、占驗災異、天文星象、內外丹鼎、圖書九疇、道法二門、醫學病理、企業管理、中西科學等等領域，乃至「理一分殊」之異，新詮孔門哲理、兩漢儒理、魏晉玄理、隋唐佛理、宋明性理、道門《易》理、三教一理、邏輯推理、中西論理等等哲思。另有眾多與《易》學相關之出土文物，有如：各時各地出土卜甲、卜骨、銅器、陶器上之「數字卦」，又如：公元 1973 年至 1974 年時，湖南省長沙市芙蓉區馬王堆三號漢墓出土帛書《周易》經傳、公元 1977 年時，安徽省阜陽市潁州區雙古堆一號漢墓出土殘簡《周易》經傳、公元 1978 年時，湖北省荊州市江陵縣天星觀一號楚墓出土竹簡卜筮祭禱記錄、公元 1987 年時，湖北省荊門市沙洋縣包山崗二號楚墓出土竹簡卜筮祭禱記錄、《上海博物館藏戰國楚竹

〔註1〕魏・王弼、東晉・韓康伯注，唐・孔穎達正義：《周易正義》，收入清・阮元校勘：《十三經注疏（附校勘記）》（臺北：藝文印書館，2001 年），冊1，卷8，頁 173～174。

〔註2〕《四庫全書總目・經部一・易類一》敘云：「聖人覺世牖民，大抵因事以寓教。《詩》寓於風謠，《禮》寓於節文，《尚書》、《春秋》寓於史，而《易》則寓於卜筮。故《易》之為書，推天道以明人事者也。《左傳》所記諸占，蓋猶太卜之遺法。漢儒言象數，去古未遠也，一變而為京、焦，入於禨祥，再變而為陳、邵，務窮造化，《易》遂不切於民用。王弼盡黜象數，說以《老》、《莊》，一變而胡瑗、程子，始闡明儒理，再變而李光、楊萬里，又參證史事，《易》遂日啟其論端。此兩派六宗，已互相攻駁。」清・永瑢等撰：《四庫全書總目》（北京：中華書局，1987 年），冊上，卷1，經部1，易類1，頁1。

書（三）‧周易》、《上海博物館藏戰國楚竹書（九）‧卜書》、《清華大學藏戰國竹簡（肆）‧筮法》、《清華大學藏戰國竹簡（肆）‧別卦》等等，種種研究更是不勝枚舉。

《四庫全書總目‧經部一‧易類一》敘云：

> 《易》道廣大，無所不包，旁及天文、地理、樂律、兵法、韻學、算術，以逮方外之爐火，皆可援《易》以為說，而好異者又援以入《易》，故《易》說愈繁。〔註3〕

經卦（Trigram）三爻，重卦（Hexagram）六爻，「卦以存時，爻以示變」，〔註4〕卦爻「變」易，時位「適」意。《周易》其中所蘊含之「簡易」（Easiness）的「不易」（Unchange）之「變易」（Change）之道，不僅僅發揮於「表現」（Phenomenon）上之「象數」以及「本質」（Noumenon）上之「義理」，於《易》學發展史亦是如是呈現，各個時期皆各有其主流思潮，繼而物極必反、「窮則思變」，「變則通，通則久」，〔註5〕更可「無所不包」、「生生」〔註6〕不息。

《周易參同契‧大《易》情性章第八十五》：

> 大《易》情性，各如其度。黃老用究，較而可御。爐火之事，真有所據。三道由一，俱出徑路。〔註7〕

東漢（25～220）魏伯陽（151～221）《周易參同契》一書，即是顯例之一。「參」者，「三」也；「同」者，「通」也；「契」者，「合」也；「參同契」者，「《易》學」、「黃老之術」、「爐火之事」三者相通且契合於道也；朱元育（？～？）云：「大《易》性情，隱藏坎離藥物；黃老養性，隱藏中黃爐鼎；

〔註3〕清‧永瑢等撰：《四庫全書總目》，冊上，卷1，經部1，易類1，頁1。

〔註4〕《周易略例‧明爻通變》：「範圍天地之化而不過，曲成萬物而不遺，通乎晝夜之道而无體，一陰一陽而无窮。非天下之至變，其孰能與於此哉！是故，卦以存時，爻以示變。」魏‧王弼：《周易略例》，收入魏‧王弼撰，樓宇烈校釋：《王弼集校釋》（北京：中華書局，2009年），冊下，頁598。

〔註5〕《周易‧繫辭傳下》：「神農氏沒，黃帝、堯、舜氏作。通其變，使民不倦；神而化之，使民宜之。《易》窮則變，變則通，通則久。是以『自天祐之，吉，无不利』。」魏‧王弼、東晉‧韓康伯注，唐‧孔穎達等正義：《周易正義》，卷8，頁167。

〔註6〕《周易‧繫辭傳上》：「富有之謂大業，日新之謂盛德。生生之謂易，成象之謂乾，效法之為坤。極數知來之謂占，通變之謂事，陰陽不測之謂神。」魏‧王弼、東晉‧韓康伯注，唐‧孔穎達等正義：《周易正義》，卷7，頁149。

〔註7〕後蜀‧彭曉注：《周易參同契分章通真義》，收入《正統道藏‧太玄部》（臺北：新文豐出版公司，1985年），冊34，卷下，頁294。

爐火伏食，隱藏煆煉火候。」「三家相參，同出一門，乃契無上至真之妙道耳。」〔註8〕可謂洞中肯綮是也。就「《易》學」言：係藉《周易》卦、爻象及其時位變易，以及承繼孟喜（？～？）、焦延壽（？～？）、京房（77 B.C.E.～37 B.C.E.）等人所建構之漢代象數《易》學方法，例如：月體納甲、納支、五行、九宮、卦氣、十二消息、二十四氣、七十二候、二十八宿、五緯七曜等等，以論煉丹（Alchemy）而可「長生久視」之道，古老的煉丹術亦遂有理論之依憑，可謂《周易》之與「丹鼎」相繫，促成《易》道」之與「丹道」合流。就「黃老之術」言：西漢（202 B.C.E.～9 C.E.）初期乃以其為御政治國之術，東漢中葉之後，漸以之為修身養性之術，養以「黃老自然」之性，修以「歸根返元」〔註9〕之身，而達於「委志歸虛无，无念以為常」〔註10〕之境地，其內所述內、外之兼修而無有偏廢任一端，持續影響後世所謂「外丹」（External Alchemy）和「內丹」（Internal Alchemy）之煉養。就「爐火之事」言：唐代前後多有以「外丹」之角度注之，有敘自「鉛」（Pb）、「汞」（Hg）以至煉成「黃輿」〔註11〕即「鉛汞齊」（Hg_2Pb_5）乃「第一變」，靜置之「黃輿」粉末化乃「第二變」，「黃輿」先氧化（Redox）而昇華（Sublimation）以至煉成「還丹」〔註12〕即「氧化鉛」（PbO、Pb_3O_4）與「氧化汞」（Hg_2O、HgO）乃「第三變」，〔註13〕

〔註8〕 清·朱元育闡幽：《參同契闡幽》，收入《重刊道藏輯要·虛集一～二》（清光緒三十二年丙午（1906）成都二仙菴重刊本），冊95，篇下，頁99～100。

〔註9〕 《周易參同契·務在順理章第八十九》：「引內養性，黃老自然。含德之厚，歸根返元。」後蜀·彭曉注：《周易參同契分章通真義》，卷下，頁295。

〔註10〕 《周易參同契·耳目口三寶章第六十六》：「離氣內營衛，坎乃不用聰。兌合不以談，希言順鴻濛。三者既關楗，緩體處空房。委志歸虛无，无念以為常。證難以推移，心專不縱橫。」後蜀·彭曉注：《周易參同契分章通真義》，卷中，頁284。

〔註11〕 《周易參同契·以金為隄防章第三十七》：「以金為隄防，水入乃優游。金計有十五，水數亦如之。臨爐定銖兩，五分水有餘。二者以為真，金重本如初。其三遂不入，火二與之俱。三物相合受，變化壯若神。下有太陽氣，伏蒸須臾間。先液而後凝，號曰黃輿焉。歲月將欲訖，毀性傷壽年。形體如灰土，狀若明窗塵。」後蜀·彭曉注：《周易參同契分章通真義》，卷上，頁274。

〔註12〕 《周易參同契·搗治并合之章第三十八》：「搗治并合之，持入赤色門。固塞其際會，務令致完堅。炎火張於下，晝夜聲正勤。始文使可修，終竟武乃陳。候視加謹慎，審察調寒溫。周旋十二節，節盡更須親。氣索命將絕，休死亡魄魂。色轉更為紫，赫然成還丹。粉提以一丸，刀圭最為神。」後蜀·彭曉注：《周易參同契分章通真義》，卷上，頁274。

〔註13〕 朱熹（1130～1200）化名鄒訢注「以金為隄防」至「號曰黃輿焉」：「此言丹之第一變也。」注「歲月將欲訖」至「狀若明窗塵」：「此似第二變也。」注「搗

又提及了不少元素（Element）、化合物（Compound）、混合物（Mixture）、定性分析（Qualitative Analysis）、定量分析（Quantitative Analysis）、設備規格、製備技術等等「無機化學」（Inorganic Chemistry）相關知識，縱使魏伯陽和眾多的外丹家明顯尚未知悉「化合反應」（Synthesis Reaction）、「分解反應」（Decomposition Reaction）、「單置換反應」（Single Replacement Reaction）、「複分解反應」（Double Replacement Reaction）之理論與實驗，其仍對內部外丹史乃至外部化學史和醫學史之推進，皆有著繼往開來之地位；唐代以後始有以「內丹」之觀點釋之，有借「日月」以喻「水火」〔註14〕而語「小周天」之功法，有借「江淮」以喻「經脈」〔註15〕而語「大周天」之功法，又有以月體納甲而語一月之火候，〔註16〕遂顯見內煉「無一不與天地合」〔註17〕之消息盈虛，書中所用之比喻與「隱語」繁多，正是楬櫫人身小宇宙和自然大宇宙之相應和合，更是啟迪內部內丹史以丹法乃至外部醫學史以脈理。〔註18〕

治并合之」至「刀圭最為神」：「此第三變也。」南宋・鄒訢（朱熹）注：《周易參同契》，收入《正統道藏・太玄部》，冊34，卷上，頁246～247。

〔註14〕《周易參同契・陽燧取火章第六十五》：「陽燧以取火，非日不生光。方諸非星月，安能得水漿？二氣玄且遠，感化尚相通。何況近存身？切在於心胸。陰陽配日月，水火為效徵。」後蜀・彭曉注：《周易參同契分章通真義》，卷中，頁284。

〔註15〕《周易參同契・法象天地章第八十》：「江淮之枯竭兮，水流注于海。天地之雌雄兮，徘徊子與午。寅、申陰陽祖兮，出入復終始。循斗而招搖兮，執衡定元紀。」後蜀・彭曉注：《周易參同契分章通真義》，卷下，頁291。

〔註16〕《周易參同契・昴畢之上章第四十七》：「昴畢之上，☳震出為徵。陽氣造端，初九潛龍。陽以三立，陰以八通。故三日震動，八日☱兌行。九二見龍，和平有明。三五德就，☰乾體乃成。九三夕惕，虧折神符。盛衰漸革，終還其初。☴巽繼其統，固濟操持。九四或躍，進退道危。☶艮主止進，不得踰時。二十三日，典守弦期。九五飛龍，天位加喜。六五☷坤承，結括終始。韞養眾子，世為類母。上九亢龍，戰德于野。用九翩翩，為道規矩。陽數已訖，訖則復起。推情合性，轉而相與。」後蜀・彭曉注：《周易參同契分章通真義》，卷中，頁278。

〔註17〕俞琰（1253～1314）注「謹候日辰，審察消息」：「天地有晝夜晨昏，人身亦有晝夜晨昏；天地有晦朔弦望，人身亦有晦朔弦望。其間寒暑之推遷，陰陽之代謝，悉與天地相似。所以丹法以天為鼎，以地為爐。以月為藥之用，而採取必按月之盈虧；以日為火之候，而動靜必視日之出沒。自始至末，無一不與天地合。」元・俞琰述：《周易參同契發揮》，收入《正統道藏・太玄部》，冊34，卷5，篇中第1，頁399。

〔註18〕詳細關於《周易參同契》之《易》學、黃老思想和內丹學，請參：孟乃昌：《《周易參同契》考辯》（上海：上海古籍出版社，1993年），頁114～117、134～141、147～152。蕭漢明、郭東升：《《周易參同契》研究》（上海：上海文化出

綜觀魏伯陽《周易參同契》全書，通古變今，援《易》立說，抱一函三，融《易》於道，另闢蹊徑，自成一家，為「道教《易》學」（*Yi-ology Applied to Taoism*）之先驅，乃「丹鼎道派」之嚆矢，無論「文始派」還是「少陽派」，後者有「南宗」、「北宗」、「中派」、「東派」、「西派」、「青城派」、「崆峒派」、「三丰派」、「三峯派」、「伍柳派」等宗派，而各主「自身陰陽」、「同類陰陽」、「虛空陰陽」之實修，又細分「清淨丹法」、「彼家丹法」、「龍虎丹法」、「虛无丹法」之真傳，〔註19〕皆祖述《周易參同契》之奧義，遂見「《易》道」與「丹道」之匯流，誠歷久彌新、蜚聲中外，「萬古丹經王」〔註20〕一書，「含弘光大」〔註21〕是也。

《老子·第一章》：

> 道可道，非常道；名可名，非常名。無名天地之始，有名萬物之母。
>
> 故常無欲，以觀其妙；常有欲，以觀其徼。此兩者同出而異名，同謂之玄，玄之又玄，眾妙之門。〔註22〕

道教之所以為「道教」，正在於其以「道」作為最高信仰圭旨。道教主要可依學理而分五大道派，即「符籙派」、「丹鼎派」、「積善派」、「經典派」和「占驗派」。〔註23〕北宋（960～1127）以降，漸趨居社會主流之二大道派

版社，2001 年），頁 41～112、116～119、149～192、215～242。詳細關於《周易參同契》之外丹學，請參：孟乃昌：《《周易參同契》考辯》，頁 101～114、121～134、160～204。蕭漢明、郭東升：《《周易參同契》研究》，頁 112～116、120～148、193～214。惟前書有不少章節之考辨乃兼內丹學與外丹學，茲僅舉其分論二者之精要處。另後書之第 258 頁末行有誤，「一氧化碳」（CO）需更正為「一氧化鉛」（PbO）。

〔註19〕 茲處謹依蕭天石（1909～1986）和胡孚琛（1945～）之分類，請參：胡孚琛編著：《丹道實修真傳：三家四派丹法解讀》（北京：社會科學文獻出版社，2012年），〈前言〉，頁 1～6。蕭天石：《道家養生學概要》（鄭州：中州古籍出版社，1988 年），卷 2，頁 96～156。

〔註20〕 《真人高象先金丹歌》：「又不聞叔通從事魏伯陽，相將笑入無何鄉。准《連山》作《參同契》，留為萬古丹中王。」北宋·高先：《真人高象先金丹歌》，收入《正統道藏·太玄部》，冊 40，頁 637。

〔註21〕 《周易·坤·象傳》：「至哉坤元！萬物資生，乃順承天。坤厚載物，德合无疆。含弘光大，品物咸亨。」魏·王弼、東晉·韓康伯注，唐·孔穎達等正義：《周易正義》，卷 1，頁 18。

〔註22〕 魏·王弼注：《老子道德經注》，收入魏·王弼撰，樓宇烈校釋：《王弼集校釋》，冊上，篇上，頁 1～2。

〔註23〕 茲處謹依蕭天石之分類，請參：蕭天石：《道海玄微》（北京：華夏出版社，2007年），卷 5，頁 528～531。

——「正一道」（The Zhengyi Taoism）便屬「符籙派」，「全真道」則屬「丹鼎派」。

「正一道」：即東漢順帝（115～144 在世，125～144 在位）時，由張陵（34～156）於鵠鳴山所創之「五斗米道」，因入道者需交納五斗米，是以如是俗稱，道徒尊祖師張陵為「天師」，意謂代天行道，故又名「天師道」，道徒視五斗米道為「正一」，意謂真正不二，故又名為「正一盟威之道」，亦簡稱「正一道」。五斗米道尊奉老子（571 B.C.E.～471 B.C.E.）即為「太上老君」為其道祖，並以《老子》與《老子想爾注》作為基本經典，且視長生成僊為其最終標的，而以「三官手書」自生理（Physiology）和心理（Psychology）層面來為道徒驅邪治病，更有各治「祭酒」考察道徒不可酒肉淫盜，遂顯而易見之，五斗米道其中組織、教主、道書、教義、教儀與戒律等，皆已初具理想宗教（Religion）規模雛形。後於北宋真宗（968～1022 在世，997～1022 在位）大中祥符八年乙卯（1015）之時，封第二十四代張天師張正隨（？～？）「真靜『先生』」，茲後，宋、元之君王皆對歷代之張天師有所賜號乃至封號，南宋（1127～1279）理宗（1205～1264 在世，1224～1264 在位）嘉熙三年己亥（1239），賜第三十五代張天師張可大（1219～1262）「觀妙『先生』」，又命提舉「三山符籙」兼御前諸宮觀教門公事，且主領龍翔宮，元成宗（1265～1307 在世，1294～1307 在位）大德八年甲辰（1304），授第三十八代張天師張與材（？～1316）「正一『教主』」，以及令其主領「三山符籙」，〔註24〕正一道遂確立。至茲，「龍虎山正一道」、「茅山上清派」、「閤皂山靈寶派」、「天心派」、「太一道」、「東華派」、「神霄派」、「清微派」、「淨明道」等等，各大、小、舊、新符籙諸派會合為正一道，正一道之地位實鼎盛矣。〔註25〕

王嚞（1112～1170，以下稱王重陽）〈示學道人〉之二：

　　心中端正莫生邪，三教搜來做一家。

〔註24〕明・張正常撰，明・張宇初刪定，明・張國祥續補校梓：《漢天師世家》，收入《正統道藏・萬曆續道藏》，冊 58，卷 2，頁 421，卷 3，頁 426～427、429～431。

〔註25〕詳細關於「正一道」之歷史源流，請參：任繼愈主編：《中國道教史（增訂本）》（北京：中國社會科學出版社，2001 年），卷上，頁 32～59、115～254、410～434，卷下，頁 731～763、817～839。卿希泰主編：《中國道教史（修訂本）》（成都：四川人民出版社，1996 年），卷 1，頁 156～200、227～304、398～425、465～487，卷 2，頁 119～170、525～659，卷 3，頁 105～141、281～463，卷 4，頁 59～76、181～208、276～345。

義理顯時何有異？妙玄通後更無加。

般般物物俱休著，淨淨清清最好誇。

互劫真人重出現，這迴復得跨雲霞。〔註26〕

「全真道」：即金世宗（1123～1189 在世，1161～1189 在位）大定七年丁亥（1167）之時，由王重陽於寧海州創教，且主要在山東半島一帶傳教，而「全真」之一詞，乃首見於《莊子・雜篇・盜跖第二十九》，〔註27〕意謂「保全真性」。王重陽身處於宋、金改朝易代之際，天昏地暗，兵荒馬亂，政治動盪，社稷憂憤，生靈塗炭，流離失所，有鑑於民族衝突尖銳之情景，卻無法攄舒蘊積已久之怫鬱，而恰又因應三教會通之思潮，便汲取新興道教革新之經驗，且修正傳統道教發展之弊病，創立了全真道，更予以諸多的不得志之儒門義士心之棲所，自外在經濟抱負轉向至內在心性修養，步履宗教修行之途。王重陽陸續收馬鈺（1123～1183）、丘處機（1148～1227）、譚處端（1123～1185）、王處一（1142～1217）、郝大通、孫不二（1119～1182）、劉處玄（1147～1203）「七朵金蓮」〔註28〕為其弟子，〔註29〕且主張三教圓融之思想，而奉《孝經》、《道德經》、《太上老君說常清靜妙經》、《般若波羅蜜多心經》（梵語：*Prajñāpāramitā-hṛdaya-sūtra*）作為重要經典，又倡導「性命雙修」、「先『性』後『命』」、「『性』先於『命』」之體證，於「性功」上「明心見性」，於「命功」上「還虛合道」，內修「自身清淨」，自顯「本來真性」，更蠲滌「酒

〔註26〕「『示』學道人」原作「『永』學道人」，今據《重刊道藏輯要》本改。金・王嚞：《重陽全真集》，收入《正統道藏・太平部》，冊43，卷1，〈七言律詩〉，頁421。金・王嚞：《重陽全真集》，收入《重刊道藏輯要・胃集一》，冊138，卷上，〈七言律詩〉，頁13。

〔註27〕《莊子・雜篇・盜跖第二十九》：「不能說其志意，養其壽命者，皆非通道者也。丘之所言，皆吾之所棄也，亟去走歸，无復言之！子之道，狂狂汲汲，詐巧虛偽事也，非可以全真也，奚足論哉！」西晉・郭象注，唐・陸德明釋文，唐・成玄英疏，清・郭慶藩集釋，王孝魚點校：《莊子集釋》（北京：中華書局，1985年），冊4，卷9下，頁1000。

〔註28〕《金蓮正宗記・重陽王真人》：「指東方曰：『汝何不觀之？』先生回首而望，道者曰：『何見？』曰：『見七朵金蓮結子。』道者笑曰：『豈止如是而已！將有萬朵玉蓮芳矣！』言訖，忽失所在。」金・秦志安編：《金蓮正宗記》，收入《正統道藏・洞真部・譜錄類》，冊5，卷2，頁134。

〔註29〕詳細關於「全真七子」及其入門次序，請參：郭武：〈全真七子「入門」次序略考〉，收入丁鼎主編，趙衛東、于建平副主編：《昆崙山與全真道：全真道與齊魯文化國際學術研討會論文集》（北京：宗教文化出版社，2006年8月），頁29～37。

色財氣」、「攀緣愛念」、「憂愁思慮」〔註30〕之私曲，以通於「超凡入聖」、「不生不死」之境域。至金末時，丘處機之再傳弟子秦志安（1188～1244）繫「北宗」之「五祖」和「七真」，至宋末元初時，「南五祖」漸向「北五祖」靠近，至元世祖（1215～1294 在世，1260～1294 在位）至元六年己巳（1269），詔贈「北宗」諸僊「帝君」、「真君」、「真人」，至元武宗（1281～1311 在世，1307～1311 在位）至大三年庚戌（1310），加封「北宗」諸僊「大帝君」、「帝君」、「真君」、「元君」，至元代中葉後，「南宗」之陳致虛（1290～？）確立「北宗」與「南宗」合并之法脈傳承系統，雖不符合史實，卻為二宗接受，至明代時，全真道較沉寂，至清代時，全真道則中興，丘處機所衍「龍門派」及其歷代門生，功不可沒，至茲，全真道之勢力誠蓬勃矣。〔註31〕

綜觀全真道開展，「北五祖」──「東華紫府輔元立極大帝君」王玄甫（？～？）、「正陽開悟傳道垂教帝君」鍾離權（？～？）、「純陽演正警化孚佑帝君」呂洞賓（？～？）、「海蟾明悟弘道純佑帝君」劉海蟾（？～？）、「重陽全真開化輔極帝君」王重陽，「北七真」──「丹陽抱一無為普化真君」馬鈺之「遇僊派」、「長春全德神化明應真君」丘處機之「龍門派」、「長真凝神玄靜蘊德真君」譚處端之「南无派」、「玉陽體玄廣慈普度真君」王處一之「崙山派」、「廣寧通玄妙極太古真君」郝大通之「華山派」、「清靜淵貞玄虛順化元君」孫不二之「清淨派」、「長生輔化宗玄明德真君」〔註32〕劉處玄之「隨山派」，可謂道心純純、道風漫漫、道論幽幽是也。

其中，郝大通茲一人，雖長期經常為人所淡忘，卻是早期全真道門之中，乃惟一精於《易》道和「丹道」之『易』士與『道』人，筆者以為當窮理和盡心擎修之乎！

〔註30〕《重陽教化集‧化丹陽》：「凡人修道，先須依此一十二箇字：斷『酒色財氣』、『攀緣愛念』、『憂愁思慮』。」金‧王嚞：《重陽教化集》，收入《正統道藏‧太平部》，冊43，卷2，頁552。

〔註31〕詳細關於「全真道」之歷史源流，請參：任繼愈主編：《中國道教史（增訂本）》，卷下，頁661～730、832、840～854。卿希泰主編：《中國道教史（修訂本）》，卷3，頁30～91、178～241、360～382、463～494，卷4，頁77～181、276～345。另後書之第3卷第377頁敘述有誤，秦志安乃王重陽之「三傳」弟子而非「再傳」。

〔註32〕元‧劉志玄、元‧謝西蟾：《金蓮正宗仙源像傳》，收入《正統道藏‧洞真部‧譜錄類》，冊5，〈武宗皇帝加封制詞〉，頁162～164。

二、問題意識

郝大通，初名昇，無字，法名大通，道號廣寧，自稱太古道人，〔註33〕金代山東寧海州人，「全真七子」（Seven Immortals of Quanzhen）之一。

出生於金熙宗（1119～1150 在世，1135～1150 在位）天眷三年庚申（1140）農曆正月初三，僊蛻於金衛紹王（？～1213 在世，1208～1213 在位）崇慶元年壬申（1212）農曆十二月三十日，享壽春秋七十三稔。

金世宗大定七年丁亥，王重陽至寧海州時，細察到郝大通於自設之卜肆，有「非常」（Extraordinary）人氣質，故而背面而坐，且以詩感發之，然因家有母老，是以未即入道。翌年戊子（1168），郝大通棄家至崑崙山煙霞洞，拜入全真道門，王重陽收為徒，傳其法衣，且語之曰：「勿患無袖，汝當自成。」大定九年己丑（1169），王重陽指引其：「撲碎真灰罐，卻得害風觀。直待悟殘餘，有箇人人喚。」大定十年庚寅（1170），王處一因見其「不立苦志」，「忠告而勸激之」，郝大通遂西遊，而王重陽僊逝，後年壬辰（1172），禮王重陽之墓且欲同處，譚處端再激之：「隨人腳跟轉。」遂又東歸。是年，於岐山遇「神人」，授其名、字、道號，以及「《易》之『大』義」。大定十五年乙未（1175），郝大通忽大悟王重陽之密語，便靜默跌坐於沃州石橋修煉，無語、無動、無求、無變、無怒、無受，「志在忘形」，遂得「不語先生」之號，如是長達六年之久之後，大定二十二年壬寅（1182），九轉丹成，起而於真定間闡全真風。是年，經灤城時，又遇「神人」，授以「大《易》『秘』義」。金章宗（1168～1208 在世，1189～1208 在位）明昌元年庚戌（1190），郝大通於一日揮成三十三幀《易》圖。金衛紹王大安元年己巳（1209），郝大通命鑿地宮和預告去期。金衛紹王崇慶元年壬申臘月晦日，郝大通於寧海州先天觀羽化登真。元世祖至元六年己巳，詔贈郝大通為「廣寧通玄太古真人」。元武宗至大三年庚戌，加封郝大通為「廣寧通玄妙極太古真君」。

由茲顯而易見，郝大通可謂為帶藝投師，即其入王重陽門下之前，早已精曉《易》學，入全真道之後，又有「神人」授以「《易》之『大』義」乃至「大《易》『秘』義」；而內丹學部分，則先經歷王重陽之點化，再經王處一與譚處端之勸激，遂忽有所領悟，進而於沃州石橋默坐內煉並長達六載之久，纔傳承內丹學。據茲簡而言之，郝大通之《易》學和內丹學，即有二系師承，前者自

〔註33〕詳細關於郝大通之名、字、道號，章偉文已有詳實考證各書之說法，請參：章偉文：《郝大通學案》（濟南：齊魯書社，2010 年），頁 1～5。

學而成且「神人」又加強，後者自悟而成且師友曾勸誡，《易》學與內丹學二者更於其身心相融通。〔註34〕

　　郝大通之最重要的僅存傳世著作即《太古集》，乃其徒范圓曦（1177～1249）對舊有之《崑崙文集》，「補綴闕遺，改正差繆」，〔註35〕「點校精審，按為定本，刻而傳之」，而「古本」凡一十五卷，〔註36〕《正統道藏》所收「今本」僅有四卷，佚失之論，肯定良多。

　　「今本」《太古集》四卷乃郝大通融會《易》學和內丹學之大著，其可分三部分：

　　其一，卷一〈《周易參同契》簡要釋義并序〉：〈并序〉之後，乃是近於「四言駢賦」，其下逐句自注，簡釋《周易參同契》要義。乃以乾、坤為《易》道」之「體」（Substance）、「用」（Function），且兼融釋僧肇（384～414）之〈不真空論〉之「中道」（梵語：Madhyamā-pratipad）思想。〔註37〕

　　其二，卷二、卷三：凡三十三幀「修真圖」，圖後皆有釋義，蘊涵太極、兩儀、三才、四象、五行、六氣、七星、八卦、九宮、十干、十二地支、十三閏月、十五生數、二十四氣、二十五天數、二十八宿、三十地數、四十五〈河圖〉數、五十五成數、六十甲子、六十四卦、七十二候、三百六十五度四分度之一、三百八十四爻、一萬一千五百二十策等義，天地萬物悉備。主要明示道教宇宙「生生」之理，更是暗寓人軀內丹修煉之法。〔註38〕

〔註34〕詳細研究論證，請閱讀本碩士學位論文之第二章。

〔註35〕《太古集》馮璧（1162～1240）〈序〉：「一日過璧，曰：『……眾人徒見圓曦營建葺累之勤，孰知於《崑崙文集》補綴闕遺，改正差繆，亦頗有一日之勞焉。書已補完，子盍為之序引？』」金・郝大通：《太古集》，收入《正統道藏・太平部》，冊43，頁687。

〔註36〕《太古集》范圓曦〈序〉：「惟是平居製作，若《三教入易論》一卷，《示教直言》一卷，解《心經》、《救苦經》各一卷，《太古集》一十五卷，內〈《周易參同契》簡要釋義〉一卷。師西來日，真定諸人已攻木行於代。歸老之後，又多所撰述。至於舊集所傳，時有改定。世俗抄錄，往往訛舛，欲改新之，蓋未暇也。……圓曦不敏，蒙賴道陰，今得灑掃東原之正一，居多暇日。謹以師後來所正，及世所未見者，點校精審，按為定本，刻而傳之。」金・郝大通：《太古集》，頁689。

〔註37〕金・郝大通：《太古集》，卷1，頁691～694。詳細研究論證，請閱讀本碩士學位論文之第三章。

〔註38〕金・郝大通：《太古集》，卷2～3，頁695～707。詳細研究論證，請閱讀本碩士學位論文之第四章。

其三，卷四〈金丹詩〉：凡三十首「金丹詩」，〈序〉近「四言駢賦」，詩除〈其二十九〉，皆為首句入韻七言律詩。詩中有諸多之「隱語」，乃是其內丹修煉要領與心得。〔註39〕

綜觀郝大通其人及其《太古集》其書，自魏伯陽之《易》、道匯合，至郝大通之《易》、道貫通，乃至三教和合。消極層面而言：既容易為人所忽略，自需加以探賾索隱；積極層面而言：上承《周易參同契》，中繼「圖書《易》學」，下啟「全真丹道《易》學」，其重要性不言而喻。職是之故，筆者遂以茲作為出發點，立足於前人研究之重要學術成果，進而據茲探問：郝大通《太古集》及其「全真丹道《易》學」涵蘊為何？茲即本碩士學位論文所欲精擘之基源問題意識是也。

三、研究目的

今學術界攸關郝大通之研究，或總論全真教史所及郝大通與門徒之過程，或概論全真教旨所涉郝大通和門徒之哲思，或提要郝大通與門徒之著作，或討論郝大通之後學之思想，或探論郝大通和華山之關係，或僅提出相關問題，〔註40〕研究尚嫌不足。而要言之，目前仍極缺乏專書，專一研究會通郝大通之《易》學與內丹學，大多是於闡論全真道時，順帶一提其經歷和學思，且論述多偏向《易》學或內丹學其一，亦不外乎多是依生平、《易》學與內丹學三節以分說之，更有許多研究方向相似甚至重疊。

然而，郝大通入王重陽門下前，早已精通《易》學，出家入道之後，除了將《易》學帶入全真道，使全真道不再僅僅應用八卦於內丹修煉中，又受北宋陳摶（871～989）以後之圖書《易》學所影響，而繪有三十三幀修真圖，且汲取了全真道之「性命雙修」理論，更合魏伯陽、張伯端（987～1082）、王重陽之學，「北宗」和「南宗」之「《易》道」與「丹道」遂於其身心圓融，而成「華

〔註39〕 金‧郝大通：《太古集》，卷4，頁708～711。詳細研究論證，請閱讀本碩士學位論文之第五章。以上各卷簡介，另請參見六書：朱越利：《道藏分類解題》（北京：華夏出版社，1996年），號1342，頁321。任繼愈主編，鍾肇鵬副主編：《道藏提要（第三次修訂本）》（北京：中國社會科學出版社，2005年），號1152，頁560。章偉文：《郝大通學案》，頁103～114。潘雨廷：《道藏書目提要》（上海：上海古籍出版社，2003年），號226，頁247～249。蕭登福：《正統道藏總目提要》（臺北：文津出版社，2011年），冊下，號1153，頁1123～1125。

〔註40〕 茲處謹依章偉文對郝大通及其《太古集》之前人研究之分類，請參：章偉文：《郝大通學案》，頁184～197。

山派」之一家之學，觀秦志安、〔註41〕元好問（1190～1257）、〔註42〕陳銘珪（1824～1881）〔註43〕等人所予高度評價，亦可見其於全真教史上之重要性和特殊性。

王重陽語之曰：「勿患無袖，汝當自成。」王處一因見其「不立苦志」，「忠告而勸激之」，譚處端再激之：「隨人腳跟轉。」〔註44〕筆者以為，郝大通之理路雖大異於王重陽與諸真，但其要言妙道實不亞於諸真且誠特優，當不可忽視之，更可謂其乃是首開「全真丹道《易》學」，具有承上啟下之影響力是也。

〔註41〕《金蓮正宗記・廣寧郝真人》：「贊曰：『廣寧道人，窮探《易》象。憎俗態而頓拋妻子，慕玄風而喜受簪冠。歸隱於煙霞洞中，恭禮於重陽席下。工夫展轉，手段施呈。茂揚太古之精華，吸盡全真之骨髓。按龜蛇而交結，運龍虎以盤旋。寧海市中，暗得傳衣之妙；沃州橋下，堅持鍊氣之功。身外觀身，口中安口。三彭滅而水火顛倒，四氣流而鉛汞調和。自然九轉丹成，三華果結。卒赴蓬壺之舊約，預占臘月之盡期。若非跡寄人間，心通象外者，其孰能與於此乎？』張神童詩云：『處市居山任自然，靜中參透《易》中玄。而今醉臥蓬萊上，萬古人傳太古仙。』」金・秦志安編：《金蓮正宗記》，卷5，頁158。

〔註42〕《遺山集・記・太古觀記》：「是家自皇統以來，起予丘、劉、譚、馬諸師，而郝君於諸師為方外眷屬。今《太古集》所載言詞，往往深入理窟，其以古道自任，有不可誣者。世人知君之道蓋寡，冀特女士，乃能知之。至捐所甚愛，為起庭宇、治場圃，若營其居室然者，豈以名取之乎？冀氏，龍山大族，名士京甫之伯姨。鍊師說其誠實知義理，中歲授道書，即有所得，其尊師重道，蓋有所本云。」〈銘・太古堂銘〉：「真人平生篤於大《易》之學，其以古道自期者，蓋天性然。余嘗讀《太古集》，見其論超詣，非今日披裘擁絮、凶首喪面者之所可萬一。癸卯冬，過慶源館，鍊師所居，乃為作〈太古堂銘〉。其〈銘〉曰：『宇宙一途，萬物並馳。至人深心，砥柱不移。一念萬年，後天為期。虛室生白，嗒焉自遺。故曰：「存乎人，不繫其時。居今而行古，豈季末之能滿？」玄學希夷，大《易》精微。致身羲皇，野鹿標枝。穴居野處，旦暮見之。彼素隱行，怪小智、自私。泯泯默默，至老死而不自復者，殆昨暮兒耶？』」金・元好問：《遺山集》，收入《景印文淵閣四庫全書・集部五・別集類四・金》（臺北：臺灣商務印書館，1986年），冊1191，卷35，頁18，卷38，頁5。

〔註43〕《長春道教源流・王重陽事蹟彙紀・附馬、譚、劉、王、郝、孫紀略・廣寧子郝大通》：「蓋與魏伯陽、張伯端相出入。……則太古《易》學，實不出於重陽。……推其用意，實欲舉魏、張，合之於重陽之學。至其所論述學問、文詞，比諸真為獨優；然當時重陽弟子，首推邱、譚、劉、馬，而太古僅列七真者，豈以其流派稍別歟？要其所學，蓋南、北二宗合併為一之濫觴矣！」清・陳銘珪：《長春道教源流》（臺北：廣文書局，1975年），冊上，卷1，頁71～72。

〔註44〕元・劉志玄、元・謝西蟾：《金蓮正宗仙源像傳》，頁180。元・趙道一編修：《歷世真仙體道通鑑續編》，收入《正統道藏・洞真部・記傳類》，冊8，卷3，頁814～815。

第二節 文獻回顧與內容析論

一、深論太古真君

（一）章偉文（1969～）《郝大通學案》

作者言及至今尚無研究郝大通之專著，或可能因此而撰著學案。茲書依序對於郝大通之生平事跡、修道經歷、傳教事業、後學活動、傳世著述、《易》圖結構、內丹理論、學界成果、著作輯錄、傳記資料等等，已經作了整體性之探討以及整理。筆者以為，若將茲書書名更為「郝大通研究」，名符其實，實不為過。

茲書最重要之篇章乃是在於〈第四章　郝大通全真內丹心性理論〉，其分三節述論：〈第一節　道教易圖理論〉，以《易》圖為形式，對天道和地道之理進行探究，為道教內丹修煉提供「法『天』則『地』」之依據；〈第二節　內丹修煉理論〉，以個體為本位，對於《易》圖所闡發之天地之理有切身之體悟，求得個體與天地可相融通之具體方法；〈第三節　全真心性理論〉，對於前述天、人、地之學之理論，以「體」、「用」之法，融會天之與人、地之與人、「形上」（Metaphysics）之與「形下」（Physics）、「道體」之與「器用」。〔註45〕然而，結論雖是如是，但事實上各節可謂獨立為文，而且其中不乏重覆申論之說，亦有些許省略不論之處，三十三幀修真圖尚有十幀結構未能詳解、三十首金丹詩尚有修煉理論未能詳述，更有匹配錯誤之處，〔註46〕由筆者繼續探驪也。

（二）陳伯适（陳睿宏，？～）〈郝大通《太古集》的天道觀──以其《易》圖中的宇宙時空圖式為主體〉

作者或因郝大通《太古集》所繪《易》圖較多，故而連續發表二篇期刊論文以闡微之。首篇先以先秦《老》學（Lao-ology）之天道觀角度切入，至於兩

〔註45〕請參：章偉文：《郝大通學案》，頁115～183。另第276頁之出處有誤，《金蓮正宗仙源像傳》乃收入於《正統道藏・洞真部・譜籙類》而非〈記傳類〉。又第281頁之卷次有誤，〈太古堂銘〉乃收入於元好問之《遺山先生文集》「卷三八」而非「卷三五」。

〔註46〕例如：金丹詩〈其三〉：「紅鼠黑蛇越世奇，神仙此際泄天機。」章偉文乃釋云：「鼠地支屬子，方位屬北，在《易》為坎，紅則為南方之色，此喻陰中有陽；蛇地支屬午，方位屬南，在《易》為離，黑則為北方之色，此喻陽中有陰。」「蛇」配地支乃「巳」，其遂因而誤解全詩之意義也。金・郝大通：《太古集》，卷4，頁708。章偉文：《郝大通學案》，頁143。詳細研究論證，請閱讀本碩士學位論文之第五章。

漢《易》學之「氣化宇宙論」，以及《周易參同契》以來之內丹學思想，綰揉依序詳析凡十二幀《易》圖，表明郝大通之天道內涵以道為基，進而以乾、坤推布出多元面貌之《易》卦「時空」（Spacetime）向度；次篇承上天道觀點，再依次細論了另十二幀《易》圖。而二篇又數次提及史蒂芬·霍金（Stephen Hawking，1942～2018）強調之「連續性」（Continuity）、「動態性」（Dynamicity）、「擴張性」（Expansion）之「空間」和「時間」，以上乃是作者主要貢獻及其特殊之處。〔註47〕

　　作者二篇期刊論文所論凡二十四幀修真圖，確可顯現郝大通之天道思惟；然其餘九幀修真圖，亦皆為將天道具象化之圖式（Schema），尤其〈二十四氣日行躔度加臨九道圖〉一圖，天球赤道（Celestial Equator）、北斗七星（The Big Dipper）、十二地支、二十四氣、二十八宿等等相配，所呈現者即是金代星宿天象，〔註48〕更隱寓內丹修煉法則於其中，茲實較為可惜之處，由筆者繼續探驪也。

（三）王旭陽（？～）《郝大通術數學思想研究》

　　該本碩士學位論文作者，分章解說郝大通及其《太古集》，其於〈第三章《太古集》所見郝大通術數學〉，分為〈第一節　《周易參同契簡要釋義》詳論〉、〈第二節　易象圖詳論〉、〈第三節　金丹詩略論〉三節，茲章及其三節，即是其最主要之著重處。〔註49〕

　　然而，筆者以為，其論文名之為「術數」，稍有貶低郝大通《太古集》研究價值。另外，有關於第三章，第一節乃「詳」論，闡說約十八頁，第二節亦「詳」論，闡述約五十頁，且一一探索三十三幀修真圖，第三節卻「略」論，述說約僅十頁，且僅述及總計十四首金丹詩；雖然由其偏重，確實胳合其論文

〔註47〕請參：陳伯适：〈郝大通《太古集》的天道觀——以其《易》圖中的宇宙時空圖式為主體（上）〉，《興大中文學報》第 27 期（2010 年 6 月），頁 129～156。
陳伯适：〈郝大通《太古集》的天道觀——以其《易》圖中的宇宙時空圖式為主體（下）〉，《興大中文學報》第 28 期（2010 年 12 月），頁 59～76。

〔註48〕例如：《金史·志第二·曆上·步日躔第三·太陽黃道十二次入宮宿度》：「雨水　危十三度三十九分五十九秒外，入衛分，娵訾之次，辰在亥。……大寒　女二度九十一分九十一秒外，入齊分，玄枵之次，辰在子。」元·脫脫等撰：《金史》（北京：中華書局，1975 年），冊 2，卷 21，志 2，〈曆上〉，頁 459～460。詳細研究論證，請閱讀本碩士學位論文之第四章。

〔註49〕請參：王旭陽：《郝大通術數學思想研究》（北京：中央民族大學哲學與宗教學學院宗教學碩士學位論文，2018 年），頁 20～97。

之標題，但修真圖與金丹詩，乃是郝大通《太古集》真正菁華之處，其考察修真圖結構，而未闡明其中「丹道《易》學」（*Yi-ology Applied to Internal Alchemy*）含蘊，其考論金丹詩要義，而未分析其中內丹修煉理論，以及佛學（*Buddhology*）思想，更未發微修真圖和金丹詩之「大通」，〔註50〕茲實為其缺失之處，由筆者繼續探驪也。

二、概論全真七子

（一）丁原明（1943～）、白如祥（1970～）、李延倉（1975～）《早期全真道教哲學思想論綱》

作者專闢一章〈第八章　郝大通的「全真」哲學思想〉，其分三節解析：〈一、生平與著作〉；〈二、易學天道思想〉，認為郝大通乃對前宇宙圖景、天地造物原理、天道運行規律，進行相關探求；〈三、易學丹道思想〉，主張郝大通乃顯人體小天地、「坎離顛倒」、內丹心法，闡釋其以心法煉丹進而「全真」。〔註51〕

茲書可有一章專論郝大通之《易》學與內丹學，且可引證歷代道家（*Taoist*）和道教之典籍，以證其人與其書之兼融思想，誠屬難得；然而，畢竟要對「全真七子」一一分論，故而較難有大篇幅詳說，難以細闡〈《周易參同契》簡要釋義并序〉、修真圖和金丹詩之相關內涵，且其僅是按照傳統章法結構，依生平、《易》學與內丹學三節分說，而事實上尤其後面二者乃相輔相成、環環相扣，儘量莫要分開述論，其中亦有筆者所否認之說法，〔註52〕由筆者繼續探驪也。

〔註50〕例如：金丹詩〈其九〉：「兌家有卦號歸魂，返老延齡別有門。少女聘時須待命，長男交日見重孫。」四句「隱語」即「歸妹卦」，誠乃與〈三才入爐造化圖〉相應也；金丹詩〈其七〉：「震之內象爻俱動，上德皇君具姓名。」前句「隱語」即為「恆卦」，實乃與〈八卦收鼎煉丹圖〉相應也；金丹詩〈其十三〉：「欲識丹砂分兩齊，西南北位配三奇。」後句「隱語」即為「後天方位」、「月體納甲」、「納支」，誠乃與〈三才象三壇之圖〉相應也。金·郝大通：《太古集》，卷2，頁699，卷3，頁706～707，卷4，頁708～709。詳細研究論證，請閱讀本碩士學位論文之第五章。

〔註51〕請參：丁原明、白如祥、李延倉：《早期全真道教哲學思想論綱》（濟南：齊魯書社，2011年），頁265～294。

〔註52〕例如：注云：「郝氏以『心法』否定了水火交馳、龍虎會合等純技術性的修道方式。」然郝大通有六首金丹詩，〈其二〉、〈其五〉、〈其十四〉、〈其十五〉、〈其十七〉、〈其二十二〉，皆主要述及了茲種修煉功法，其應無否定也。金·郝大通：《太古集》，卷4，頁708～710。丁原明、白如祥、李延倉：《早期全真道教哲學思想論綱》，頁294。詳細研究論證，請閱讀本碩士學位論文之第五章。

（二）梁淑芳（？～）《全真七子修行之道》

作者於〈第七章　廣寧通玄傳太古：郝大通修行之道〉考索之，且以文學性（Literality）之標題強調該章節以下之內容：〈第一節　修道歷程：忍辱苦修，以易闡道〉；〈第二節　理論闡發：乾坤歸鼎，道始太易〉，析論郝大通將三教思想貫通於論著和行止，以及納《易》於內丹修煉中；〈第三節　修仙證真：合會太和，各正性命〉，深論郝大通乃和合《易》學與內丹學，對於全真道之「丹道」根源道論有開創性之功。〔註53〕

茲書除使郝大通之地位相對提升許多，且因重要弟子范圓曦和王志謹（1178～1263）之發揚，而使其可漸漸名顯於全真道，是以引述不少二位門生之論以說解之；然而，實與前書相似，受限全書和該章之組織架構，僅能簡要分論《易》學與內丹學，其中亦有筆者不完全認可之見解，〔註54〕由筆者繼續探驪也。

（三）〔日〕蜂屋邦夫（1938～）撰，金鐵成（？～）、張強（？～）、李素萍（？～）、金順英（？～）譯《金元時代的道教──七真研究》（*Taoism during the Jin-Yuan Period*）

作者於〈第五章　郝廣寧的生涯和教義〉討論時，其分二節探論：〈第一節　郝廣寧的生涯〉；〈第二節　郝廣寧的教義〉，藉由依次探討《真仙直指語錄·郝太古真人語》以及《太古集》文本（Text），認為其未脫離王重陽之教義，且在用語方面，過於拘泥《易》學，而且典據太多，使用許多王重陽和馬鈺皆未曾使用過之語，可謂於「全真七子」中，郝大通是非常獨特的一個人。〔註55〕

〔註53〕請參：梁淑芳：《全真七子修行之道》（臺北：文津出版社，2019年），頁313～370。另第326頁末用詞有誤，郝大通乃「享『壽』七十三歲而非「享『年』」。

〔註54〕例如：文云「以『儒』而言，……。就『道』說，……。以『禪』論，……。」然郝大通不僅僅有禪（梵語：Dhyāna）宗思惟，其如金丹詩〈其二十六〉：「心鏡一磨明照徹，本來面目自然圓。」更暗引〈不真空論〉、「中道正觀」之哲思，其如〈《周易參同契》簡要釋義并序〉：「實相非相，真空不空。」茲點，誠必須加以考論也。金·郝大通：《太古集》，卷1，頁694，卷4，頁711。梁淑芳：《全真七子修行之道》，頁331～335。詳細研究論證，請閱讀本碩士學位論文之第三章。

〔註55〕請參：〔日〕蜂屋邦夫撰，金鐵成、張強、李素萍、金順英譯：《金元時代的道教──七真研究》（*Taoism during the Jin-Yuan Period*）（濟南：齊魯書社，2014年），冊上，頁322～388。

茲書是繼章偉文《郝大通學案》之後，對《太古集》四卷文本內容有較詳盡分論之書，又對郝大通之語錄進行探究，乃其重點之一；然而，其中尚有些許問題仍未解決，日人研究似乎經常如是，即於闡論修真圖與金丹詩時，多有拋出疑義以供後人釐清之言，[註56] 由筆者繼續探驪也。

三、總論全真教史

（一）戈國龍（1971～）《論性命雙修》

作者於茲書中，凡三處提及郝大通：〈引言〉，引用《真仙直指語錄·郝太古真人語》，楬櫫廣義之「性命學」研究主題，即是在於對道教內丹學整體研究；〈第1章　性命本體〉，再次引述〈郝太古真人語〉，以明於「工夫論」（Theory of Moral Cultivation）之意義上，「北宗」之性命「體」、「用」觀乃「先『性』後『命』」、「『性』先於『命』」；〈第2章　性命工夫〉，三次引證〈郝太古真人語〉，以及對照黃元吉（1271～1355）之語錄，論述「既不見性，豈能養命」一語，乃是於「始以性立命」之層次。[註57]

筆者以為，「全真教史」正是一小段「性命雙修」之歷史。作者於〈結語〉表明道：「性命雙修是道教內丹學的一個核心命題與中心思想，它體現了內丹學的基本理論、實踐工夫和修道境界。」又言：「本文……超出一宗一派的局限性視角，而通觀內丹學的整體系統。」更明：「以性命雙修通向生命的永恆

〔註56〕例如：文云：「《十二律呂之圖》乃解說十二律，季節和律呂有關係的思想自古已有之，廣寧也不過是闡述這一常識罷了。管的發生順次為黃鐘─林鐘─太簇─南呂─姑洗─應鐘─無射─夾鐘─夷則─大呂─蕤賓─清宮黃鐘─仲呂─執始─去滅─南事，其根據不甚清楚。其中清宮黃鐘、執始、去滅、南事是派生物，至於剩餘的十二管自應鐘之後應以蕤賓─大呂─夷則─夾鐘─無射─仲呂，這是一般的觀點。派生物中，執始為黃鐘變，去滅即林鐘變，不過，執始和清宮黃鐘的關係不清楚是怎麼回事，南事是什麼也不清楚。蕤賓和仲呂中間是否夾有清宮黃鐘，也是不可解的，根據廣寧的表來看四寸九分的蕤（筆者案：「蕤」以正之）賓三分損一而生的是三寸三分的仲呂，不是清宮黃鐘。」然郝大通乃繼承於京房之「六十律」，卻又衍生三點需要釐清之疑義也，其中，《正統道藏》之「原本圖」無誤，蜂屋邦夫之「還原圖」有誤，「無射」之下「五寸三分」需更正為「六寸三分」。金·郝大通：《太古集》，卷2，頁699～700。〔日〕蜂屋邦夫撰，金鐵成、張強、李素萍、金順英譯：《金元時代的道教──七真研究》，冊上，頁367，冊下，頁905。詳細研究論證，請閱讀本碩士學位論文之第四章。

〔註57〕請參：戈國龍：《論性命雙修》（香港：青松出版社，2009年），頁1～2、18、53～57。

與超越，內丹學這種對生命解脫的追求與探索，像黑暗中的燈塔，將照亮我們前進的道路。」〔註58〕對於內丹學之相關議題，筆者將持續關注也。

（二）陳垣（1880～1971）《南宋初河北新道教考》

作者首列〈全真教傳授源流表〉以及〈全真教歷任掌教表〉，繼而分成二卷以論「全真教之起源」、「教徒之制行」、「殺盜之消除」、「士流之結納」、「藏經之刊行」、「教史之編纂」乃至「人民之信服」、「婦女之歸依」、「官府之猜疑」、「焚經之厄運」、「末流之貴盛」、「元遺山之批評」，〔註59〕面面俱圓，言簡意賅。而談及郝大通之處雖是寥寥無幾，然因其於過往，本就較受忽略，是以未可厚非。且茲書著重於全真道之歷史現象及其緣由，乃繼陳銘珪之《長春道教源流》之後，第二本為全真道研究奠基之卓作，既破除掉宗派框架，又取用了金石材料，且思懷著民族意識，故而「南宋初」者，藉史諷世，至若「新道教」者，有別舊派。據茲，更是必讀之書。

筆者以為，史學「南北二陳」之號乃是實至名歸。作者於〈藏經之刊行第五〉嘗曉諭：「何謂『留讀書種子』？全真家可貴，非徒貴其不仕也，貴其能讀書而不仕也。若不讀書而不仕，則滔滔天下皆是，安用全真乎！若因不仕而不讀書，則不一二世悉變為無文化之人，此統治者所求而不得也。故全真雖不仕，書卻不可不讀。……《道藏》雖不講『三綱五常』，而包涵中國固有雜學，如儒、墨、名、法、史傳、地志、醫藥、術數之屬無不備，固蔚然一大叢書也。能寢饋於斯，雖伏處山谷，十世不仕，讀書種子，不至於絕，則全真家刊行《道藏》之意義大矣。」〔註60〕對於各種《道藏》所收無數《易》學和內丹學經典，筆者將持續關注也。

（三）張廣保（1964～）《金元全真教史新研究》

作者因非主要對郝大通進行研究，故提及處乃散見於茲書其中八章：〈第一章：祖庭與堂下──全真教各宗系的整合〉，論及郝大通一系之弟子王志謹、范圓曦、李志柔（1188～1266）、李守寬（？～？）、郭守沖（？～？）等；〈第

〔註58〕戈國龍：《論性命雙修》，頁120～121。

〔註59〕請參：陳垣：《南宋初河北新道教考》，收入陳垣撰，陳志超主編：《陳垣全集》（合肥：安徽大學出版社，2009年），冊18，〈全真教傳授源流表〉，頁393～394，〈全真教歷任掌教表〉，頁395～396，卷1，頁399～428，卷2，頁429～468。

〔註60〕陳垣：《南宋初河北新道教考》，卷1，頁423～424。

二章：蒙元時期全真教大宗師的傳承〉，申論郝大通一系之門生孫履道（？～？）任掌教一職；〈第三章：蒙元時期全真宗祖譜系的形成〉，考辨郝大通之師承，因王重陽不擅《易》學，是以可能另有授受；〈第四章：早期全真教戒律形成研究〉，引述王志謹探討心性修煉之與全真戒律二者關係之語錄；〈第五章：金元全真教徒的修煉生活〉，探究王志謹著重勞作和煉心之關聯性；〈第六章：全真教性命雙修的內丹學〉，闡發郝大通之心性修行，其於沃州石橋默坐苦修六年之久，乃典型之清靜煉心之法；〈第九章：蒙元時期宗王、世侯對全真教的護持與崇奉〉，敘及范圓曦之門徒高道宣（？～1276）受封為真人，亦言及李志柔之弟子石志堅（1205～1277）主持遷葬郝大通等師之遺蛻，又談及嚴實（1182～1240）迎請范圓曦住持上清萬壽宮之緣由；〈第十章：金元全真著述考〉。〔註61〕

筆者以為，「『新』研究」即是在於將全真道歷史置於當時之社會。作者於〈導言：中國全真教研究一百二十八年（1879～2007）〉便提出諸項全真道研究之問題，其中包含需要「置入金末蒙初社會的大環境」、「對元明民間宗教三教合一思想的關係」等等，乃至各國學者「由於各自關注的視點及所使用的研究方法的不同，實際上彼此之間還缺乏有效的對話及互動」。〔註62〕對於相關議題，筆者將持續關注也。

除了以上文獻，尚有諸多研究闡微郝大通及其《太古集》；〔註63〕然因散見或與前述研究主題有其交集之處，故不再贅論也。〔註64〕

〔註61〕 請參：張廣保：《金元全真教史新研究》（香港：青松出版社，2008 年），頁 22～23、54～55、62～64、95～96、160～161、177～178、182～188、225、255～257、279、395～396、412～417、438～439。

〔註62〕 張廣保：《金元全真教史新研究》，頁 17～18。

〔註63〕 筆者曾發表過一篇學術論文，專文撰述發微修真圖和金丹詩之涵蘊乃至二者關聯，請參：吳韋諒：〈郝大通《太古集》中金丹詩隱訣及與修真圖關係探驪〉，收入《中國文學研究》第四十二屆論文發表會會議論文集》（臺北：國立臺灣大學中國文學系，2021 年 5 月），頁 29～61。

〔註64〕 請參：李秋麗：《元代易學史》（濟南：齊魯書社，2013 年），頁 417～431。馬濟人：《道教與煉丹》（臺北：文津出版社，1997 年），頁 83。張廣保：《金元全真道內丹心性學》（北京：生活・讀書・新知三聯書店，1995 年），頁 14～15、27～28、41、85、132。詹石窗、連鎮標：《易學與道教文化》（福州：福建人民出版社，1995 年），頁 382～389。張應超：〈郝大通──全真華山派開派祖師〉，《中國道教》1993 年第 4 期（1993 年 3 月），頁 45～46。章偉文、黃義華：〈全真「華山派」傳承譜系分析〉，《中國道教》2010 年第 2 期（2010 年 4 月），頁 39～44。李延倉：〈郝大通的「易學天道」論〉，《周易研究》2010

第三節　研究方法與研究步驟

一、研究義界

　　另於郝大通《太古集》之中，關於卷二以及卷三所繪之圖，原卷次無標題，故究竟應該稱「《易》圖」還是「修真圖」？

　　郝大通〈《周易參同契》簡要釋義并序〉敘文已昭顯：

> 若夫太極肇分，三才定位。布五行於玄極，列八卦於空廓。發揮七政，臚次紀綱。垂萬象於上方，育群靈於下土。是故聖人仰觀俯察，裁成輔相。信四時而生萬物，通變化而行鬼神。通精無門，藏神無穴。寂然不動，感而遂通。至於修真達道之士，用之德化十方，慧超三界。升沉而龍吟虎嘯，消息而蛇隱龜藏。一往一來，神號而鬼哭；一伸一屈，物我以俱忘。〔註65〕

　　法國女性漢學家和道教學家戴思博（Catherine Despeux，1946～）亦指明：

> 如果說《修真圖》是一個人體圖，那麼它絕對不是一個要表現「肉體」的圖形，我們還必須看到它的另一面，即修真的「真體」。修煉者在「閱讀」這個圖時，他仿佛是行走在迷宮中，他一步步地去觀察、去破解，倏然間，茅塞頓開，關竅開通，「真形」顯現。此刻的

年第 3 期（2010 年 6 月），頁 54～61。張曉芬：〈粹之以易象，廣之以禪悅——試論郝大通暨其弟子「全真心性論」的修養功夫〉，《國防大學通識教育學報》第 1 期（2011 年 6 月），頁 223～240。章偉文：〈太古真人郝大通及盤山派的全真內丹心性學〉，《世界宗教研究》2014 年第 6 期（2014 年 12 月），頁 81～89。李康：〈華山派丹法源流及特點〉，《武當》2015 年第 6 期（2015 年 6 月），頁 65～66。王旭陽：〈《太古集自序》所見郝大通易學思想概述〉，《今古文創》2020 年第 9 期（2020 年 3 月），頁 21～22。魏耀武：〈郝大通內丹學本體論的易學建構〉，《武當》2022 年第 1 期（2022 年 1 月），頁 54～56。韓占剛：〈全真祖師的相關詩文集補考〉，《中國典籍與文化》2022 年第 3 期（2022 年 7 月），頁 113～121。陳廖安：〈《全真道藏》芻議〉，收入盧國龍編：《全真弘道集：全真道——傳承與開創國際學術研討會論文集》（香港：青松出版社，2004 年 7 月），頁 395～419。樊光春：〈全真道傳承關係研究芻議〉，收入丁鼎主編，趙衛東、于建平副主編：《昆嵛山與全真道：全真道與齊魯文化國際學術研討會論文集》，頁 25～28。呂錫琛：〈全真道心性思想的心理治療智慧〉，收入丁鼎主編，趙衛東、于建平副主編：《昆嵛山與全真道：全真到與齊魯文化國際學術研討會論文集》，頁 115～122。欽偉剛：〈俞琰《參同契》注解所見全真教文獻〉，收入丁鼎主編，趙衛東、于建平副主編：《昆嵛山與全真道：全真道與齊魯文化國際學術研討會論文集》，頁 308～314。
〔註65〕金・郝大通：《太古集》，卷 1，頁 691。

《修真圖》纔真正呈現出了它的全貌。在它面前，修煉者仿佛面對著一面鏡子，清晰地看到了自己的「真形」，這就是他的身體、外在的宇宙和神靈的構造與運行。〔註66〕

　　據筆者之查考，歷來學者與專家之研究多是稱之「《易》圖」。筆者以為，茲稱並非全然有誤，主因在於諸圖多為漢《易》和宋《易》之象數要素，而郝大通於各圖後，亦多是以《易》學及其所會通之自然科學領域，尤以數學、天文學（Astronomy）、曆學（Hemerology）、星占學（Astrology）居多，對各圖式加以說明，較少述及全真道之性命理論。

　　但茲名實際上不夠精準，誠因其以《易》學作為表象，而以內丹作為本質，其以《易》學作為塗徑，而以內丹作為宗旨，實如郝大通所顯用之以修煉內丹，以及戴思博所明察之以顯現真形，〔註67〕即「修真」纔是諸圖之真正義涵。例如：〈乾象圖〉〔註68〕（圖4-1-1）對應金丹詩〈其二〉：「五五純陽足有功，大圓乾象以為宗。」〔註69〕〈五行圖〉〔註70〕（圖 4-1-10）對應金丹詩〈其十二〉：「八卦相乘定主賓，五行生剋驗君臣。」〔註71〕〈二十四氣加臨乾坤二象陰陽損益圖〉〔註72〕（圖4-1-13）對應金丹詩〈其四〉：「黃羊化作白猿猴，猛虎留蹤待赤牛。」〔註73〕〈八卦反復圖〉〔註74〕（圖3-1-2）對應金丹詩〈其六〉：「四變艮宮成妙體，返形革命達真胎。」〔註75〕〈河圖〉〔註76〕（圖 4-1-

---

〔註66〕〔法〕戴思博撰，李國強譯：《《修真圖》——道教與人體》（*Xiu Zhen Tu*）（濟南：齊魯書社，2013 年），頁 165～166。

〔註67〕戴思博所舉之例證又如：蕭應叟（？～？）注《元始無量度人上品妙經內義》中有〈大還心鏡火候之圖〉、陳致虛撰《上陽子金丹大要圖》中有〈太極順逆圖〉以及〈明鏡丹道圖〉等等，眾多相關圖式，皆藉象數以寓內丹修煉含蘊，請參：南宋・蕭應叟注：《元始無量度人上品妙經內義》，收入《正統道藏・洞真部・玉訣類》，冊3，頁 229。元・陳致虛：《上陽子金丹大要圖》，收入《正統道藏・太玄部》，冊40，頁 513、515。〔法〕戴思博撰，李國強譯：《《修真圖》——道教與人體》，頁 25、117～142。

〔註68〕金・郝大通：《太古集》，卷2，頁 695。

〔註69〕金・郝大通：《太古集》，卷4，頁 708。

〔註70〕金・郝大通：《太古集》，卷2，頁 698。

〔註71〕金・郝大通：《太古集》，卷4，頁 709。

〔註72〕金・郝大通：《太古集》，卷3，頁 701。

〔註73〕金・郝大通：《太古集》，卷4，頁 708。

〔註74〕金・郝大通：《太古集》，卷3，頁 702。

〔註75〕金・郝大通：《太古集》，卷4，頁 708。

〔註76〕金・郝大通：《太古集》，卷2，頁 697。

20）對應金丹詩〈其五〉：「一七元中九六年，始知我命不由天。」〔註77〕〈二十四氣日行躔度加臨九道圖〉〔註78〕（圖4-2-6）對應金丹詩〈其十四〉：「火雲飛入牛郎鼻，霜月穿開織女心。」〔註79〕〈三才象三壇之圖〉〔註80〕（圖4-3-1）對應金丹詩〈其十五〉：「二八佳人呈雅態，九三君子騁容儀。」〔註81〕〈三才入爐造化圖〉〔註82〕（圖4-3-2）對應金丹詩〈其二十六〉：「爐內飛鉛常固濟，鼎中結汞永新鮮。」〔註83〕〈八卦收鼎煉丹圖〉〔註84〕（圖4-3-3）對應金丹詩〈其二十九〉：「無相門中堆白雪，虛空藏裏產黃芽。」〔註85〕等等。

　　然又未如清代之〈內經圖〉，〔註86〕尚未詳細描繪人身內部景象。是以筆者於本碩士學位論文之中，除不任意更動前人研究所使用之名稱，其餘不以「《易》圖」稱之，而是皆以「修真圖」謂之，且將會自「後天（拉丁語：A Posteriori）象數」至「先天（拉丁語：A Priori）超象數」茲一次第，〔註87〕對三十三幀「修真圖」一一進行建構、解構、重構，以將這些非表現「肉體」之眾多圖形，察其「真體」，現其「真形」，知其人體小宇宙以及自然大宇宙相應，顯其內丹修煉涵蘊，更明「全真丹道《易》學」是也。

二、研究方法

　　本碩士學位論文題目為《郝大通《太古集》及其「全真丹道《易》學」研究》（*The Research into Hao, Da-Tong's Taigu Ji and His "Yi-ology Applied to Internal Alchemy of the Quanzhen Taoism"*），研究恉歸即在探賾郝大通《太古集》所首創之「全真丹道《易》學」。除了郝大通《太古集》文本，亦需熟稔

〔註77〕金・郝大通：《太古集》，卷4，頁708。
〔註78〕金・郝大通：《太古集》，卷3，頁706。
〔註79〕金・郝大通：《太古集》，卷4，頁709。
〔註80〕金・郝大通：《太古集》，卷3，頁706。
〔註81〕金・郝大通：《太古集》，卷4，頁709。
〔註82〕金・郝大通：《太古集》，卷2，頁699。
〔註83〕金・郝大通：《太古集》，卷4，頁711。
〔註84〕金・郝大通：《太古集》，卷2，頁699。
〔註85〕金・郝大通：《太古集》，卷4，頁711。
〔註86〕詳細關於〈內經圖〉和〈修真圖〉之內涵，請參：袁康就：〈《內景圖》與《修真圖》初探〉，《中國道教》2010年第1期（2010年2月），頁25～32。
〔註87〕詳細關於「後天象數」、「先天超象數」之先後義和超越義（Transcendentalism），請參：賴錫三：《丹道與易道：內丹的性命修煉與先天易學》（臺北：新文豐出版公司，2010年），頁195～247。

歷代《易》學和內丹學相關著述，及其所經常關涉之自然科學領域，各種知識更要加以圓融。故本碩士學位論文會使用到「基源問題研究法」、「視域融合研究法」、「歷史文獻分析法」、「詮釋學方法」、「演繹法」、「歸納法」，「基源問題研究法」乃是最根本之研究方法，「歷史文獻分析法」乃是最主要之研究方法，「歸納法」則是正文各章皆會使用之研究方法。綜合以茲六種研究方法，對本論題詳加深入研究：

其一，「基源問題研究法」：全真道之「北宗」強調實踐「性命雙修」、「先『性』後『命』」、「『性』先於『命』」，並且了證生命本體關懷、終極目標，意即心性開悟，以及「形神俱妙」，乃至郝大通及其《太古集》如何融通《易》學與內丹學，進而修煉以達於「太古」偓真之境地，而茲正是本研究之基源問題意識——郝大通《太古集》及其「全真丹道《易》學」涵蘊為何？

茲方法之目的，一是於各章節之論證上，可如實把握「北宗」之性命學之核心思惟及其脈絡，二是於整體上藉由回應基源問題意識，對於郝大通《太古集》所架構之「全真丹道《易》學」，可以擁有更為完整性之闡發以及映現。

其二，「視域融合研究法」：《易》學本是《易》學，內丹學本是內丹學，後於東漢魏伯陽《周易參同契》之《易》、道合流，又至金代郝大通《太古集》之《易》、道融會，筆者以為，於其人可謂王重陽至「全真七子」之「歧出」，於其論可謂之乃是首開「全真丹道《易》學」，承先啟後之重要性與影響性不可漠然置之。

茲方法之目的，一是兼融《易》學和內丹學茲二門學術研究門檻較高之視域，纔可明確顯現郝大通《太古集》其中二者貫通之義，二是除「《易》道」與「丹道」之外，又涉及了數學、天文學、曆學、星占學等自然科學領域之知識，皆需加以探賾以展現之。

其三，「歷史文獻分析法」：除了細讀郝大通《太古集》文本內容，亦會對讀相關教內以及教外原典，包含道觀志、地方志等等，乃至遍尋古今所整理之金石碑碣材料，有如道行碑等，而通曉其所記載之史蹟，更要通讀歷代《易》學、道教學、佛教學等相關之典籍，以闡明郝大通《太古集》之蘊涵。

茲方法之目的，一是對於郝大通《太古集》文本，必須有最高程度之掌握，二是以時代為縱向、以人物為橫向之綰合，而形成之四維觀測者（Observer）參考系（Frame of Reference），以闡發其中思想體系和影響價值。

　　其四，「詮釋學方法」：先自整體即為「知人論世」〔註88〕，再至部分即為
郝大通《太古集》文本各卷內容，最後又自部分回到整體，藉由如是辨證互動
以整全理解之。

　　茲方法之目的，一是先對郝大通有多方面之洞悉，纔可加以開展進一步之
哲學論述，二是續對《太古集》有各卷次之通達，降低過度詮釋之可能性，互
證文本內在之協調性。

　　其五，「演繹法」：所有推理皆必須要符合邏輯理論，即「直言三段論」
（Syllogism），而「詮釋學方法」作為整體準則，細部合理推論郝大通《太古
集》之「《易》道」理論與「丹道」理論。

　　茲方法之目的，一是有了邏輯學之「演繹」推理，論證郝大通及其《太古
集》自可相較鞏固，二是結合了「詮釋學方法」，筆者不僅僅是一名相對理想
之研究者，更能相對接近郝大通《太古集》原義乃至適宜發揮要義。

　　其六，「歸納法」：將各章節論證作一全面性之考察，並且回到郝大通《太
古集》文本內容，驗證和總結其哲思、涵蘊、評價、價值等，最後歸納結論。

　　茲方法之目的，一是為各章作小結，小結各章所考論郝大通及其《太古集》
之內容，二是為本碩士學位論文作一總結，總結文本和論述互證之綱領及其脈
絡，以使郝大通《太古集》及其「全真丹道《易》學」之研究更完善。

三、研究步驟

　　本碩士學位論文凡六章，茲分說其所運用之研究方法、所履行之研究步驟
以及綱領：

　　〈第一章　緒論〉——主要運用「基源問題研究法」：第一節述論「研究
動機與問題意識」，自《周易》於《易》學史上之通變性和發展性出發，至《周
易參同契》函三為一，其又對於道教之丹鼎派產生深遠影響，而全真道之郝大
通更是其中特殊且重要的代表人物之一，筆者進而據茲提出基源問題意識：郝
大通《太古集》及其「全真丹道《易》學」涵蘊為何？第二節進行「文獻回顧
與內容析論」，細分深論太古真君、概論全真七子、總論全真教史三類，並且
各舉三項助益相對大之論著，以明其貢獻與缺失，筆者亦期能夠加以正補。第

〔註88〕　《孟子・萬章下》：「以友天下之善士為未足，又尚論古之人。頌其詩，讀其書，
　　　　　不知其人，可乎？是以論其世也。是尚友也。」東漢・趙岐注，北宋・孫奭疏：
　　　　　《孟子注疏》，收入清・阮元校勘：《十三經注疏（附校勘記）》，冊 8，卷 10
　　　　　下，頁 188。

三節說解「研究方法與研究步驟」，應用基源問題研究法、視域融合研究法、歷史文獻分析法、詮釋學方法、演繹法、歸納法六法，筆者期許可以應合至今對於郝大通之研究成果，更能於本碩士學位論文有所突破，闡揚郝大通《太古集》及其「全真丹道《易》學」之學術價值也。

〈第二章　郝大通之行誼〉——主要運用「視域融合研究法」、「歷史文獻分析法」、「詮釋學方法」：第一節編撰「郝大通之年譜」，主要藉年代相近之教內原典，即藉《金蓮正宗記》、《七真年譜》、《甘水仙源錄》、《金蓮正宗仙源像傳》、《歷世真仙體道通鑑續編》五書，乃至道行碑等金石碑碣，進而以年譜之體式，鉤沉郝大通其人、其事。第二節考辨「郝大通之著作」，《三教入易論》一卷、《示教直言》一卷、《心經解》一卷、《救苦經解》一卷，四書於各種《道藏》中皆已佚失，而「古本」《太古集》一十五卷又經弟子范圓曦重刊之，「今本」僅存四卷，遂就《太古集·自序》大致推測分判「初版」和「定版」乃至「今本」之異同。第三節考論「郝大通之師承」，其入道前便已精於《易》學，而王重陽則否，且僅指點三次，故其《易》學另有師承授受為真，其內丹學則受《祕傳正陽真人靈寶畢法》以及《悟真篇》影響。其後〈小結〉行誼之重點也。

〈第三章　〈《周易參同契》簡要釋義并序〉之疏論〉——主要運用「視域融合研究法」、「歷史文獻分析法」、「演繹法」：第一節闡論「以道為體，以教為用」，承上一章行誼，淵源乃汲取二系師承之思惟，藉茲疏解「道」之與「教」二者關係。第二節析論「以乾為體，以坤為用」，承上一節疏解，《周易參同契》作為「萬古丹經王」，藉茲疏通「乾」之與「坤」二者關聯。第三節考論「以道為體，以釋為用」，承上二節疏通，又和合釋僧肇之〈不真空論〉之「中道」思想乃至「重玄」（Twofold Mystery）思惟，藉茲會通「道」之與「釋」二者連繫。其後〈小結〉郝大通於〈《周易參同契》簡要釋義并序〉其中所謂「即體即用」、「體用一如」之理也。

〈第四章　修真圖之解析〉——主要運用「視域融合研究法」、「歷史文獻分析法」、「演繹法」：第一節表明「卜筮、象數、圖書為承傳」，承上一章疏論，〈乾象圖〉、〈坤象圖〉（圖 4-1-2）、〈天地交泰圖〉（圖 4-1-3）、〈日象圖〉（圖 4-1-4）、〈月象圖〉（圖 4-1-5）、〈日月會合圖〉（圖 4-1-6）、〈變化圖〉（圖 4-1-7）、〈乾坤生六子圖〉（圖 4-1-8）、〈四象圖〉（圖 4-1-9）、〈五行圖〉、〈天元十干圖〉（圖 4-1-11）、〈五行悉備圖〉（圖 4-1-12）、〈二十四氣加臨乾坤二象陰陽損益

圖〉、〈二十四氣加臨卦象圖〉（圖4-1-14）、〈二十四氣加臨七十二候圖〉（圖4-1-15）、〈六十甲子加臨卦象圖〉（圖4-1-16）、〈六子加臨二十四氣陰陽損益圖〉（圖4-1-17）、〈八卦反復圖〉、〈十二律呂之圖〉（圖4-1-19）、〈河圖〉、〈天數奇象圖〉（圖4-1-21）、〈地數偶象圖〉（圖4-1-22）、〈天地生數圖〉（圖4-1-23）、〈天地成數圖〉（圖4-1-24）二十四幀乃是第一類「修真圖」，自乾、坤起始，以建構其「氣化宇宙論」之圖式及其道理。第二節闡發「中醫、曆法、星占為開展」，承上一節建構，〈八卦數爻成歲圖〉（圖4-2-1）、〈五運圖〉（圖4-2-2）、〈六氣圖〉（圖4-2-3）、〈二十八宿加臨四象圖〉（圖4-2-4）、〈北斗加臨月將圖〉（圖4-2-5）、〈二十四氣日行躔度加臨九道圖〉六幀乃是第二類「修真圖」，解構以「卦氣說」所對應之中醫學（Traditional Chinese Medicine）、曆學和星占學理論，乃至使用現代天文軟體〔註89〕模擬金代星宿天象。第三節發微「丹術、丹法、丹道為宗恉」，承上一節解構，〈三才象三壇之圖〉、〈三才入爐造化圖〉、〈八卦收鼎煉丹圖〉三幀乃是第三類「修真圖」，重構其如何由卦象「法『天』則『地』」，進而人軀小宇宙與自然大宇宙之相應內煉。其後〈小結〉郝大通以「《易》道」為「體」、以「丹道」為「用」之圖式化之內丹修煉理論也。

　　〈第五章　金丹詩之破譯〉——主要運用「視域融合研究法」、「歷史文獻分析法」、「演繹法」：第一節闡說「小乘（梵語：Hīnayāna）安樂延年法門（梵語：Dharma-paryāya）——人僊」，承上一章解析，分論〈其四〉、〈其十二〉、〈其六〉、〈其二〉、〈其五〉、〈其十四〉、〈其十五〉、〈其十七〉、〈其二十二〉、〈其七〉、〈其八〉、〈其九〉、〈其十一〉、〈其十三〉、〈其二十六〉、〈其二十九〉十六首「金丹詩」，遞次注重「匹配陰陽」、「聚散水火」、「交媾龍虎」、「燒煉丹藥」之法。第二節闡論「中乘長生不死法門——地僊」，承上一節之法，續述〈其三〉、〈其十〉、〈其二十〉、〈其二十八〉、〈其一〉五首「金丹詩」，按次著重「肘後飛金晶」、「玉液還丹」、「金液還丹」之徑。第三節闡揚「大乘（梵語：Mahāyāna）超凡入聖法門——天僊」，承上一節之徑，終道〈其二十一〉、〈其二十五〉、〈其十六〉、〈其二十三〉、〈其二十四〉、〈其二十七〉、〈其十八〉、〈其十九〉、〈其三十〉九首「金丹詩」，依序闡發「朝元」、「內觀」、「超脫」〔註90〕之妙。其後〈小結〉郝大通融《祕傳正陽真人靈寶畢法》和《悟真篇》

〔註89〕Stellarium Astronomy Software：http://stellarium.org（網站檢索日期：2022年12月22日）。

〔註90〕鍾離權撰，呂喦傳：《祕傳正陽真人靈寶畢法》，收入《正統道藏・太清部》，冊47，卷上～下，頁914～935。

丹法之原則、開「北宗」與「南宗」匯流之權輿、自「後天象數」至「先天超象數」合道之「全真丹道《易》學」也。

〈第六章　結論──郝大通《太古集》及其「全真丹道《易》學」〉──主要運用「基源問題研究法」、「視域融合研究法」、「歷史文獻分析法」、「詮釋學方法」、「歸納法」：承上五章闡論，將各章節論證作一全面性之考察，並且回到郝大通《太古集》文本內容，驗證與總結其哲思、涵蘊、評價、價值等，最後回應首章所提基源問題意識──郝大通《太古集》及其「全真丹道《易》學」涵蘊為何？條列式簡要歸納本碩士學位論文之結論也。

第二章　郝大通之行誼

　　本章凡分三節：第一節編撰「郝大通（1140～1212）之年譜」，主要藉年代相近之教內原典，即藉《金蓮正宗記》、《七真年譜》、《甘水仙源錄》、《金蓮正宗仙源像傳》、《歷世真仙體道通鑑續編》五書，乃至道行碑等金石碑碣，進而以年譜之體式，鉤沉郝大通其人、其事。第二節考辨「郝大通之著作」，《三教入易論》一卷、《示教直言》一卷、《心經解》一卷、《救苦經解》一卷，四書於各種《道藏》中皆已佚失，而「古本」《太古集》一十五卷又經弟子范圓曦（1177～1249）重刊之，「今本」僅存四卷，遂就《太古集·自序》大致推測分判「初版」和「定版」乃至「今本」之異同。第三節考論「郝大通之師承」，其入道前便已精於《易》學（Yi-ology），而王重陽（1112～1170）則否，且僅指點三次，故其《易》學另有師承授受為真，其內丹學（Internal Alchemy）則受《祕傳正陽真人靈寶畢法》以及《悟真篇》影響。其後〈小結〉行誼之重點也。

第一節　郝大通之年譜

　　郝大通，初名昇，無字，法名大通，道號廣寧，自稱太古道人，〔註1〕金代（1115～1234）山東寧海州人，「全真七子」（Seven Immortals of Quanzhen）之一。

〔註 1〕詳細關於郝大通之名、字、道號，章偉文（1969～）已有詳實考證各書之說法，請參：章偉文：《郝大通學案》（濟南：齊魯書社，2010 年），頁 1～5。

圖 2-1-1：廣寧子　　　　　　圖 2-1-2：郝大通〔註2〕

　　以下遂藉以年代相近之教內原典，即藉《金蓮正宗記》、《七真年譜》、《甘水仙源錄》、《金蓮正宗仙源像傳》、《歷世真仙體道通鑑續編》五書，乃至道行碑等金石碑碣，將郝大通主要之生平事迹和修道歷程，謹依年分排序，分「入道前（1140～1167）」與「入道後（1168～1212）」，以述其人、其事之要，以論其行、其止之義。〔註3〕

一、入道前（1140～1167）

（一）金熙宗（1119～1150 在世，1135～1150 在位）天眷三年庚申（1140）、南宋（1127～1279）高宗（1107～1187 在世，1127～1162 在位）紹興十年

　　郝大通時年一歲。

〔註2〕元・劉志玄、元・謝西蟾：《金蓮正宗仙源像傳》，收入《正統道藏・洞真部・譜籙類》（臺北：新文豐出版公司，1985 年），冊 5，頁 180。明・王世貞輯次，明・汪雲鵬校梓：《有象列仙全傳》，收入胡道靜、陳耀庭、段文桂、林萬清主編：《藏外道書・傳記神仙類》（成都：巴蜀書社，1992～1994 年），冊 31，卷 8，頁 723。

〔註3〕筆者參考章偉文對郝大通之生平以及年譜所作論編，以補所引五本教內原典外之相關文獻，然其年譜所引用之教內原典無統一之體例，筆者以下所編將齊一安排之，請參：章偉文：《郝大通學案》，頁 1～23、198～228。

《金蓮正宗記・廣寧郝真人》：

> 先生諱璘，號恬然子，自稱太古道人。家世寧海，歷代遊宦，先生朝列之從弟也。事母至孝，資質豐美，不慕榮仕。深窮卜筮之數，《黃》、《老》、《莊》、《列》，未嘗釋手。凡遇林泉幽寂之地，則徘徊而終日忘返。〔註4〕

《七真年譜》：

> 天眷三年庚申，重陽祖師年二十九。正月初三日，廣寧郝真人生於寧海州，初名昇，字則未聞也。〔註5〕

《甘水仙源錄・廣寧通玄太古真人郝宗師道行碑》：

> 師姓郝，名大通，字太古，道號廣寧子，寧海人。家故饒財，為州首戶。兄俊彥登進士第，官至朝列大夫、昌邑縣令。師初諱昇，少孤，事母孝，稟賦穎異，識度夷曠，蕭然有出塵之資。讀書喜《易》，研精尤甚，因洞曉陰陽、律曆之術，不樂仕進，慕司馬季主、嚴君平之為人，以卜筮自晦。〔註6〕

《金蓮正宗仙源像傳・廣寧子》：

> 師姓郝，名大通，字太古，號廣寧子，寧海人也。生於金熙宗天眷三年庚申正月初三日。家財甲一州，事母孝，翛然有出塵志。好讀《易》，洞曉陰陽、術數之學，慕季主、君平，隱於卜筮。〔註7〕

《歷世真仙體道通鑑續編・郝大通》：

> 師名大通，字太古，寧海人，廣寧其號也。金熙宗天眷三年正月初三日生。世為宦族，郝朝列之從弟。少孤，事母甚孝。嘗夢神人，示以《周易》祕義，由是洞曉陰陽、律曆、卜筮之術。厭紛華而樂淡薄，隱德於卜筮中。〔註8〕

〔註4〕金・秦志安編：《金蓮正宗記》，收入《正統道藏・洞真部・譜籙類》，冊5，卷5，頁157。

〔註5〕元・李道謙編：《七真年譜》，收入《正統道藏・洞真部・譜籙類》，冊5，頁184。

〔註6〕元・李道謙集：《甘水仙源錄》，收入《正統道藏・洞神部・記傳類》，冊33，卷2，頁143。

〔註7〕元・劉志玄、元・謝西蟾：《金蓮正宗仙源像傳》，收入《正統道藏・洞真部・譜籙類》，冊5，頁180。

〔註8〕元・趙道一編修：《歷世真仙體道通鑑續編》，收入《正統道藏・洞真部・記傳類》，冊8，卷3，頁814。

　　郝大通出生於金熙宗天眷三年庚申農曆正月初三，世為山東寧海州人。歷代遊宦，家境饒富。兄郝俊彥（？～？），任官；弟不具名，學儒（Confucianism）。〔註9〕自幼喪父，事母至孝。喜讀《周易》（Book of Changes），洞曉陰陽。不圖仕宦，不慕榮利。幽林流泉，流連忘返。隱於卜筮（Divination），志於出世。

　　一在於「孝」，〔註10〕二在於「道」，三在於《易》，有茲三點情態，貴其獨有出塵之質，故郝大通之後可以和王重陽相契。

（二）金世宗（1123～1189 在世，1161～1189 在位）大定七年丁亥（1167）、南宋孝宗（1127～1194 在世，1162～1189 在位）乾道三年

郝大通時年二十八歲。

《金蓮正宗記・廣寧郝真人》：

　　大定丁亥秋，貨卜於市，士大夫環列而坐。重陽最後至，背面而坐。先生曰：「何不回頭？」重陽曰：「只恐先生不肯回頭。」先生頗驚，遽起作禮，邀赴他所閒話。往來問答，如石投水。先生獻詩云：「同席諸君樂太古，未明黑白希夷路。今朝得遇達人吟，伏望先生垂玉句。」重陽答曰：「口愛郝公通上古，口談心甲神仙路。足間翠霧接來時，日要先生清靜句。」先生覽之，得意而歸。〔註11〕

《七真年譜》：

　　大定七年丁亥，重陽祖師年五十六。……祖師又於廣寧真人卦肆前，背坐感發之。廣寧從至朝元觀，祖師授以口訣，及以二詞付之。〔註12〕

〔註 9〕《太古集》馮璧〈序〉：「師俗姓郝，世居寧海，為州人之首戶。昆、季皆從儒學，兄諱俊彥，舉進士第，官至朝列大夫、昌邑縣令。師獨幼年穎異，識度夷曠，僑然有出塵之姿。」金・郝大通：《太古集》，收入《正統道藏・太平部》，冊 43，頁 687。

〔註10〕《孝經・開宗明義章第一》：「子曰：『夫孝，德之本也，教之所由生也。復坐，吾語汝。身體髮膚，受之父母，不敢毀傷，孝之始也；立身行道，揚名於後世，以顯父母，孝之終也。夫孝，始於事親，中於事君，終於立身。〈大雅〉云：「無念爾祖，聿脩厥德。」』」唐・玄宗明皇帝御注，北宋・邢昺疏：《孝經注疏》，收入清・阮元校勘：《十三經注疏（附校勘記）》（臺北：藝文印書館，2001年），冊 8，卷 1，頁 10～11。

〔註11〕金・秦志安編：《金蓮正宗記》，卷 5，頁 157。

〔註12〕元・李道謙編：《七真年譜》，頁 185～186。

《甘水仙源錄・廣寧通玄太古真人郝宗師道行碑》：

大定七年，重陽真君王祖師自關西、寧海遊行於市。見師言動不凡，仙質可度，思所以感發之者，遂背肆而坐。師曰：「請先生回頭。」真君應聲曰：「君何為不回頭耶？」師悚然異之。真君出，師閉肆，從之，及於館所，而請教焉。真君授以二詞，師大悟，不覺下拜。自是日，往親炙。以有老母，未即入道。〔註13〕

《金蓮正宗仙源像傳・廣寧子》：

大定七年丁亥秋，重陽至寧海，遊行於市。見師言動不凡，思有以感發之。一日，至卜肆，背肆而坐。師曰：「請先生回頭。」重陽曰：「君何不回頭耶？」師悚然驚異。重陽去，師即閉卜肆，至馬氏南園全真庵中，謁重陽請教。重陽授以二詞，師大悟，不覺下拜。以有母老，未即入道。〔註14〕

《歷世真仙體道通鑑續編・郝大通》：

世宗大定七年，祖師至寧海。見其資稟高古，所習不凡，遂以背坐之機感發之。翌日晚，於朝元觀付以二詞，言下領悟，如走萬里迷途，一呼知返，蓋其根本知覺分上，夙有薰染之力故耳。既接言論，其相與固結，日深一日。〔註15〕

　　郝大通於金世宗大定七年丁亥秋季時，於自設之卜肆替人卜問吉凶福禍、解疑釋結，而王重陽至寧海州傳教布道，細察其有「非常」（Extraordinary）人之獨特氣質，是以背面而坐，以感發其逍遙之念。遂問「希夷」、「黑白」〔註16〕之道，因答「清靜」、「清淨」〔註17〕之修，或以次韻、或以二詞、或以口訣，

〔註13〕　元・李道謙集：《甘水仙源錄》，卷2，頁143。

〔註14〕　元・劉志玄、元・謝西蟾：《金蓮正宗仙源像傳》，頁180。

〔註15〕　元・趙道一編修：《歷世真仙體道通鑑續編》，卷3，頁814。

〔註16〕　《老子・第十四章》：「視之不見名曰夷，聽之不聞名曰希，搏之不得名曰微。此三者不可致詰，故混而為一。」〈第二十八章〉：「知其白，守其黑，為天下式。為天下式，常德不忒，復歸於無極。」魏・王弼注：《老子道德經注》，收入魏・王弼撰，樓宇烈校釋：《王弼集校釋》（北京：中華書局，2009年），冊上，篇上，頁31、74。

〔註17〕　《太上老君說常清靜妙經》：「老君曰：『……人能常清靜，天地悉皆歸。夫人神好清而心擾之，人心好靜而慾牽之。常能遣其欲而心自靜，澄其心而神自清，自然六欲不生，三毒消滅。所以不能者，為心未澄、慾未遣也。能遣之者：內觀於心，心無其心；外觀於形，形無其形；遠觀於物，物無其物。三者既悟，唯見於空。觀空以空，空無所空。所空既無，無無亦無。無無既無，湛然常寂。

而忽有所悟且心嚮往之。然因母老，心又至孝，為盡孝道，未即入道。

先請回頭，再請回頭，乃「第一激」而「第一疑」，激之以背對之舉措，疑之以輕蔑之態度，不過「小激」而且「小疑」，三請賜教，乃是有悟，尚未徹悟，而郝大通與王重陽及其弟子更結下了不解之緣。

二、入道後（1168～1212）

（一）金世宗大定八年戊子（1168）、南宋孝宗乾道四年

郝大通時年二十九歲。

《金蓮正宗記·廣寧郝真人》：

> 至來年戊子歲三月中，專往崑嵛山煙霞洞，焚香敬謁，甘灑掃之役。重陽乃賜之法名曰大通，號曰廣寧子，與丘、劉、譚、馬同侍左右。逮七月間，重陽令諸弟子皆歸寧海，惟丘公侍側。不數日，復命丘公往呼太古。既至，乃告之曰：「我有布衲，剪去兩袖，我要替背，與汝過冬，自綴袖去。」先生拜而受之。蓋象古人傳衣之法也。自是之後，重陽南歸汴梁，先生往來河北。〔註18〕

《七真年譜》：

> 大定八年戊子，重陽祖師年五十七。……二月晦日，祖師挈丹陽、長真、長春、玉陽入崑嵛山石門口，開煙霞洞居之。三月，廣寧真人來崑嵛山出家，祖師訓名璘，號恬然子，時二十九歲。八月，祖師挈五真人自煙霞洞遷居文登縣姜實庵，立七寶會。〔註19〕

《甘水仙源錄·廣寧通玄太古真人郝宗師道行碑》：

> 明年，母捐館。師乃棄家入崑嵛山，禮真君於煙霞洞，求為弟子。真君納之，賜名璘，號恬然子。仍解衲衣，去其袖而與之，曰：「勿患無袖，汝當自成。」蓋傳法之意也。〔註20〕

寂無所寂，慾豈能生？慾既不生，即是真靜。真靜應物，真常得性。常應常靜，常清靜矣。如此清靜，漸入真道。既入真道，名為得道。雖名得道，實無所得。為化眾生，名為得道。能悟之者，可傳聖道。』」佚名：《太上老君說常清靜妙經》，收入《正統道藏·洞神部·本文類》，冊19，頁1～2。

〔註18〕金·秦志安編：《金蓮正宗記》，卷5，頁157。《金蓮正宗記·廣寧郝真人》所載弟子有誤，因劉處玄尚未入全真道，故非「丘、劉、譚、馬」隨侍，而是馬鈺、丘處機、譚處端、王處一陪侍。

〔註19〕元·李道謙編：《七真年譜》，頁186。

〔註20〕元·李道謙集：《甘水仙源錄》，卷2，頁143。

《金蓮正宗仙源像傳·廣寧子》：

　　明年戊子，母捐館。三月，師乃棄家，入崑崙山煙霞洞，受業為弟
　　子。重陽納之，訓名璘，號恬然子。乃解衲衣，去其袖而與之，曰：
　　「勿患無袖，汝當自成。」〔註21〕

《歷世真仙體道通鑑續編·郝大通》：

　　八年三月，從祖師至崑崙煙霞洞，請列門弟中而求法焉。祖師乃名之
　　曰璘，道號恬然子。仍以弊衲，去其袖，畀之曰：「勿患無袖，汝當
　　自成。」蓋傳法之意也。今之名號，自言遊鳳翔路中偶得之。〔註22〕

　　郝大通之母親於金世宗大定八年戊子歸天，遂縈了無罣礙。三月，毅然決
然前往崑崙山煙霞洞，甘於灑掃庭除，惟願請王重陽收為弟子之一。後不僅是
欣然納入門下，又授之以「無袖布衲」，乃是傳法和得法之證明，且囑之以「勿
患無袖，汝當自成」，蓋知師徒二人所學相異，王重陽僅能夠親授「道」之「體」
（Substance）者，即修道之大體原則，如「衣體」乃「形而上者」（Metaphysics）
即「道」，郝大通則需要自尋「道」之「用」（Function）者，即修道之具體方
法，如「衣袖」乃「形而下者」（Physics）即「器」，〔註23〕如何體道、證道更
是在於己身、己心。

　　察郝大通後續修道歷程，既與其師少有來往互動，又受其兩位師兄之勸
激，而皆未授予明朗之指點，當只好自行追尋領會之，誠符王重陽之所預示
者。

（二）金世宗大定九年己丑（1169）、南宋孝宗乾道五年

郝大通時年三十歲。

《金蓮正宗記·廣寧郝真人》：無載。

《七真年譜》：

　　大定九年己丑，重陽祖師年五十八。春，玉陽真人辭祖師，隱居查
　　山。四月，祖師引丹陽、長真、長春、廣寧遷居寧海州金蓮堂。……
　　六月，廣寧真人辭祖師，亦居查山。〔註24〕

〔註21〕元·劉志玄、元·謝西蟾：《金蓮正宗仙源像傳》，頁180。
〔註22〕元·趙道一編修：《歷世真仙體道通鑑續編》，卷3，頁814。
〔註23〕《周易·繫辭傳上》：「形而上者謂之道，形而下者謂之器。」魏·王弼、東晉·
　　　　韓康伯注，唐·孔穎達等正義：《周易正義》，收入清·阮元校勘：《十三經注
　　　　疏（附校勘記）》，冊1，卷7，頁158。
〔註24〕元·李道謙編：《七真年譜》，頁186。

《甘水仙源錄・廣寧通玄太古真人郝宗師道行碑》：

　　九年，寧海人有構金蓮堂，以待真君挈其徒西歸居之。師攜瓦罐乞
　　食，誤觸之，碎。真君別授一罐，題頌其上，云：「撲碎真灰罐，卻
　　得害風觀。直待悟殘餘，有箇人人喚。」未幾，師辭真君去，與王
　　玉陽往居查山。真君亦赴汴京，馬丹陽、譚長真、劉長生、丘長春
　　四子實從。〔註25〕

《金蓮正宗仙源像傳・廣寧子》：

　　師日攜瓦罐乞食，未幾，辭重陽去，與玉陽子俱隱查山。〔註26〕

《歷世真仙體道通鑑續編・郝大通》：

　　師在文登，常攜瓦罐乞食。經半載，誤觸之，碎。祖師別賜之，題頌
　　於其上，云：「撲碎真灰罐，卻得害風觀。真待悟殘餘，有箇人人喚。」

　　九年秋，馬、譚、劉、丘四師從祖師西去，留師與玉陽居查山。〔註27〕

　　郝大通於金世宗大定九年己丑時，嘗因誤捽碎乞食之瓦罐，而幸得王重陽
可貴指教之機，《重陽全真集》載有〈郝昇化餘打破罐，因贈二絕〉：「撲破真灰
罐，卻得害風觀。直待悟殘餘，有箇人人喚。」「欲要心不亂，般般都打斷。子
午卯酉時，須作骷髏觀。」〔註28〕前詩之旨在於打破「假有」之殼，得到「重
陽」之智，若悟「因緣」（梵語：Hetupratyaya）和合，遂顯「本來真性」；後詩
之旨在於若想息心靜氣，則要忘形去執，即於十二時辰，皆觀一己骷髏。〔註29〕

〔註25〕元・李道謙集：《甘水仙源錄》，卷2，頁143。

〔註26〕元・劉志玄、元・謝西蟾：《金蓮正宗仙源像傳》，頁180。

〔註27〕元・趙道一編修：《歷世真仙體道通鑑續編》，卷3，頁814。

〔註28〕金・王嚞：《重陽全真集》，收入《正統道藏・太平部》，冊43，卷10，〈詩〉，
　　　　頁499～500。

〔註29〕《般若波羅蜜多心經（梵語：*Prajñāpāramitā-hṛdaya-sūtra*）》：「觀自在菩薩行深
　　　　般若波羅蜜多時，照見五蘊皆空，度一切苦厄。『舍利子！色不異空，空不異色，
　　　　色即是空，空即是色；受、想、行、識，亦復如是。舍利子！是諸法空相，不生
　　　　不滅，不垢不淨，不增不減。是故，空中無色，無受、想、行、識；無眼、耳、
　　　　鼻、舌、身、意；無色、聲、香、味、觸、法；無眼界，乃至無意識界；無無明
　　　　亦無無明盡，乃至無老死亦無老死盡；無苦、集、滅、道；無智，亦無得。以無
　　　　所得故，菩提薩埵依般若波羅蜜多故，心無罣礙；無罣礙故，無有恐怖，遠離
　　　　顛倒夢想，究竟涅槃。三世諸佛依般若波羅蜜多故，得阿耨多羅三藐三菩提。
　　　　故知般若波羅蜜多是大神咒、是大明咒、是無上咒、是無等等咒，能除一切苦，
　　　　真實不虛，故說般若波羅蜜多咒。』即說咒曰：『揭帝　揭帝　般羅揭帝　般羅
　　　　僧揭帝　菩提　僧莎訶』」唐・玄奘譯：《般若波羅蜜多心經》，收入《大正新脩
　　　　大藏經》（東京：大藏出版株式會社，1988年），冊8，號251，頁848下。

而後，不久，郝大通辭別王重陽，而和王處一（1142～1217）居查山修煉。

　　察郝大通後續修道歷程，茲乃是最後一次得王重陽之指引，前前後後不過三次而已，然其尚未知曉其中道理，如何「清靜」、如何「自成」、如何「撲破」，仍待日後一一化解疑惑。

（三）金世宗大定十年庚寅（1170）、南宋孝宗乾道六年

郝大通時年三十一歲。

《金蓮正宗記・廣寧郝真人》：無載。

《七真年譜》：無載。

《甘水仙源錄・廣寧通玄太古真人郝宗師道行碑》：無載。

《金蓮正宗仙源像傳・廣寧子》：

　　後玉陽以師不立苦志，忠告而勸激之，師遂西訪四師。〔註30〕

《歷世真仙體道通鑑續編・郝大通》：

　　後玉陽以師不立苦志，忠告而勸激之，師遂西訪四師。〔註31〕

　　郝大通於金世宗大定十年庚寅時，受王處一勸激。《雲光集》載有〈贈卜者〉：「推窮天理甚分明，特與時人決困程。解察陰陽時否泰，能通日月數虧盈。順行九曜災難及，復變三陽禍不侵。莫待無常天限至，和賢盡總落深坑。」〔註32〕詩之前四句乃郝大通之卜筮之舉，詩之後四句乃王處一之修行之思，二人相對而言，郝大通既一面卜筮吉凶、一面修煉性命，王處一便勸以交泰陰陽、激以「輪迴」（梵語：Saṃsāra）囹圄，更蔑之以「卜者」，茲乃王處一要其立苦修之志，郝大通遂決定問道於其四位師兄、師弟。

　　王處一之勸激，乃繼王重陽後之「第二激」而「第二疑」，更是「大激」而且「大疑」，然郝大通卻未追想至其師所答之「清靜」，「清靜」修煉，正是茲義。

（四）金世宗大定十一年辛卯（1171）、南宋孝宗乾道七年

郝大通時年三十二歲。

《金蓮正宗記・廣寧郝真人》：無載。

〔註30〕元・劉志玄、元・謝西蟾：《金蓮正宗仙源像傳》，頁180。

〔註31〕元・趙道一編修：《歷世真仙體道通鑑續編》，卷3，頁814～815。

〔註32〕金・王處一：《雲光集》，收入《正統道藏・太平部》，冊43，卷1，〈詩〉，〈七言律詩〉，頁355。

《七真年譜》：

　　大定十一年辛卯，丹陽真人年四十九。……十月，廣寧真人入關，
　　乞食于京兆府。〔註33〕

《甘水仙源錄·廣寧通玄太古真人郝宗師道行碑》：

　　十一年，師聞真君上仙，四子已入關，遂西遊以訪之。〔註34〕

《金蓮正宗仙源像傳·廣寧子》：無載。

《歷世真仙體道通鑑續編·郝大通》：無載。

郝大通聞知王重陽僊逝，遂入關續往之。

（五）金世宗大定十二年壬辰（1172）、南宋孝宗乾道八年

郝大通時年三十三歲。

《金蓮正宗記·廣寧郝真人》：無載。

《七真年譜》：

　　大定十二年壬辰，丹陽真人年五十。……九月，廣寧真人西遊岐山，
　　偶得名大通，字太古，號廣寧子。〔註35〕

《甘水仙源錄·廣寧通玄太古真人郝宗師道行碑》：

　　十二年，葬真君於祖庭。師欲與四子同廬墓側，長真激之曰：「隨人
　　腳跟轉，可乎！」師明日遂行。至岐山，遇神人，授今名、字及道
　　號。〔註36〕

《金蓮正宗仙源像傳·廣寧子》：

　　四師方廬於重陽墓，普禮終。師欲與同處，譚長真激以「隨人腳跟
　　轉」之語。明日即東還。至岐山，遇神人，為改今名及今號。〔註37〕

《歷世真仙體道通鑑續編·郝大通》：

　　四師方廬於祖師墓，喪禮終。師欲與同處，聞譚長真激以「隨人腳跟
　　轉」之語。明日遂行。至岐山，遇神人，復授以《易》之大義。〔註38〕

　　郝大通於金世宗大定十二年壬辰時，受譚處端（1123～1185）勸激。《清
和真人北遊語錄》載有一事：「掩（筆者案：「俺」以正之）與丹陽同遇祖師學

〔註33〕元·李道謙編：《七真年譜》，頁187。
〔註34〕元·李道謙集：《甘水仙源錄》，卷2，頁143。
〔註35〕元·李道謙編：《七真年譜》，頁187。
〔註36〕元·李道謙集：《甘水仙源錄》，卷2，頁143。
〔註37〕元·劉志玄、元·謝西蟾：《金蓮正宗仙源像傳》，頁180。
〔註38〕元·趙道一編修：《歷世真仙體道通鑑續編》，卷3，頁815。

道，令俺重作塵勞，不容少息。與丹陽默談玄妙。一日，閉其戶，俺竊聽之，正傳谷神不死調息之法。久之，推戶入，即止其說。俺自此後，塵勞事畢，力行所聞之法。行之雖至，然丹陽二年半了道；俺千萬苦辛，十八、九年，猶未有驗。祖師所傳之道一也，何為有等級如此？只緣各人所積功行有淺深，是以得道有遲速。」〔註39〕王重陽之因材施教，由是顯而易見，對郝大通亦是如是，其因家境饒財，於個性上難於喫苦，又因卜筮馳名，於性格上難於求教，更因學思歧異，於修煉上易於循舊，遂採「勸激」之法，而不僅僅是王重陽，丘處機（1148～1227）亦親見傳「無袖布衲」之過程，同門之間當有耳聞，故譚處端激以「隨人腳跟轉」之語，便是勸郝大通立下苦志，依自學《易》之理而修煉有所成。巧妙的是，恰遇「神人」授今名、字、道號乃至「《易》之『大』義」，「大通」之名，則典出自《莊子・內篇・大宗師第六》：「墮肢體，黜聰明，離形去知，同於大通，此謂坐忘。」〔註40〕

譚處端之勸激，乃繼王處一後之「第三激」而「第三疑」，亦是「大激」而且「大疑」，然郝大通仍未尋思至其師所語之「自成」，「自成」一派，正是茲義。

（六）金世宗大定十三年癸巳（1173）、南宋孝宗乾道九年

郝大通時年三十四歲。

《金蓮正宗記・廣寧郝真人》：無載。

《七真年譜》：

> 大定十三年癸巳，丹陽真人年五十一。……六月，廣寧真人度大慶關，東歸。〔註41〕

《甘水仙源錄・廣寧通玄太古真人郝宗師道行碑》：

> 十三年，度大慶關，而東翱翔趙、魏間。〔註42〕

《金蓮正宗仙源像傳・廣寧子》：

> 十三年癸巳，度大慶關，遊趙、魏間。〔註43〕

〔註39〕金・尹志平述，金・段志堅編：《清和真人北遊語錄》，收入《正統道藏・正一部》，冊55，卷3，頁748。

〔註40〕西晉・郭象注，唐・陸德明釋文，唐・成玄英疏，清・郭慶藩集釋，王孝魚點校：《莊子集釋》（北京：中華書局，1985年），冊1，卷3上，頁284。

〔註41〕元・李道謙編：《七真年譜》，頁187。

〔註42〕元・李道謙集：《甘水仙源錄》，卷2，頁143。

〔註43〕元・劉志玄、元・謝西蟾：《金蓮正宗仙源像傳》，頁180。

《歷世真仙體道通鑑續編・郝大通》：無載。

郝大通躊躇中，尚未有所意會。

（七）金世宗大定十四年甲午（1174）、南宋孝宗淳熙元年

郝大通時年三十五歲。

《金蓮正宗記・廣寧郝真人》：無載。

《七真年譜》：

> 大定十四年甲午，丹陽真人年五十二。二月，廣寧真人至真定，默
> 坐于朝天門外。〔註44〕

《甘水仙源錄・廣寧通玄太古真人郝宗師道行碑》：無載。

《金蓮正宗仙源像傳・廣寧子》：無載。

《歷世真仙體道通鑑續編・郝大通》：無載。

郝大通緩慢間，開始有所領略。

（八）金世宗大定十五年乙未（1175）、南宋孝宗淳熙二年

郝大通時年三十六歲。

《金蓮正宗記・廣寧郝真人》：

> 乙未歲，乞食於沃州。方悟重陽密語，渙然開發，遂往橋上默然靜
> 坐。饑渴不求，寒暑不變。人饋則食，不饋則否。雖有人侮狎戲笑
> 者，不怒也。志在忘形。如此三年，人呼為「不語先生」。一夕，天
> 色昏冥，偶醉者過，以是蹴先生於橋下。默而不出者，七日。人不
> 知者，以為先生何往。忽值客官乘馬將過，而馬驚躍，捶之不進。
> 客遂墮馬，問左右曰：「橋下必有怪事。不然，何吾馬之驚也？」命
> 左右往視之，則一道者奄然正坐，問之則不語，以手畫地曰：「不食
> 七日矣。」州民聞之，爭往饋食，焚香請出，但搖手不應。只於橋
> 下，復坐三年。〔註45〕

《七真年譜》：

> 大定十五年乙未，丹陽真人年五十三。……二月，廣寧真人坐沃州
> 石橋下。〔註46〕

〔註44〕元・李道謙編：《七真年譜》，頁187。

〔註45〕金・秦志安編：《金蓮正宗記》，卷5，頁157。

〔註46〕元・李道謙編：《七真年譜》，頁187。

《甘水仙源錄·廣寧通玄太古真人郝宗師道行碑》：

　　十五年，坐於沃州石橋之下，緘口不語。河水泛溢，身不少移，水
　　亦弗及。人饋之食則食，無則已。雖祁寒盛暑，兀然無變。身槁木
　　而心死灰，如是者六年。昌邑君之季女嫁為真定郭長倩之夫人，長
　　倩夫婦過沃州，知師在橋下，駐車拜謁，贈之衣物，所以存慰者甚
　　厚。師藐然若不相識，一無所受。夫人感泣，長倩嗟異而去。〔註47〕

《金蓮正宗仙源像傳·廣寧子》：

　　十五年乙未，坐沃州橋下，不語、不動。河水泛溢，亦不少移。人
　　饋則食，不饋則已。雖祁寒酷暑，兀然不變。如此者六年。其族屬
　　親戚來視之，師皆不答，有所贈，亦皆不受。〔註48〕

《歷世真仙體道通鑑續編·郝大通》：

　　十五年，坐於沃州橋下而不語。常為小兒輩戲，累磚石為塔於頂，
　　囑以勿壞，頭竟不側。河水泛溢而不動，而亦不傷。如是者六年。
　　其所守，蓋如此。真定少尹郭長倩過之，下車致拜禮，所贈甚厚。
　　覬師一顧，終不能得，嗟異而去。〔註49〕

　　郝大通於金世宗大定十五年乙未時，忽悟王重陽之密語，遂靜默趺坐於沃
州石橋修煉，無語、無動、無求、無變、無怒、無受。郝大通不為人世所阻撓，
正是呼應王重陽之「清靜」，以及領會王處一之勸激，決定立下苦志，並且「不
語」，以於極喧囂處修心；郝大通不為人情所動搖，又是對應王重陽之「撲破」，
以及意會王處一與譚處端之勸激，堅持忍辱含垢，並且「忘形」，以於多「因
緣」處煉心；郝大通無有理路所攪擾，更是回應王重陽之「自成」，以及體會
譚處端之勸激，繼續察明《易》理，並且「不語」，以於自修煉路體道。蠲除
「酒色財氣」、「攀緣愛念」、「憂愁思慮」〔註50〕念想，乃至「神人」授名「大
通」，以立「同於『大通』」即謂「同於『大道』」之志，皆在於茲「坐忘」之
真功和真行。

〔註47〕元·李道謙集：《甘水仙源錄》，卷2，頁143～144。
〔註48〕元·劉志玄、元·謝西蟾：《金蓮正宗仙源像傳》，頁180。
〔註49〕元·趙道一編修：《歷世真仙體道通鑑續編》，卷3，頁815。
〔註50〕《重陽教化集·化丹陽》：「凡人修道，先須依此一十二箇字：斷『酒色財氣』、
　　　　『攀緣愛念』、『憂愁思慮』。」金·王嚞：《重陽教化集》，收入《正統道藏·
　　　　太平部》，冊43，卷2，頁552。

茲時，郝大通正式對王重陽、王處一與譚處端之勸激，始進行體證之內外修煉，如何「清靜」、如何「自成」、如何「撲破」，六稔寒暑遞嬗，乃是勢在必成。

（九）金世宗大定十六年丙申（1176）、南宋孝宗淳熙三年

郝大通時年三十七歲。

《金蓮正宗記·廣寧郝真人》：無載。

《七真年譜》：

> 大定十六年丙申，丹陽真人年五十四。……六月中，廣寧真人夜夢神人，復授《易》之大義。既寤，明朝揮三十三圖。事見《太古集》。〔註51〕

《甘水仙源錄·廣寧通玄太古真人郝宗師道行碑》：無載。

《金蓮正宗仙源像傳·廣寧子》：無載。

《歷世真仙體道通鑑續編·郝大通》：無載。

郝大通茲年六月所繪三十三幀修真圖，其當為《太古集》「初版」內容。

（十）金世宗大定二十二年壬寅（1182）、南宋孝宗淳熙九年

郝大通時年四十三歲。

《金蓮正宗記·廣寧郝真人》：

> 水火顛倒，陰陽和合，九轉之功成矣。乃忻然而起，杖屨北遊，盤桓於真定間，往來請益者，不知其數。大興宮觀，昇堂誘化，玄風為之熾盛。以〈悟南柯〉示眾云：「地肺重陽子，崑崙太古仙，二人結約未生前。托居凡世，飛下大羅天。　共闡玄元教，行藏度有緣。奈何不悟似流泉。別後相逢，再約一千年。」〔註52〕

《七真年譜》：

> 大定二十二年壬寅，丹陽真人年六十。……廣寧真人居真定府，陞堂演道，聽眾常數百人。〔註53〕

《甘水仙源錄·廣寧通玄太古真人郝宗師道行碑》：

> 二十二年，師過灤城，又與神人遇，受大《易》秘義。自爾為人言未來事，不差毫髮。至鎮陽居觀，升堂演道，遠近來聽者，常數百

〔註51〕元·李道謙編：《七真年譜》，頁187。

〔註52〕金·秦志安編：《金蓮正宗記》，卷5，頁157～158。

〔註53〕元·李道謙編：《七真年譜》，頁188。

人。已而闡化諸方，專以利物度人為務，由是郝太古之名聞天下。
〔註54〕

《金蓮正宗仙源像傳·廣寧子》：

二十二年，師至真定，升堂演道，聽者常數百人。復過灤城，又與
神人遇，受以大《易》秘義。〔註55〕

《歷世真仙體道通鑑續編·郝大通》：

二十二年，居真定，每陞堂講演，遠近來聽者，常數百人。有問答歌
詩、《周易參同》、演說圖象，總三萬餘言，目曰《太古集》。〔註56〕

郝大通於金世宗大定二十二年壬寅時，六載苦修，「九轉」丹就，「性命雙
修」，性命雙就，起而於真定間繼王重陽之後闡全真風。《清和真人北遊語錄》
載有一事：「玉陽大師嘗言：『太古師二十八歲，山東賣卜。一日，偶書一詩，
其語意非得道人莫能及。後遇祖師，入道，便言為道不難。沃州橋下四十日了
道，非有宿積之功，能至此乎？』」〔註57〕遂顯見王重陽識人之明，乃至於郝
大通證道上之「天地之性」以及「氣質之性」。

茲歲，再遇「神人」，傳授「大《易》『秘』義」，而對於將來修正修真圖，
以及《太古集》之「定版」，皆有一定影響。

（十一）金章宗（1168～1208 在世，1189～1208 在位）明昌元年庚戌（1190）、南宋光宗（1147～1200 在世，1189～1194 在位）紹熙元年

郝大通時年五十一歲。

《金蓮正宗記·廣寧郝真人》：

自明昌後，復歸東州。別建琳宇，多度門眾。〔註58〕

《七真年譜》：無載。

《甘水仙源錄·廣寧通玄太古真人郝宗師道行碑》：

明昌初，東還寧海。一日，欲作《易》圖，遽索紙筆。適粥熟，弟子
不即與，請俟食已。師曰：「速持來！我方得意，何暇食粥？」筆入
手，布紙揮染，疾若風雨，不終朝，成三十三圖，其旨意皆天人之

〔註54〕元·李道謙集：《甘水仙源錄》，卷2，頁144。
〔註55〕元·劉志玄、元·謝西蟾：《金蓮正宗仙源像傳》，頁180。
〔註56〕元·趙道一編修：《歷世真仙體道通鑑續編》，卷3，頁815。
〔註57〕金·尹志平述，金·段志堅編：《清和真人北遊語錄》，卷3，頁747。
〔註58〕金·秦志安編：《金蓮正宗記》，卷5，頁158。

蘊奧，昔賢所未發者。咸平高士王賢佐，占筮素精，見師推服，盡棄其學而學焉，由是技進，名動闕庭。其他靈異之跡，如天長預告侯子真之火、恩州夜入王鎮國之夢者，尚多有之，不可殫紀。〔註59〕

《金蓮正宗仙源像傳・廣寧子》：

> 明昌元年庚戌秋，還寧海。一日，遽索紙筆，揮染疾若風雨，成《易》圖三十三，皆天人之蘊，昔賢所未發者。師嘗於天長預告侯子真以火，恩州夜入王鎮國之夢，言人事之悔吝吉凶，無不驗者。〔註60〕

《歷世真仙體道通鑑續編・郝大通》：

> 後至咸平，與高士王繪賢佐遊，賢佐相從亦常十數人，占筮之應十得八九，師則無不應者，由是賢佐輩皆神之，請當師席而受其祕義，賢佐因之，名動闕庭。師嘗欲作《易》圖，遽然索筆。其徒范圓曦以粥熟告。師曰：「速持來！我方得意。」筆入手，一朝揮三十圖。
>
> 至於天長預告侯子真之火，恩州夜入王鎮國之夢，人之休咎，道之行否，兵革所臨之期，凡有言之於其前，莫不驗之於其後。史館張邦直子中所謂警動人之耳目，其徒往往能道之，故不著云。〔註61〕

郝大通於金章宗明昌元年庚戌時，曾於一朝之內，繪三十三幀修真圖，當對先前所繪有所修改。《洞玄金玉集》載有〈金蓮出玉花　本名減字木蘭花　寄譚、劉、郝三師友〉：「譚風劉郝雲霞友，自在逍遙閑走。興盡好歸陝右，共話無中有。　常清常淨常無漏，便覺虎龍交媾。箇內不神神秀，得飲長生酒。」〔註62〕遂顯見馬鈺（1123～1183）作為大師兄，和譚處端、劉處玄（1147～1203）與郝大通三人同門之情真誠，而郝大通亦是不負眾望，一起悟道、傳教。

郝大通之卜筮之功，早已經是高超絕妙，神異靈驗之迹，自是無法備載，對於自己何時登真，更是易於預卜之事。

（十二）金衛紹王（？～1213 在世，1208～1213 在位）大安元年己巳（1209）、南宋寧宗（1168～1224 在世，1194～1224 在位）嘉定二年

郝大通時年七十歲。

〔註59〕元・李道謙集：《甘水仙源錄》，卷2，頁144。

〔註60〕元・劉志玄、元・謝西蟾：《金蓮正宗仙源像傳》，頁180。

〔註61〕元・趙道一編修：《歷世真仙體道通鑑續編》，卷3，頁815。

〔註62〕金・馬鈺述：《洞玄金玉集》，收入《正統道藏・太平部》，冊43，卷10，頁296。

《金蓮正宗記・廣寧郝真人》：

　預於三年以前，命匠者鑿為地宮，甃之以甓。日凡一往，偃息其中。

　告之曰：「臘月三十日打算。」如是三年，法體康健。〔註63〕

《七真年譜》：無載。

《甘水仙源錄・廣寧通玄太古真人郝宗師道行碑》：

　前此三年，敕其徒預營塚壙，告以死期，及是果然。〔註64〕

《金蓮正宗仙源像傳・廣寧子》：

　大定元年乙巳，戒門人營冢，預告去期。〔註65〕

《歷世真仙體道通鑑續編・郝大通》：

　前此三年，令預修葬事，及期果然。〔註66〕

郝大通於茲年命鑿地宮，以及預告去期乃在三年後之十二月三十日。

（十三）金衛紹王崇慶元年壬申（1212）、南宋寧宗嘉定五年

郝大通時年七十三歲。

《金蓮正宗記・廣寧郝真人》：

　語門人曰：「師真有蓬萊之約，吾將歸矣。」言訖，臥而返真，正當
　臘月三十日也，享春秋者八十有四。平生歌頌，深明龍虎顛倒之說，
　牽引卦爻升降之數，目之曰《太古集》，大行於世。〔註67〕

《七真年譜》：

　壬申，長春真人年六十五。是年十二月三十日，廣寧真人升仙于寧
　海州先天觀，春秋七十三矣。〔註68〕

《甘水仙源錄・廣寧通玄太古真人郝宗師道行碑》：

　春秋七十有三，以崇慶元年臘月晦日，仙蛻於州之先天觀。……平
　生製作有《三教入易論》一卷、《示教直言》一卷、《心經解》一卷、
　《救苦經解》一卷，〈《周易參同契》簡要釋義〉、詩賦、雜文、樂府

〔註63〕金・秦志安編：《金蓮正宗記》，卷5，頁158。

〔註64〕元・李道謙集：《甘水仙源錄》，卷2，頁144。

〔註65〕元・劉志玄、元・謝西蟾：《金蓮正宗仙源像傳》，頁180。《金蓮正宗仙源像
　　　傳・廣寧子》所載年分有誤，「大定元年乙巳」需更正為「大安元年己巳」。

〔註66〕元・趙道一編修：《歷世真仙體道通鑑續編》，卷3，頁815。

〔註67〕金・秦志安編：《金蓮正宗記》，卷5，頁158。《金蓮正宗記・廣寧郝真人》所
　　　載壽年有誤，「享春秋者『八十有四』」需更正為「享春秋者『七十有三』」。

〔註68〕元・李道謙編：《七真年譜》，頁191。

及所作《易》圖，號《太古集》，凡十五卷，行于世。〔註69〕

《金蓮正宗仙源像傳·廣寧子》：

至崇慶元年壬申臘月晦日，無疾，端坐，留頌而逝。有《太古集》、《心經解》、《救苦經解》及《示教直言》行於世。今寧海先天觀，即師登真之所也。

元世祖皇帝封號「廣寧通玄太古真人」。

武宗皇帝加封「廣寧通玄妙極太古真君」。〔註70〕

《歷世真仙體道通鑑續編·郝大通》：

東海郡侯崇慶元年十二月三十日，仙蛻於寧海先天觀，春秋七十有三。……大元至元六年己巳正月，褒贈「廣寧通玄太古真人」云。

〔註71〕

郝大通於金衛紹王崇慶元年壬申農曆十二月三十日，正如其所預知，僊蛻於寧海州之先天觀，享壽春秋七十三稔，當時有《太古集》凡十五卷，大行於世。《雲光集》載有〈太古郝公昇霞，門人送道袍，不受，以此贈之〉：「彼物迴將去，分文沒往還。一靈真性在，脫盡生死關。」〔註72〕遂顯見郝大通始終感念當年王處一之勸激，且交付門人送其一道袍，而王處一則藉以指示其門徒，亦還郝大通之懇切報謝，即莫在乎該有形之道袍，要在顯「本來真性」以「解脫」（梵語：Mokṣa）生死「輪迴」，更呼應〈贈卜者〉一詩，自「卜者」至「太古郝公」，同門之誼甚深，相互助益匪淺。

郝大通遊僊後，歷經兩次封號：元世祖（1215～1294在世，1260～1294在位）至元六年己巳（1269）正月，詔贈其為「廣寧通玄太古真人」，由全真道（The Quanzhen Taoism）第八任掌教「光先體道誠明真人」張志敬（1220～1270）執行聖旨；〔註73〕元武宗（1281～1311在世，1307～1311在位）至大三年庚戌（1310）二月二十六日，加封其為「廣寧通玄妙極太古真君」，由全真道第十二任掌教「凝和持正明素真人」苗道一（？～？）收執聖旨。〔註74〕

〔註69〕元·李道謙集：《甘水仙源錄》，卷2，頁144。

〔註70〕元·劉志玄、元·謝西蟾：《金蓮正宗仙源像傳》，頁180～181。

〔註71〕元·趙道一編修：《歷世真仙體道通鑑續編》，卷3，頁815。

〔註72〕金·王處一：《雲光集》，卷3，〈詩〉，〈五言絕句〉，頁388。

〔註73〕元·劉志玄、元·謝西蟾：《金蓮正宗仙源像傳》，〈元世祖皇帝褒封制詞〉，頁162。

〔註74〕元·劉志玄、元·謝西蟾：《金蓮正宗仙源像傳》，〈武宗皇帝加封制詞〉，頁164。

郝大通於全真教史之重要性和影響性，於茲可見一斑。郝大通其人、其事，「談玄論《易》，神解心融，著書立言，傳於身後」，〔註 75〕可謂自「通玄」洎乎「妙極」也。

第二節　郝大通之著作

一、成書時間

翰林學士馮璧（1162～1240）嘗為郝大通《太古集》作〈序〉：

一日過璧，曰：「圓曦所以區區成此功德者，亡他政，欲推廣先師道範俾行爾。其先師太古真人，舊有《崑嵛文集》，當時刊行者，蔑裂訛漏極多。圓曦以謂宗風準的，道學淵源，在則人，亡則書，蓋不可須臾離也。雖甓甃浮圖，增九級之高，曾未若心印書傳，無片言之誤。眾人徒見圓曦營建葺累之勤，孰知於《崑嵛文集》補綴闕遺，改正差繆，亦頗有一日之勞焉。書已補完，子盍為之序引？」〔註 76〕

郝大通之弟子范圓曦亦撰〈序〉：

先師廣寧全道太古真人郝君，遇師於寧海，傳衣於崑嵛，神人授之以《易》，大安錫之以號。略見於內翰馮公之〈序〉，不復容聲。惟是平居製作，若《三教入易論》一卷，《示教直言》一卷，解《心經》、《救苦經》各一卷，《太古集》一十五卷，內〈《周易參同契》簡要釋義〉一卷。師西來日，真定諸人已攻木行於代。歸老之後，又多所撰述。至於舊集所傳，時有改定。世俗抄錄，往往訛舛，欲改新之，蓋未暇也。竊惟先師之道，獨得於曠代不傳之妙，粹之以《易》象，廣之以禪悅，精微宏廓，遺世獨立，法言遺論，人所願見。乃今魯魚莫辨，真偽交雜，疑惑後學。在於門人弟子，實任其責。圓

〔註 75〕《太古集》劉祁（1203～1259）〈序〉：「彼方外之士，初無濟時心，則決然修鍊，惟以壽命為事，精專篤慎，其功日新，雖不能白日飛昇，亦保體完神，康強終世與。夫逐逐於外物，為虛名所劫持，耗智刓精，而無補吾教者，相去亦遠矣。若今郝公，幼而立志，挺挺不衰，其塊處數年，有玉潔松剛之操。一旦談玄論《易》，神解心融，著書立言，傳於身後。」金・郝大通：《太古集》，頁 688。

〔註 76〕金・郝大通：《太古集》，頁 687。

曦不敏，蒙賴道蔭，今得灑掃東原之正一，居多暇日。謹以師後來
所正，及世所未見者，點校精審，按為定本，刻而傳之。〔註77〕

由茲遂見，郝大通除了《太古集》一書，尚有《三教入易論》一卷、《示教直言》一卷、《心經解》一卷、《救苦經解》一卷，然今四書於各種《道藏》中皆已佚失，而「古本」《太古集》一十五卷又經弟子范圓曦重刊之，「今本」僅存四卷。

乃若《太古集》之「初版」時間，郝大通嘗於金世宗大定十六年丙申六月時，先繪有三十三幀修真圖，〈《周易參同契》簡要釋義并序〉則云：「大定十八年，歲次戊戌，孟夏十有九日，序。」〔註78〕《太古集・自序》又云：「大定十八年，歲在戊戌，仲冬望後六日，自序。」〔註79〕是以可知《太古集》當是於金世宗大定十八年戊戌（1178），「初版」刊刻流傳，且當時又稱之《崑崙文集》。另外，今一書中收有二〈序〉，即於「孟夏十有九日」為〈《周易參同契》簡要釋義并序〉敍，再於「仲冬望後六日」為《太古集》敍，故〈《周易參同契》簡要釋義并序〉和《太古集》二者，於當時乃各別獨立成書。

至若《太古集》之「定版」時間，范圓曦之〈序〉云：「歲次丙申長至日，崑崙野服嗣教范圓曦謹序。」〔註80〕如為金世宗大定十六年丙申，郝大通仍默坐於沃州石橋修煉中，范圓曦則於翌年（1177）纔出生，且敍稱其為「先師」、「真人」，故非，當為金亡後第二年之時，元太宗（1186～1241 在世，1229～1241 在位）即為窩闊臺在位第八年丙申時（1236）。《太古集》於茲年，經范圓曦「定版」刊刻流傳，〈《周易參同契》簡要釋義并序〉亦一并收入之，「古本」《太古集》一十五卷遂成書。

二、成書內容

郝大通《太古集・自序》即總敍全書內容大要：

> 予嘗研精於《周易》，刪《正義》以為《參同》。畫兩儀、四象、三才、八卦、六律、九宮、七政、五行、星辰張布、日月度躔、有無混成，以為圖象。述懷、應問，詩詞、歌賦。共一十五卷，分併三帙。以慕太古之風，目之曰《太古集》。夫「太古」者，「太」謂太易、太

〔註77〕金・郝大通：《太古集》，頁 689。
〔註78〕金・郝大通：《太古集》，卷 1，頁 691。
〔註79〕金・郝大通：《太古集》，頁 690。
〔註80〕金・郝大通：《太古集》，頁 689。

初、太始、太素，「古」謂遠古、上古、邃古、亙古，務使將來慕道
君子，知其不虛為者也。

且夫氣象莫大乎天地，變通莫大乎陰陽，天地之英華、陰陽之根本，
二氣之謂也；木龍、金虎、赤鳳、烏龜，四象之謂也；六、七、八、
九，其數之謂也；刀圭、鉛汞，生成備物之謂也；神遇、氣交，性命
之謂也；紫府、丹宮，靈臺、翠宇，瓊樓、絳闕，玉洞、珠簾，玄
關、陽道，地戶、天門，玉液、金精，黃芽、白雪，真水、真火，姹
女、嬰兒，石人、木馬，九蟲、三尸，金翁、黃婆，芝草、丹砂，皆
五行造化之謂也。大抵動靜兩忘，性圓命固，契乎自然。自然之道，
甚易知，甚易行；而天下莫能知，莫能行者，蓋情慾緣想害之之謂
也。人若去妄任真，超塵離法，混俗而不凡，獨立而不改，抱一而
不離，周行而不怠，於仙道其庶乎！顏子有坐忘之德，孟軻有養素
之功，蓋亦專於一事也。〔註81〕

由茲〈自序〉所云，可大致推測分判《太古集》「初版」和「定版」乃至
「今本」之異同：〔註82〕

第一，「予嘗研精於《周易》，刪《周易》以為《參同》」：本有〈《周易參
同契》簡要釋義并序〉。

第二，「畫兩儀、四象、三才、八卦、六律、九宮、七政、五行、星辰張
布、日月度躔、有無混成，以為圖象」：本有三十三幀「修真圖」。

之一，「兩儀」——「氣象莫大乎天地，變通莫大乎陰陽，天地之英華、
陰陽之根本，二氣之謂也」〔註83〕：本有〈乾象圖〉（圖4-1-1）、〈坤象圖〉（圖

〔註81〕金·郝大通：《太古集》，頁690。

〔註82〕筆者參考章偉文對郝大通《太古集》所作考略，然對其中所論「初版」和「定
　　　版」之成書內容異同，尤其是三十三幀修真圖，筆者或有相異之對應者，請
　　　參：章偉文：《郝大通學案》，頁103～110。

〔註83〕《周易·繫辭傳上》：「《易》有太極，是生兩儀，兩儀生四象，四象生八卦，
　　　八卦定吉凶，吉凶生大業。是故，法象莫大乎天地，變通莫大乎四時，縣象著
　　　明莫大乎日月，崇高莫大乎富貴；備物致用，立成器以為天下利，莫大乎聖
　　　人；探賾索隱，鉤深致遠，以定天下之吉凶，成天下之亹亹者，莫大乎蓍龜。」
　　　燕真人（？～？）號煙蘿子〈外丹內丹論〉：「氣象於天地，變通於陰陽，陽龍、
　　　陰虎，木液、金精，二氣交合而成者，謂之外丹；含和鍊藏，吐故納新，上入
　　　泥丸，下注丹田，中朝絳官，此乃謂之內丹。內丹可以延年，外丹可以昇舉。
　　　學道者宜勉之！」魏·王弼、東晉·韓康伯注，唐·孔穎達等正義：《周易正
　　　義》，卷7，頁156～157。南宋·陳朴傳，後晉·煙蘿子（燕真人），佚名，林

4-1-2）、〈天地交泰圖〉（圖4-1-3）、〈日象圖〉（圖4-1-4）、〈月象圖〉（圖4-1-5）、〈日月會合圖〉（圖4-1-6）。

之二，「四象」——「木龍、金虎、赤鳳、烏龜，四象之謂也」、「六、七、八、九，其數之謂也」：本有〈四象圖〉（圖4-1-9）。

之三，「三才」：本有〈三才象三壇之圖〉（圖4-3-1）、〈三才入爐造化圖〉（圖4-3-2）。

之四，「八卦」：本有〈乾坤生六子圖〉（圖4-1-8）、〈八卦反復圖〉（圖4-1-18）、〈八卦數爻成歲圖〉（圖4-2-1）、〈八卦收鼎煉丹圖〉（圖4-3-3）。

之五，「六律」：更為〈十二律呂之圖〉（圖4-1-19）。

之六，「九宮」：本有〈河圖〉（圖4-1-20）、〈天數奇象圖〉（圖4-1-21）、〈地數偶象圖〉（圖4-1-22）、〈天地生數圖〉（圖4-1-23）、〈天地成數圖〉（圖4-1-24）。

之七，「七政」：無有，遺佚。

之八，「五行」——「刀圭、鉛汞，生成備物之謂也」、「神遇、氣交，性命之謂也」、「紫府、丹宮，靈臺、翠宇，瓊樓、絳闕，玉洞、珠簾，玄關、陽道，地戶、天門，玉液、金精，黃芽、白雪，真水、真火，姹女、嬰兒，石人、木馬，九蟲、三尸，金翁、黃婆，芝草、丹砂，皆五行造化之謂也」：本有〈五行圖〉（圖4-1-10）、〈天元十干圖〉（圖4-1-11）、〈五行悉備圖〉（圖4-1-12），另補〈五運圖〉（圖4-2-2）、〈六氣圖〉（圖4-2-3）。

之九，「星辰張布」：本有〈二十八宿加臨四象圖〉（圖4-2-4）、〈北斗加臨月將圖〉（圖4-2-5）。

之十，「日月度躔」：本有〈二十四氣日行躔度加臨九道圖〉（圖4-2-6）。

之十一，「有無混成」：本有〈變化圖〉（圖4-1-7）。

另修補〈二十四氣加臨乾坤二象陰陽損益圖〉（圖4-1-13）、〈二十四氣加臨卦象圖〉（圖4-1-14）、〈二十四氣加臨七十二候圖〉（圖4-1-15）、〈六十甲子加臨卦象圖〉（圖4-1-16）、〈六子加臨二十四氣陰陽損益圖〉（圖4-1-17）五幀圖。

第三，「述懷、應問，詩詞、歌賦」：僅存三十首「金丹詩」。

其中，教內原典多有載郝大通繪三十三幀修真圖之事，一次是在金世宗大定十六年丙申，一次是在金章宗明昌元年庚戌，前者乃於「古本」《太古集》

屋逸人述，唐・崔希範述，南宋・曾慥，何鉅翁等：《雜著捷徑》，收入《正統道藏・洞真部・方法類》，冊7，卷18，頁513。

「初版」前，後者乃於「古本」《太古集》「初版」後、「定版」前，當對先前所繪，有所更正以及替補，「古本」乃至「今本」《太古集》所收者，即是已正補後之三十三幀修真圖。

第三節　郝大通之師承

一、《易》學之師承

細閱教內原典所載郝大通之名、字、道號，主要可以分為兩種意見：

第一，金代秦志安（1188～1244）編《金蓮正宗記》：入道之前，初名「璘」，號「恬然子」，自稱「太古道人」；入道之後，王重陽賜法名「大通」，號「廣寧子」。由茲顯見，乃強調其受王重陽之授。

第二，元代（1271～1368）李道謙（1219～1296）編《七真年譜》、李道謙集《甘水仙源錄》、劉志玄（？～？）以及謝西蟾（？～？）《金蓮正宗仙源像傳》、趙道一（？～？）編修《歷世真仙體道通鑑續編》：入道之時，王重陽訓名「璘」，號「恬然子」；「神人」之遇，授名「大通」，字「太古」，號「廣寧子」。由茲顯見，乃強調其另有師承授受。〔註84〕

秦志安編《金蓮正宗記》年代雖早，但其乃丘處機門下宋德方（1183～1247）之弟子，其說自然重視王重陽之師承，是以不可盡信；李道謙、劉志玄、謝西蟾、趙道一所編集年代雖晚，但後三人並非全真道之直系傳人，其說相對客觀，是以或可相信。此外，郝大通於入道之前便已精於《易》學，而王重陽則否，另有師承授受，本就可能為真，是以筆者以為，當以後說為正，即通於《易》學之「神人」授其名、字、道號。

綜觀歷史推遷，「亂世」之中，「神人」或是「隱士」輩出，孟喜（？～？）、焦延壽（？～？）、京房（77 B.C.E.～37 B.C.E.）之師承亦是如是。《漢書‧儒林傳第五十八》：「孟喜字長卿，東海蘭陵人也。……喜好自稱譽，得《易》家候陰陽災變書。」「京房受《易》梁人焦延壽。延壽云嘗從孟喜問《易》。……唯京氏為異，黨焦延壽獨得隱士之說，託之孟氏，不相與同。」〔註85〕同理，

〔註84〕筆者參考章偉文對郝大通之名、字、道號所作考證，然其無有主張何說較為適當，請參：章偉文：《郝大通學案》，頁1～3。

〔註85〕東漢‧班固撰，唐‧顏師古注：《漢書》（北京：中華書局，1964年），冊11，卷88，〈儒林傳第五十八〉，頁3599、3601。

郝大通二次遇「神人」，一次位於「岐山」，一次位於「灤城」，不僅於前時受名、字、道號，前時亦授「《易》之『大』義」，後時又授「大《易》『秘』義」，先「大」而後再「秘」，郝大通之《易》學遂漸臻於出神入化之境。其《易》學之師承雖是另有授受，卻無礙於且更是有助於內丹修煉。

　　另外，明代（1368～1644）徐道（？～？）編著《歷代神仙通鑑·聖賢貫脈·第一百七十五回　重陽子暢發玄風　七金蓮闡明法乳》：「大通與譚、王同受道。家巨富，志不苦勵，長真玉陽激勸之。至岐山遇鍾祖，復為發明，乃改名號。游于趙魏間，修而成道。」〔註86〕其載郝大通所遇之「神人」乃是「鍾祖」即「鍾離權」（？～？），恰與金丹詩〈其八〉所云「須知烹飪成新法，傳得鍾離道不難」〔註87〕一致，然茲較偏向文學性（Literality）創作，或有虛構成分，且亦可能是因已閱該金丹詩，而增入「鍾祖」之師承，是以存疑而備參之。

二、內丹學之師承

　　眾多古籍之記載以及前人之研究，試圖建構自鍾離權、呂洞賓（？～？）、王重陽乃至「全真七子」，其內丹學一脈相承，縮小範圍至郝大通，其內丹學自與其師及其同門相關，而又融入《易》學，將全真道之內丹學加以拓展，通達其三十首「金丹詩」所用之「隱語」，便可知其內丹修煉涵蘊，且又與三十三幀「修真圖」相互融通。

　　全真道乃重視「性命雙修」，而「北宗」較重視「先『性』後『命』」、「『性』先於『命』」，故而要在「煉己」，進而加以「築基」，王重陽乃以茲傳授其七門徒，而郝大通亦是繼承強調「先『性』後『命』」、「『性』先於『命』」之重要性。

　　《真仙直指語錄·郝太古真人語》：

　　　修真之士，若不降心，雖出家多年，無有是處，為不見性。既不見性，豈能養命？性命不備，安得成真？何為如此？緣有心病也：……除此五病，低下參訪，必得其真。……夫吾道：以開通為基，以見性為體，以養命為用，以謙和為德，以卑退為行，以守分為功。久

〔註86〕明·徐道編著，闞民、劉禎校注：《中國神仙大演義》（北京：中國文聯出版公司，1998年），冊下，〈聖賢貫脈〉，〈第一百七十五回　重陽子暢發玄風　七金蓮闡明法乳〉，頁1333。

〔註87〕金·郝大通：《太古集》，卷4，頁709。

久積成，天光內發，真氣沖融，形神俱妙，與道合真。〔註88〕

無論「北宗」所重「先『性』後『命』」、「『性』先於『命』」，還是「南宗」所重「先『命』後『性』」、「『命』先於『性』」，「心」者，乃是為「性」、「命」之主體。對郝大通而言，「養命」之前，「見性」為先，「見性」之本，「降心」為首，「降心」之由，「心病」為因，除此「五病」，方能「降心」、「見性」，方可「養命」、「修真」，「降心」乃至「見性」，蓋受禪（梵語：Dhyāna）宗影響，乃是為了顯現「本來真性」，正所謂「識心見性」、「明心見性」之義。而以「見性」為「體」，且以「養命」為「用」，意即「先『性』後『命』」、「『性』先於『命』」，乃至「性命雙修」、「性命合一」，遂可契於「教」化之根源者，即「形上」之「道」體。

進而「命功」修煉，即為「內丹」修煉。已知學界公認，全真道屬「鍾呂丹法」系統，而郝大通屬全真道，故郝大通亦屬「鍾呂丹法」系統。「鍾呂丹法」系統之相關原典中，乃以《祕傳正陽真人靈寶畢法》所載「三乘十門」之法，十項內丹修煉步驟最為清晰，其中，又繼《周易參同契》之後，兼「《易》道」和「丹道」。

馬濟人（？～）嘗表明：

> 宋、金、元時期，內丹術在晚唐、五代鍾、呂內丹派的基礎上呈蓬勃發展之勢：出現了大批學煉內丹的人士；寫出了大量的丹書、丹經。更在宋代形成了以張伯端為首的內丹南宗，金元時形成的以王嚞為首的內丹北宗。〔註89〕

張廣保（1964～）亦指出：

> 鍾呂內丹道正是在綜合、總結這些原始內丹學說的基礎上，重新予以整合、建構，使之具有一種新的面貌。可以說，鍾呂通過他們對內丹道的創造性解釋，開闢了內丹道第二期的發展歷史。〔註90〕

鄭燦山（1966～）更主張：

> 年代約在唐末五代的內丹經《祕傳正陽真人靈寶畢法》（以下簡稱《靈寶畢法》），卷首署名「正陽真人鍾離權雲房著，純陽真人呂嵒

〔註88〕金・玄全子集：《真仙直指語錄》，收入《正統道藏・正一部》，冊54，卷上，頁681～682。

〔註89〕馬濟人：《道教與煉丹》（臺北：文津出版社，1997年），頁54。

〔註90〕張廣保：《唐宋內丹道教》（上海：上海文化出版社，2001年），頁193。詳細關於「鍾呂丹法」及其特色，請參：張廣保：《唐宋內丹道教》，頁161～193。

洞賓傳」。所以，原作者是鍾離權，傳承者是呂洞賓，二人大約皆是唐末五代人。筆者以為，此經乃百代內丹道之祖。所以，詮解這部經典，對於內丹思想的特性，頗具代表性意義。〔註91〕

筆者以為，馬濟人、張廣保和鄭燦山之見解甚是，「鍾呂丹法」乃是百代內丹道之祖法，《祕傳正陽真人靈寶畢法》乃是百代內丹道之祖經。而郝大通所作三十首「金丹詩」，皆可一一回應《祕傳正陽真人靈寶畢法》所載「三乘十門」之法。

伍偉民（1947～）又表示：

> 煉養方術也用詩歌寫作，大約與起先用詩歌編寫的口訣易于記憶有關，後來又與道教「遇人不傳失天道，妄傳非人泄天寶」的嚴格規定有關，最終因內養功法確實不易說清，只能描繪練功者自身的感應，故以詩歌形式表現最為適宜。尤其是內養丹功與詩歌大有緣份。以被推崇為「萬古丹經王」的東漢魏伯陽所著《周易參同契》發其端，……。
>
> 道教內丹功法興盛于宋代，其標誌為《悟真篇》的出現。後代道教中人推崇它是「修丹之金科，養生之玉律」。《四庫提要》稱：「《悟真篇》與魏伯陽《參同契》道家并推為正宗。」《悟真篇》的內容全用詩詞表達，……。
>
> 宋元以降，中國古代詩歌的三種主要體裁詩、詞、曲都已成熟，又由於內丹功法精深，人言言殊，各以自己擅長的體裁來「泄天機，指迷徑」，丹功便獨占了詩詞曲的風光。〔註92〕

「詩歌」（Poetry）、「詩」（Poem）作為文學體裁之一，其「文本」（Text）本就容易因「讀者」（Patron）反應差異而有各自解讀，而自《周易參同契》以來，發展至《悟真篇》，乃至全真道之文學作品（Literature），內丹詩又常用「隱語」以避免「泄天機」，自古及今，尤為難以詮解其中玄妙堂奧。

〔註91〕鄭燦山：〈道教內丹的思想類型及其意義──以唐代鍾呂《靈寶畢法》為論述核心〉，《臺灣宗教研究》第 9 卷第 1 期（2010 年 6 月），頁 30～31。詳細關於《祕傳正陽真人靈寶畢法》之特質和哲學（Philosophy）義涵，請參：鄭燦山：〈道教內丹的思想類型及其意義──以唐代鍾呂《靈寶畢法》為論述核心〉，頁 29～57。

〔註92〕伍偉民、蔣見元：《道教文學三十談》（上海：上海社會科學院出版社，1993 年），頁 28～29。詳細關於「詩」與「教義」以及全真道之「詞」、「曲」，請參：伍偉民、蔣見元：《道教文學三十談》，頁 23～31、88～95。

　　誠然，教內原典所載，王重陽僅三次指點過郝大通，第一次教「清靜」，第二次教「自成」，第三次教「撲破」，「文本」或有祕而不傳，「讀者」無法從中得知，然則，單就教內原典所載，郝大通不僅僅於《易》學上另有師承授受，於內丹學亦需自己多加揣摩鑽擢，「鍾呂丹法」中之《祕傳正陽真人靈寶畢法》，便是可深入內丹修煉之「法門」（梵語：Dharma-paryāya）之一，金丹詩〈其八〉所云「須知烹飪成新法，傳得鍾離道不難」，〔註93〕即是主要證據之一。不過，需要注意的是，「北宗」以及「南宗」雖皆傳自「鍾呂丹法」，「北宗」乃重「先『性』後『命』」、「『性』先於『命』」，「南宗」則重「先『命』後『性』」、「『命』先於『性』」，「鍾呂丹法」所傳《祕傳正陽真人靈寶畢法》，以及「南宗」所奉《悟真篇》，亦重「先『命』後『性』」、「『命』先於『性』」。而郝大通本屬「北宗」，其詩明言傳得「鍾呂丹法」，且可一一回應《祕傳正陽真人靈寶畢法》所載「三乘十門」之法，又多化用《悟真篇》之詩詞，例如：〈其二十九〉：「無相門中堆白雪，虛空藏裏產黃芽。」〔註94〕化用《悟真篇》之「七言律詩」：「黃芽白雪不難尋，達者須憑德行深。」〔註95〕〈其十七〉：「直待東方橫素練，彩霞捧出一輪曦。」〔註96〕化用《悟真篇》之「五言律詩」：「女子著青衣，郎君披素練。」〔註97〕〈其五〉：「炎風鼎內消紅雪，偃月爐中煉瑞蓮。」〔註98〕化用《悟真篇》之「七言絕句」：「偃月爐中玉藥生，朱砂鼎內水銀平。」〔註99〕〈其十五〉：「二八佳人呈雅態，九三君子騁容儀。」〔註100〕化用《悟真篇》之〈西江月〉：「二八誰家姹女？九三何處郎君？」〔註101〕等等，故而破譯茲三十首「金丹詩」之「隱語」，乃是決定其「性命先後」乃至「性命雙修」之

〔註93〕金・郝大通：《太古集》，卷4，頁709。

〔註94〕金・郝大通：《太古集》，卷4，頁711。

〔註95〕北宋・張伯端撰，南宋・翁葆光注，南宋・陳達靈傳，元・戴起宗疏：《紫陽真人悟真篇註疏》，收入《正統道藏・洞真部・玉訣類》，冊4，卷3，〈七言四韻　一十六首以表一斤二八之數〉，頁298。

〔註96〕金・郝大通：《太古集》，卷4，頁710。

〔註97〕北宋・張伯端撰，南宋・翁葆光注，南宋・陳達靈傳，元・戴起宗疏：《紫陽真人悟真篇註疏》，卷3，〈五言四韻一首　以象太一之奇〉，頁305。

〔註98〕金・郝大通：《太古集》，卷4，頁708。

〔註99〕北宋・張伯端撰，南宋・翁葆光注，南宋・陳達靈傳，元・戴起宗疏：《紫陽真人悟真篇註疏》，卷4，〈絕句　六十四首以按六十四卦〉，頁315。

〔註100〕金・郝大通：《太古集》，卷4，頁709～710。

〔註101〕北宋・張伯端撰，南宋・翁葆光注，南宋・陳達靈傳，元・戴起宗疏：《紫陽真人悟真篇註疏》，卷7，〈西江月　一十二首以周歲律〉，頁343。

要務之一。〔註102〕是以筆者「知人論世」〔註103〕，聚焦「鍾呂丹法」系統，以郝大通所作三十首「金丹詩」為主，而以《祕傳正陽真人靈寶畢法》為輔，二者相互詮證，〔註104〕除可又證郝大通傳承自「鍾呂丹法」，且受《祕傳正陽真人靈寶畢法》影響，亦助於破譯三十首「金丹詩」之「隱語」，乃至於建構、解構、重構與三十三幀「修真圖」之內在聯繫，更能化解其「性命先後」乃至「性命雙修」之重要謎團。〔註105〕

小結

　　郝大通之生平事迹及其修道歷程，主要可以見於《金蓮正宗記》、《七真年譜》、《甘水仙源錄》、《金蓮正宗仙源像傳》、《歷世真仙體道通鑑續編》五本教

〔註102〕 蕭天石（1909～1986）《道家養生學概要・簡列修真必參書目》之中，〈三、北派必修書目〉以圓括號注明「兼參中派書」，又列《悟真篇》注本，或已察覺「北宗」已始兼「中派」之內丹修煉理論，請參：蕭天石：《道家養生學概要》（鄭州：中州古籍出版社，1988年），卷4，頁349～350。戈國龍（1971～）《論性命雙修・第2章　性命工夫》之中，〈2.2性命先後〉說明《真仙直指語錄・郝太古真人語》所云「既不見性，豈能養命」之義：「用黃元吉的話來總結就是：『始以性立命，繼以命了性，終則性命合一，以還虛無之體，盡矣。』『既不見性，豈能養命』，這是說『始以性立命』的層次。」亦或已意識到郝大通之「性命先後」次有特殊之情態，請參：戈國龍：《論性命雙修》（香港：青松出版社，2009年），頁56～57。

〔註103〕 《孟子・萬章下》：「以友天下之善士為未足，又尚論古之人。頌其詩，讀其書，不知其人，可乎？是以論其世也。是尚友也。」東漢・趙岐注，北宋・孫奭疏：《孟子注疏》，收入清・阮元校勘：《十三經注疏（附校勘記）》，冊8，卷10下，頁188。

〔註104〕 張廣保曾將丘處機《大丹直指》，與《鍾呂傳道集》、《祕傳正陽真人靈寶畢法》、《西山群仙會真記》作對照，發現諸多相似，乃至一致之處，而得出全真道之內丹學和鍾呂派之內丹道，確實存在直接淵源關係茲一結論，請參：張廣保：〈全真道性命雙修的內丹學〉，收入賴宗賢統籌，詹石窗主編：《道韻（第十一輯）——三玄與丹道養生（乙）》（臺北：中華大道文化事業公司，2002年8月），頁65～113。詳細關於《大丹直指》非丘處機所作，而為全真後學所託之考，請參：戈國龍：〈《大丹直指》非丘處機作品考〉，《世界宗教研究》2008年第3期（2008年9月），頁43～50。

〔註105〕 本目局部內容，曾經予以發表，承蒙謝聰輝教授（1963～）與匿名審查教授不吝惠賜寶貴建議，筆者後又採納部分審查意見以增修之，如是論文，特致謝忱，請參：吳韋諒：〈郝大通《太古集》中金丹詩隱訣及與修真圖關係探驪〉，收入《《中國文學研究》第四十二屆論文發表會會議論文集》（臺北：國立臺灣大學中國文學系，2021年5月），頁29～61。

內原典，而知其人、其事經歷，能辨《太古集》之成書時間、成書內容，可論郝大通之「《易》道」師承、「丹道」師承，更得以明「全真丹道《易》學」（Yi-ology Applied to Internal Alchemy of the Quanzhen Taoism）之緣由也。

筆者於本章論辨了郝大通之行誼，而奠基於前人之重要學術研究成果上，筆者經由以上論證其中涵蘊，所得結論有三：

其一，郝大通，初名昇，無字，法名大通，道號廣寧，自稱太古道人，金代山東寧海州人，「全真七子」之一。出生於金熙宗天眷三年庚申農曆正月初三，入道於金世宗大定八年戊子農曆三月，僊蛻於金衛紹王崇慶元年壬申農曆十二月三十日，享壽春秋七十三穐。

其二，郝大通之「《易》道」師承，蓋其於入道前便已精通《易》學，而王重陽則否，是以另有師承授受，即通於《易》學之「神人」授其名、字、道號，以及《易》之『大』義」乃至「大《易》『秘』義」。

其三，郝大通之「丹道」師承，蓋王重陽僅指點其三次，是以只能自行揣摩鑽擊，其中「鍾呂丹法」所傳《祕傳正陽真人靈寶畢法》，以及「南宗」所奉《悟真篇》，受茲二書影響之可能性相對較大。

第三章 〈《周易參同契》簡要釋義并序〉之疏論

本章凡分三節：第一節闡論「以道為體（Substance），以教為用（Function）」，承上一章行誼，淵源乃汲取二系師承之思惟，藉茲疏解「道」之與「教」二者關係。第二節析論「以乾為體，以坤為用」，承上一節疏解，《周易參同契》作為「萬古丹經王」，藉茲疏通「乾」之與「坤」二者關聯。第三節考論「以道為體，以釋為用」，承上二節疏通，又和合釋僧肇（384～414）之〈不真空論〉之「中道」（梵語：Madhyamā-pratipad）思想乃至「重玄」（Twofold Mystery）思惟，藉茲會通「道」之與「釋」二者連繫。其後〈小結〉郝大通（1140～1212）於〈《周易參同契》簡要釋義并序〉其中所謂「即體即用」、「體用一如」之理也。

第一節 以道為體，以教為用

〈《周易參同契》簡要釋義并序〉敘云：

> 教者，道之所以生也。道本無名，彊名曰道；教本無形，假言顯教。教之精粹，備包有、無。故：以無言之，存乎道體；以有言之，存乎器用。體之以為無，用之以為利。若曰：有形生於無形，則乾、坤安從而生？用教化於無知，則真知安從而出？[註1]

〔註 1〕金・郝大通：《太古集》，收入《正統道藏・太平部》（臺北：新文豐出版公司，1985 年），冊 43，卷 1，頁 691。

　　《周易（*Book of Changes*）・繫辭傳上》：「形而上者謂之道，形而下者謂之器。」〔註2〕《老子・第二十五章》：「有物混成，先天地生，寂兮寥兮，獨立不改，周行而不殆，可以為天下母。吾不知其名，字之曰道，強為之名曰大。」〔註3〕《中庸》：「天命之謂性，率性之謂道，修道之謂教。」〔註4〕

　　「道」體，乃是「先天地生」；「道」體，即是「有物混成」。「道」即為「物」，誠因「道」存「物」理，纔可化生萬物；「物」即為「道」，實因「物」有「道」性，遂能感通「道」體。「道」既先於天地，即為渾淪之「不知名」；「道」又生而天地，乃是萬有之「天下母」。「道」既為「形上」（Metaphysics）之「常」（Ordinary）之「本體」（Noumenon），以「道」稱之，遂墮至「形下」（Physics）之「非常」（Extraordinary）；「教」既為「形上」之「常」之「表現」（Phenomenon），以「言」詮之，則瀾入「形下」之「非常」。「道」之與「教」，於「形上」者，皆含「無」之與「有」；「道」而生「教」，於「形下」者，亦包「無」之與「有」。「道」何以能「體」之？以「教」之「無」；「道」何以可「用」之？以「教」之「有」。「教」如何能「體」之？以「道」之「無」；「教」如何可「用」之？以「道」之「有」。

　　《易緯・乾鑿度》：「夫有形生于無形，乾坤安從生。」鄭玄（127～200）注云：「天地本無形，而得有形，則有形生于無形矣。故〈繫辭〉曰：『形而上者謂之道。』夫乾坤者，法天地之象質，然則有天地，則有乾坤矣，將明天地之由，故先設問『乾坤安從生』也。」「天有象可見，地有形可處，若先乾坤，則是乃天地生乾坤。或云有形生于無形，則為反矣，如是則乾坤安從生焉。若怪而問之，欲說其故。」〔註5〕

　　「道」者，乃「本無名」，生化萬物，而得有名；「教」者，亦「本無形」，教化萬事，而得有形。若自「形上」至於「形下」，或由「本體」達於「表現」，可從「無」以及「有」之「無」，而到「無」以及「有」之「有」。是以，「天」

〔註2〕魏・王弼、東晉・韓康伯注，唐・孔穎達等正義：《周易正義》，收入清・阮元校勘：《十三經注疏（附校勘記）》（臺北：藝文印書館，2001 年），冊 1，卷 7，頁 158。

〔註3〕魏・王弼注：《老子道德經注》，收入魏・王弼撰，樓宇烈校釋：《王弼集校釋》（北京：中華書局，2009 年），冊上，篇上，頁 63～64。

〔註4〕南宋・朱熹注，徐德明校點：《四書章句集注》（上海：上海古籍出版社、合肥：安徽教育出版社，2001 年），〈中庸章句〉，頁 20。

〔註5〕東漢・鄭玄注，林忠軍校點：《易緯》，收入林忠軍：《《易緯》導讀》（濟南：齊魯書社，2002 年），卷上，頁 81，卷下，頁 92。

之與「地」，「本體」乃是「無形」，因有「乾」之與「坤」，法則「天」之與「地」，「表現」遂為「有形」，故有「天地」而生「乾坤」。同理，「教化」之與「無知」，「本體」亦為「無形」，然有「真知」，顯化「教化」之與「無知」，「表現」便是「有形」，故有「教化」之與「無知」而出「真知」。

> 若夫太極肇分，三才定位。布五行於玄極，列八卦於空廓。發揮七政，矚次紀綱。垂萬象於上方，育群靈於下土。是故聖人仰觀俯察，裁成輔相。信四時而生萬物，通變化而行鬼神。通精無門，藏神無穴。寂然不動，感而遂通。至於修真達道之士，用之德化十方，慧超三界。升沉而龍吟虎嘯，消息而蛇隱龜藏。一往一來，神號而鬼哭；一伸一屈，物我以俱忘。〔註6〕

《周易‧繫辭傳下》：「古者包犧氏之王天下也，仰則觀象於天，俯則觀法於地，觀鳥獸之文，與地之宜，近取諸身，遠取諸物，於是始作八卦，以通神明之德，以類萬物之情。」〈泰‧大象傳〉：「天地交，泰。后以財成天地之道，輔相天地之宜，以左右民。」〈繫辭傳上〉：《易》无思也，无為也，寂然不動，感而遂通天下之故。非天下之至神，其孰能與於此？」〔註7〕

若夫「儒者」，乃至「聖人」，對「道」之與「教」之「體」之與「用」，即無論是對於「太極」、「三才」、「五行」、「八卦」（Trigram）、「七政」、「紀綱」等「『天』之『象』」和「『地』之『法』」，「信」而「通」之且無有「門路」之分判，「通」而「藏」之卻無有「穴隙」之顯現，更於「寂靜」情態，而能「感通」天下，然其誠以「入世」之性而做「出世」之務，或類乎於「小乘」（梵語：Hīnayāna）。至若「修真」，乃至「達道」，更進一步，更上一層：以「真行」言，觀之而以其「德」化於「十方」，察之而以其「慧」超出「三界」；以「真功」言，坎離「升沉」而能「龍虎交媾」，陰陽「消息」而可「性命雙修」。〔註8〕更是物我兩忘，至於金丹功成。故其實以「出世」之心而行「入世」之事，則不啻於「大乘」（梵語：Mahāyāna）。

〔註6〕金‧郝大通：《太古集》，卷1，頁691。

〔註7〕魏‧王弼、東晉‧韓康伯注，唐‧孔穎達等正義：《周易正義》，卷2，頁42，卷7，頁154，卷8，頁166。

〔註8〕《太上九要心印妙經‧真一祕要》：「造化神龜，乃人之命也。神，乃人之性也。性者，南方赤蛇；命，乃北方黑龜。其龜、蛇相纏，二氣相吞，貫通一氣，流行上下，無所不通，真抱元守一之道也。」張果老述：《太上九要心印妙經》，收入《正統道藏‧洞真部‧方法類》，冊6，頁824。

筆者以為，茲段敘述亦是郝大通所繪之「修真圖」之綱領。

> 當是時，電激而八表騰輝，雷震而三山動色。鶴飛鳳舞，鹿返羊迴。沖氣盈盈，瑞雲密密。萬神羅列，群魔遁形。玄珠迸落於靈臺，芝草齊生於紫府。覺花綻放，法海淵深。直入玄都，永超陸地。所謂毛吞大海，芥納須彌。木馬嘶鳴，石人唱和。此皆開悟後覺，不得已而為言。〔註9〕

《鍾呂傳道集·論水火》：「頂曰上島，心曰中島，腎曰下島。」〈論河車〉：「是此三車之名，而分上、中、下三成。故曰三成者，言其功之驗證。非比夫釋教之三乘車，而曰羊車、鹿車、大牛車也。」〔註10〕

「『心腎』相交」，「『龍虎』交媾」；「取『坎』填『離』」，「抽『鉛』（Pb）添『汞』（Hg）」；「三田」反復，「三車」搬運；一撞「三關」，一通「督脈」（Governing Vessel）；「火候」節度，「周天」反復；還丹「七返」，金丹「九還」；「長生久視」，「超凡入聖」。

《大般涅槃經（梵語：*Mahā-parinirvāṇa-sūtra*）·四相品第七之一》：「復有菩薩摩訶薩住大涅槃，能以三千大千世界入於芥子。……復有菩薩摩訶薩住大涅槃，能以三千大千世界納一毛孔。」〔註11〕《景德傳燈錄·前筠州九峯普滿大師法嗣》：「問：『如何是同安一曲？』師曰：『靈琴不引人間韻，知音豈度伯牙門？』曰：『誰人知得？』師曰：『木馬嘶時從彼聽，石人拊掌阿誰聞。』曰：『知音如何？』師曰：『知音不度耳，達者豈同聞？』」〔註12〕

所謂「毛吞大海」、「芥納須彌」、「木馬嘶鳴」、「石人唱和」之禪（梵語：Dhyāna）境，蓋遙呼王重陽（1112～1170）〈郝昇化餘打破罐，因贈二絕〉：「撲破真灰罐，卻得害風觀。直待悟殘餘，有箇人人喚。」「欲要心不亂，般般都打斷。子午卯酉時，須作骷髏觀。」〔註13〕「毛孔」、「芥子」、「木馬」、「石人」本乃「空」（梵語：Śūnya），「大海」、「須彌」、「嘶鳴」、「唱和」原非「有」（梵

〔註 9〕金·郝大通：《太古集》，卷1，頁691。

〔註10〕鍾離權述，呂喦集，唐·施肩吾傳：《鍾呂傳道集》，收入《正統道藏·洞真部·方法類》，冊7，卷15，頁472、482。

〔註11〕南朝·宋·慧嚴等依《泥洹經》加之：《大般涅槃經》，收入《大正新脩大藏經》（東京：大藏出版株式會社，1988年），冊12，號375，卷4，頁628上～中。

〔註12〕北宋·道原纂：《景德傳燈錄》，收入《大正新脩大藏經》，冊51，號2076，卷20，頁365下。

〔註13〕金·王嚞：《重陽全真集》，收入《正統道藏·太平部》，冊43，卷10，〈詩〉，頁499～500。

語：Bhāva），自可相容，亦無相牾，惟是執著，當需遠離。萬「法」（梵語：Dharma）萬「相」（梵語：Laksana），「因緣」（梵語：Hetupratyaya）和合，因因緣「生」（梵語：Utpāda），因因緣「滅」（梵語：Nirodha），「非空之空」，纔是「真空」，「非有之有」，纔是「妙有」，茲非互別互異，是乃「不一（梵語：Ekārtha）不異（梵語：Anārtha）」，即惟打破外在軀殼，當可顯明「本來真性」，即「真空」即「妙有」，即「妙有」即「真空」。然內丹（Internal Alchemy）之修煉，重實修之體證，故其玄理、玄心、玄境，及其佛理、佛心、佛境，為曉諭之，而彊言之。

筆者以為，茲段敘述亦是郝大通所作之「金丹詩」之綱要。

是道也：用之以順，兩儀序而百物和；行之以逆，六位傾而五行亂。

非夫至極玄妙，其孰能與於此乎？於是略敘玄文，刪為節要云耳。

時大定十八年，歲次戊戌，孟夏十有九日，序。〔註14〕

《周易‧說卦傳》：「昔者聖人之作《易》也，將以順性命之理。是以立天之道，曰陰與陽；立地之道，曰柔與剛；立人之道，曰仁與義。兼三才而兩之，故《易》六畫而成卦。分陰分陽，迭用柔剛，故《易》六位而成章。」〔註15〕

無論「《易》道」還是「丹道」，何以「保全真性」之謂？「三才」之道，「六位」之理，「天」居乎上，「地」處乎下，「人」立乎中，「法『天』則『地』」，「尊『乾』貴『坤』」，「陰陽」和合，「柔剛」兼備，「仁義」自在。簡而言之，煉養人體小宇宙之與自然大宇宙相應，如是「順」而「用」之則「和」，若乃「逆」而「行」之則「亂」，「至精」、「至變」、「至神」〔註16〕之「修真達道之士」，纔可以臻於如是之境域。

郝大通自「道」之與「教」二者關係，及其「即體即用」、「體用一如」之理，敘至三教會通，乃至「三才」圓融，以啟下文，論「乾」之與「坤」也。

〔註14〕金‧郝大通：《太古集》，卷1，頁691。

〔註15〕魏‧王弼、東晉‧韓康伯注，唐‧孔穎達等正義：《周易正義》，卷9，頁183。

〔註16〕《周易‧繫辭傳上》：「是以君子將有為也，將有行也，問焉而以言，其受命也如響，无有遠近幽深，遂知來物。非天下之至精，其孰能與於此？參伍以變，錯綜其數，通其變，遂成天下之文；極其數，遂定天下之象。非天下之至變，其孰能與於此？《易》无思也，无為也，寂然不動，感而遂通天下之故。非天下之至神，其孰能與於此？」魏‧王弼、東晉‧韓康伯注，唐‧孔穎達等正義：《周易正義》，卷7，頁154。

第二節　以乾為體，以坤為用

〈《周易參同契》簡要釋義并序〉敘後又云：

> 《易》之道：以乾為門，以坤為戶。以北辰為樞機，以日月為運化。
> 以四時為職宰，以五行為變通。以虛靜為體，以應動為用。以剛柔
> 為基，以清淨為正。以雲雨為利，以萬象為法。以品類為一，以吉
> 凶為常。以生死為元，以有無為教。故知：教之與化，必在乎人；
> 體之善用，必在乎心；變而又通，必在乎神。以一神總無量之神，
> 以一法包無邊之法，以一心統無數之心。自古及今，綿綿若存。是
> 謂《周易參同契》簡要釋之義也。〔註17〕

郝大通《太古集・自序》即云及：「予嘗研精於《周易》，刪《正義》以為
《參同》。」〔註18〕遂知其乃是以《周易正義》作為主要根據，以茲挈讀、闡
釋《周易》，進而對於《周易參同契》有所闡發，且服膺《周易參同契》之精
髓，而乾、坤卦既作為經卦以及重卦（Hexagram）之首二卦，其重要性自毋須
多言而自顯。

孔穎達（574～648）疏〈繫辭傳下〉：「《易》卦者，寫萬物之形象。」〈乾・
文言傳〉：「以乾、坤其《易》之門、戶邪！其餘諸卦及爻，皆從乾、坤而出。」
〈繫辭傳上〉：「言用《易》理，原窮事物之初始，反復事物之終末，始、終、
吉、凶，皆悉包羅，以此之故，知死生之數也。」〔註19〕

《周易參同契・《易》者象也章第六》：「《易》者，象也。懸象著明，莫大
乎日月。」〈乾坤《易》之門戶章第一〉：「乾、坤者，《易》之門、戶，眾卦之
父、母。」〈將欲養性章第六十二〉：「將欲養性，延命卻期。審思後末，當慮
其先。人所稟軀，體本一无。元精雲布，因氣託初。」〔註20〕

所謂「《易》道」，初在「象」者。所謂「象」者，首在「乾」之與「坤」。
茲後，無論「北辰」之與「日月」、「四時」之與「五行」、「虛靜」之與「應動」、
「剛柔」之與「清淨」、「雲雨」之與「萬象」、「品類」之與「吉凶」、「生死」
之與「有無」等等，無不「法『天』則『地』」，以及「尊『乾』貴『坤』」，以

〔註17〕 金・郝大通：《太古集》，卷1，頁691。

〔註18〕 金・郝大通：《太古集》，頁690。

〔註19〕 魏・王弼、東晉・韓康伯注，唐・孔穎達等正義：《周易正義》，卷1，頁12，
　　　　卷7，頁147，卷8，頁168。

〔註20〕 後蜀・彭曉注：《周易參同契分章通真義》，收入《正統道藏・太玄部》，冊34，
　　　　卷上，頁260、263，卷中，頁283。

明「道」之與「教」，及其「體」之與「用」。「教」之與「化」如何可施？端在乎「人」，惟「人」纔能以其「一法」包容天地「無邊之法」；「體」之與「用」如何可顯？繼在乎「心」，惟「心」纔能以其「一心」統合天地「無數之心」；「變」之與「通」如何可行？要在乎「神」，惟「神」纔能以其「一神」總括天地「無量之神」。呼應〈序〉云「毛吞大海」、「芥納須彌」、「木馬嘶鳴」、「石人唱和」所寓破執後之「真空」和「妙有」。其中「生死」，其中「有無」，不過「緣起（梵語：Pratītyasamutpāda）性空（梵語：Prakṛtiśūnyatā）」，惟有「本來真性」，「緜緜若存，用之不勤」〔註21〕。

《易》之「表現」乃是「象數」（Phenomenon-Number），《易》之「本質」乃是「義理」（Meaning-Principle），自「象數」通「義理」，而「義理」應「象數」，「數」、「理」遂一貫，《易》之道亦昭明。郝大通即如是，將自然「象數」通乎於人文「義理」，即乾卦象「天」和坤卦象「地」，示而觀之，可以明乾卦與坤卦之「象數」和「義理」，及其中內丹修煉之《易》理。

一、乾卦

> 天體道廣，
>> 清虛廣遠，純陽不雜。
> 乾用德普。
>> 運行不息，應化無窮。〔註22〕

孔穎達疏〈乾‧彖傳〉：「陽氣昊大，乾體廣遠。」〈卦辭〉：「於物象言之，則純陽也。」〈文言傳〉：「純粹不雜，是精靈。」〈卦辭〉：「運行不息，應化无窮。」〔註23〕

《周易參同契‧乾健盛明章第五十四》：「乾☰健盛明，廣被四鄰。」〔註24〕

開宗明義，乾卦之為「體」者，天「道」衷「廣」；乾卦之為「用」者，天「德」周「普」，斯之謂也。

> 善始嘉通，
>> 會合群靈，通理物性。

〔註21〕魏‧王弼注：《老子道德經注》，篇上，頁16。
〔註22〕金‧郝大通：《太古集》，卷1，頁691～692。
〔註23〕魏‧王弼、東晉‧韓康伯注，唐‧孔穎達等正義：《周易正義》，卷1，頁8、10、16。
〔註24〕後蜀‧彭曉注：《周易參同契分章通真義》，卷中，頁280。

義和貞固。

協和濟利，堅固貞正。〔註25〕

孔穎達疏〈乾・卦辭〉：「言此卦之德，有純陽之性，自然能以陽氣始生萬物，而得元始、亨通，能使物性和諧，各有其利，又能使物堅固貞正，得終。……以長萬物，物得生存，而為元也；又當以嘉美之事，會合萬物，令使開通，而為亨也；又當以義，協和萬物，使物各得其理，而為利也；又當以貞固幹事，使物各得其正，而為貞也。」〔註26〕

《周易參同契・物无陰陽章第七十三》：「物无陰陽，違天背无。」〔註27〕

乾之一卦，其卦辭共可有四種解釋向度：

第一，「四德說」──「元，亨，利，貞」：〈乾・文言傳〉：「『元』者，善之長也；『亨』者，嘉之會也；『利』者，義之和也；『貞』者，事之幹也。君子體仁足以長人，嘉會足以合禮，利物足以和義，貞固足以幹事。君子行此四德者，故曰：『乾：元，亨，利，貞。』」〔註28〕茲即並立之詮，亦有遞進之釋，更能是一種世界性的複雜組合之原型（Archetypal Patterns）。

第二，「三分說」──「元，亨，利貞」：〈乾・彖傳〉：「大哉乾元！萬物資始，乃統天。雲行雨施，品物流形。大明終始，六位時成，時乘六龍以御天。乾道變化，各正性命。保合大和，乃利貞。首出庶物，萬國咸寧。」〔註29〕茲即以「元」代表創始性能，以「亨」彰顯天之與人雙向溝通，而以「利貞」表示保持大自然之和諧。

第三，「兩段說」──「元亨，利貞」：朱熹（1130～1200）注云：「元，大也。亨，通也。利，宜也。貞，正而固也。文王以為乾道大通而至正，故於筮得此卦而六爻皆不變者，言其占當得大通，而必利在正固，然後可以保其終也。」〔註30〕茲即表達天道於初期賦予萬物亨通發展之性能，於後段依自身修為而循常軌正道，可能更加合乎經文原意。

〔註25〕金・郝大通：《太古集》，卷1，頁692。
〔註26〕魏・王弼、東晉・韓康伯注，唐・孔穎達等正義：《周易正義》，卷1，頁8。
〔註27〕後蜀・彭曉注：《周易參同契分章通真義》，卷中，頁288。
〔註28〕魏・王弼、東晉・韓康伯注，唐・孔穎達等正義：《周易正義》，卷1，頁12。
〔註29〕魏・王弼、東晉・韓康伯注，唐・孔穎達等正義：《周易正義》，卷1，頁10～11。
〔註30〕南宋・朱熹注：《周易本義》（臺北：國立臺灣大學出版中心，2017年），卷之1，〈上經〉，頁28。

第四，「一貫說」——「元亨利貞」：〈乾·文言傳〉亦能表明乾之一貫性能，另又可以「乾」統貫「亨利貞」即其「元」者，宋儒等人有茲一說。〔註31〕

而要言之，郝大通所謂的乾之一卦：「元」者，始也，乾卦可使萬物開始生長；「亨」者，通也，乾卦可使萬物通達成長；「利」者，和也，乾卦可使萬物和諧滋長；「貞」者，固也，乾卦可使萬物堅固茁長。乾生萬物，萬物有陽，善始善終，斯之謂也。

　　大妙至哉，

　　　法此行道，隨時變通。

　　玄元聖祖。

　　　規矩後人，光澤天下。〔註32〕

孔穎達疏〈乾·卦辭〉：「言聖人亦當法此卦，而行善道。……是以聖人法乾，而行此四德。」〔註33〕

《周易參同契·大《易》情性章第八十五》：「大《易》情性，各如其度。黃老用究，較而可御。爐火之事，真有所據。三道由一，俱出徑路。」〔註34〕

承上而述，當法乾卦，「元」、「亨」、「利」、「貞」，「『貞』下啟『元』」，運行應化，變通乃久。又加之以「玄元聖祖」，茲乃唐代（618～907）視老子（571 B.C.E.～471 B.C.E.）為其「聖祖」之徽稱，唐高宗（628～683 在世，649～683 在位）乾封元年丙寅（666）追號「太上玄元皇帝」，唐玄宗（685～762 在世，712～756 在位）天寶二年癸未（743）加號「大聖祖太上玄元皇帝」，天寶八年己丑（749）加號「聖祖大道玄元皇帝」，天寶十三年甲午（754）加號「大聖祖高上大道金闕玄元天皇大帝」。〔註35〕老子於道教（Taoism）史，自「歷史神話」至「宗教神話」和「政治神話」中，常以「化身」以及「為王者師」為其「原基型」（Archetype）之「母題」（Motif），即便有變型者，也多是以之加以擴大而渲染，因而被神聖化，成為宇宙本體即「道」，降於社稷人間為「啟示」者與「救世」者，是以以「人」而言，老子遂為「聖者」，而以「經典」

〔註31〕詳細關於乾卦卦辭及其四種句法大義，請參：黃慶萱注譯：《新譯周易六十四卦經傳通釋》（臺北：三民書局，2022 年），冊上，〈乾卦經傳通釋第一〉，頁 2～5。

〔註32〕金·郝大通：《太古集》，卷 1，頁 692。

〔註33〕魏·王弼、東晉·韓康伯注，唐·孔穎達等正義：《周易正義》，卷 1，頁 8。

〔註34〕後蜀·彭曉注：《周易參同契分章通真義》，卷下，頁 294。

〔註35〕北宋·歐陽修、北宋·宋祁：《新唐書》（北京：中華書局，1975 年），冊 1，卷 3，本紀 3，〈高宗〉，頁 65，卷 5，本紀 5，〈玄宗〉，頁 143、147、149。

而言，《道德經》便崇奉成為「聖典」（Canon），又以「歷史」而言，則是「神聖歷史」，相對魏晉玄學（Metaphysics）中之「哲人」、「子書」、「正史」，可謂大異其趣。〔註36〕郝大通所謂「法乾」之「聖人」，即為「玄元聖祖」，因乾卦教化於世間，以乾卦潤化於天下，而《周易》和《老子》融通，即儒家（Confucianism）與道教融會，茲除胳合「參同契」之義者，亦實符合王重陽三教兼融之主張，更呈顯其將《易》學（Yi-ology）帶入全真道（The Quanzhen Taoism）而「全」老子之「真」，斯之謂也。

　　資乎萬物，

　　　眾象之宜，資取乾用。

　　統御雲雨。

　　　雲氣流行，雨澤施布。總及萬靈，無有壅蔽。〔註37〕

　　孔穎達疏〈乾·彖傳〉：「言乾能用天之德，使雲氣流行，雨澤施布，故品類之物，流布成形，各得亨通，无所壅蔽，是其亨也。」〔註38〕

　　《周易參同契·物无陰陽章第七十三》：「資始統政，不可復改。」〔註39〕

　　茲則特別強調乾卦「亨」之作用，即乾卦之為「用」，以御雲雨施行，以助萬物生成，且其無有偏廢，斯之謂也。

　　克明初末，

　　　克明萬物，終始之道。始則潛伏，終則飛躍。可潛則潛，可飛則
　　　飛。是明達乎始終之道。

　　時乘六戶。

　　　陽有六則，陰有六則。健用隨時，始終如一；若不以時而用者，
　　　應潛則飛，應飛則潛，應生而殺，應殺而生，六位不以時乘而反害
　　　矣！〔註40〕

　　孔穎達疏〈乾·彖傳〉：「以乾之為德，大明曉乎萬物終始之道，始則潛伏，終則飛躍，可潛則潛，可飛則飛，是明達乎始終之道，故六爻之位，依時而成；

〔註36〕詳細關於道教中之老子和《道德經》之神聖性轉變及其意義，請參：鄭燦山：
　　　　《東晉唐初道教道德經學：關於道德經與重玄思想暨太玄部之討論》（臺北：
　　　　臺灣學生書局，2009 年），〈序章〉，頁 49～68，篇上，頁 98～111，篇下，頁
　　　　409～423。
〔註37〕金·郝大通：《太古集》，卷 1，頁 692。
〔註38〕魏·王弼、東晉·韓康伯注，唐·孔穎達等正義：《周易正義》，卷 1，頁 10。
〔註39〕後蜀·彭曉注：《周易參同契分章通真義》，卷中，頁 288。
〔註40〕金·郝大通：《太古集》，卷 1，頁 692。

若其不明終始之道，應潛而飛，應飛而潛，應生而殺，應殺而生，六位不以時而成也。」〔註41〕

《周易參同契·春夏據內體章第五》：「春、夏據內體，從子到辰、巳。秋、冬當外用，自午訖戌、亥。」〔註42〕

茲則特別說明乾卦「卦德」，即乾卦之為「德」：以「爻辭」言，萬物皆當法其「六位」及其「六龍」之舉，「初九」「潛龍勿用」、「九二」「見龍在田」、「九三」「夕惕若厲」、「九四」「或躍在淵」、「九五」「飛龍在天」、「上九」「亢龍有悔」，〔註43〕「時止則止，時行則行，動靜不失其時」〔註44〕；以「爻辰」言，火候亦當法其「六位」陰陽節度循環，「初九」「甲子」、「九二」「甲寅」、「九三」「甲辰」、「九四」「壬午」、「九五」「壬申」、「上九」「壬戌」，「陽」支順「進」，「陰」支逆「退」，進退不失其時。慎始敬終，則「无悔」矣，則「无害」矣，斯之謂也。

伏虎飛龍，

　陰伏陽飛，陽生陰殺。

式宙控宇。

　升降不息，運轉無窮。〔註45〕

孔穎達疏〈乾·彖傳〉：「言乾之為德，以依時乘駕六爻之陽氣，以控御於天體。六龍，即六位之龍也。以所居上下言之，謂之六位也。陽氣升降，謂之六龍也。」〈大象傳〉：「唯天運動，日過一度，蓋運轉混沒，未曾休息。」〔註46〕

《周易參同契·擣治并合之章第三十八》：「擣治并合之，持入赤色門。固塞其際會，務令致完堅。炎火張於下，晝夜聲正勤。始文使可修，終竟武乃陳。候視加謹慎，審察調寒溫。周旋十二節，節盡更須親。」〔註47〕

〔註41〕魏·王弼、東晉·韓康伯注，唐·孔穎達等正義：《周易正義》，卷1，頁10。
〔註42〕後蜀·彭曉注：《周易參同契分章通真義》，卷上，頁261。
〔註43〕魏·王弼、東晉·韓康伯注，唐·孔穎達等正義：《周易正義》，卷1，頁8～10。
〔註44〕魏·王弼、東晉·韓康伯注，唐·孔穎達等正義：《周易正義》，卷5，頁116。
〔註45〕金·郝大通：《太古集》，卷1，頁692。
〔註46〕魏·王弼、東晉·韓康伯注，唐·孔穎達等正義：《周易正義》，卷1，頁10～11。
〔註47〕後蜀·彭曉注：《周易參同契分章通真義》，卷上，頁274。

承上而述，當法乾卦，封固「爐鼎」：「初九」「子時」，「陽息」之初，起以「武火」，以「進陽火」，氣上「督脈」，而撞「尾閭關」、「夾脊關」、「玉枕關」茲「三關」；「九四」「午時」，「陰消」之始，續以「文火」，以「退陰符」，氣下「任脈」（Controlling Vessel），而通「上丹田」、「中丹田」、「下丹田」茲「三田」。〔註48〕天地和合，陰陽消息，「龍虎交媾」。周天火候，循環往復，無窮無盡，斯之謂也。

變力化功，

> 應用之道，革故從新，為之以漸，謂之變；一有一無，忽然而改，謂之化。言乾之為道，使物漸變者，使物卒化者，莫非資始生養萬物，總統隱顯之功。

性端命輔。

> 乾之為用，見乎變化。變化之功，使物各正性命。性者，天生之質，若剛柔、遲速之別；命者，人所稟受，若貴賤、壽夭之屬。故知：無形生於有形，有形之所累也；惟天道有形，能健而不為所累者，蓋謂乘變化而御大器，靜專動直，不失大和。乾之為體：靜住之時，則專一不轉移也；其運動之時，正直不傾邪也。不失大利，豈非正性命之情者邪？乾能正定物之性命。物之性命，各有情也。所稟生者，謂之性；隨時念慮，謂之情。故以真言之，存乎其性；以邪言之，存乎其情。情去，性存，命自歸，而輔之。〔註49〕

孔穎達疏〈乾·彖傳〉：「變謂後來改前，以漸移改，謂之變也；化謂一有一无，忽然而改，謂之為化。言乾之為道，使物漸變者，使物卒化者，各能正定物之性命。性者，天生之質，若剛柔、遲速之別；命者，人所稟受，若貴賤、夭壽之屬是也。……夫形也者，物之累也。凡有形之物，以形為累，是含生之屬，各憂性命；而天地雖復有形，常能永保无虧，為物之首，豈非統用之者至極健哉！若非至健，何能使天形无累？見其无累，則知至健也。……乘變化，則乘潛龍、飛龍之屬是也；而御大器，大器謂天也。乘此潛龍、飛龍而控御天體，所以運動不息。……謂乾之為體：其靜住之時，則專一不轉移也；其運動之時，正直不傾邪也。故〈上繫辭〉云：『夫乾，其靜也專，其動也直，是以

〔註48〕詳細關於內丹修煉火候之理論和功法，請參：馬濟人：《道教與煉丹》（臺北：文津出版社，1997年），頁137～152、181～202。

〔註49〕金·郝大通：《太古集》，卷1，頁692～693。

大生焉。」韓康伯注云：『專，專一也；直，剛正也。』不失大和，則下文保合大和是也。……謂物之性命各有情，非天之情也。天本无情，何情之有？而物之性命，各有情也。所稟生者，謂之性；隨時念慮，謂之情。」〔註50〕

《周易參同契・將欲養性章第六十二》：「將欲養性，延命卻期。審思後末，當慮其先。人所稟軀，體本一无。元精雲布，因氣託初。」〔註51〕

乾卦之為「道」者，滋生萬物而令之「變」，滋養萬物而教之「化」，使其「性命」得正。乾卦之為「體」者，無論「靜」還是「動」，皆可正定物之「性命」之「情」，「性」者，「本來真性」，「命」者，後天生命，〔註52〕「情」者，後天邪情，如「酒色財氣」、「攀緣愛念」、「憂愁思慮」〔註53〕等，《真仙直指語錄・郝太古真人語》：「修真之士，若不降心，雖出家多年，無有是處，為不見性。既不見性，豈能養命？性命不備，安得成真？何為如此？緣有心病也：……除此五病，低下參訪，必得其真。」〔註54〕「心」乃是為「性」、「命」之主體，對郝大通而言，「養命」之前，「見性」為先，「見性」之本，「降心」為首，「降心」之由，「心病」為因，除此「五病」，方能「降心」、「見性」，方可「養命」、「修真」，「降心」乃至「見性」，蓋受禪宗影響，乃是為了顯現「本來真性」，正所謂「識心見性」、「明心見性」之義，便可「去情存性」，意即「先『性』後『命』」、「『性』先於『命』」，進而「性命雙修」，〈郝太古真人語〉：「夫吾道：以開通為基，以見性為體，以養命為用，以謙和為德，以卑退為行，以守分為功。久久積成，天光內發，真氣沖融，形神俱妙，與道合真。」〔註55〕遂可契於「教」化之根源者，即「形上」之「道」體。乾卦之為「用」者，正「性命」乃前提，使「變化」為要務，「無形」而生「有形」，「混沌」而生「天地」，「天地」而生「乾坤」，然「有形」乃「有累」，惟「天形」可「无累」，因其「靜」而能「專」，且其「動」而可「直」，「動靜」不失

〔註50〕魏・王弼、東晉・韓康伯注，唐・孔穎達等正義：《周易正義》，卷1，頁11。

〔註51〕後蜀・彭曉注：《周易參同契分章通真義》，卷中，頁283。

〔註52〕詳細關於《周易》中之「命」義，請參：賴貴三：〈《周易》「命」觀初探〉，《國文學報》第30期（2001年6月），頁1～35。

〔註53〕《重陽教化集・化丹陽》：「凡人修道，先須依此一十二簡字：斷『酒色財氣』、『攀緣愛念』、『憂愁思慮』。」金・王嚞：《重陽教化集》，收入《正統道藏・太平部》，冊43，卷2，頁552。

〔註54〕金・玄全子集：《真仙直指語錄》，收入《正統道藏・正一部》，冊54，卷上，頁681。

〔註55〕金・玄全子集：《真仙直指語錄》，卷上，頁682。

其時，「變化」不失其時，即謂「至健至極」，纔能「運動不息」。乾卦「即體即用」、「體用一如」之理，「動靜」皆正「性命」，「變化」亦正「性命」；「北宗」「性命雙修」之法，「養性」先於「延命」，「煉己」重於「築基」。「心降」，「性端」，「命輔」，「情邪」；「情去」，「命歸」，「性存」，「心真」。「與道合真」，斯之謂也。

> 保合太和，
>
> 　乾之為用，純陽剛暴。若無和順，則物不得利，又失其正；若能保安合會太和之道，乃能永固，使物各正性命而久長也。
>
> 利貞迺甫。
>
> 　貞固幹用，利益於物。〔註56〕

孔穎達疏〈乾・彖傳〉：「純陽剛暴，若无和順，則物不得利，又失其正；以能保安合會大利之道，乃能利貞於萬物，言萬物得利而貞正也。」〈文言傳〉：「言天能利益庶物，使物各得其宜而和同也。……言天能以中正之氣成就萬物，使物皆得幹濟。……言君子利益萬物，使物各得其宜，足以和合於義，法天之利也。……言君子能堅固貞正，令物得成，使事皆幹濟，此法天之貞也。」〔註57〕

《周易參同契・乾坤剛柔章第四十一》：「乾坤剛柔，配合相包。陽稟陰受，雄雌相須。須以造化，精氣乃舒。……龍馬就駕，明君御時。和則隨從，路平不邪。」〔註58〕

承上而述，當法乾卦：以「利」為「用」，「利」益萬物而「和」於「義」；以「貞」為「用」，「貞」正萬物而「幹」於「事」。以啟下文，當法坤卦：「乾坤」相配，「剛柔」相包，「陰陽」相須，「龍馬」相輔。「性」得諧「和」，「命」得堅「固」，延年益壽，斯之謂也。

> 剛專柔直，
>
> 　內則存乎剛健，專一不移轉也；外則用乎柔弱，正直不傾邪也。
>
> 匠眾規矩。
>
> 　君子所以能行此道，匠成萬物，教化無窮者也。〔註59〕

〔註56〕金・郝大通：《太古集》，卷1，頁693。

〔註57〕魏・王弼、東晉・韓康伯注，唐・孔穎達等正義：《周易正義》，卷1，頁11～13。

〔註58〕後蜀・彭曉注：《周易參同契分章通真義》，卷中，頁276。

〔註59〕金・郝大通：《太古集》，卷1，頁693。

孔穎達疏〈乾·卦辭〉:「天者,定體之名;乾者,體、用之稱。故〈說卦〉云:『乾,健也。』言天之體,以健為用。聖人作《易》,本以教人,欲使人法天之用,不法天之體,故名乾,不名天也;天以健為用者,運行不息,應化无窮,此天之自然之理,故聖人當法此自然之象而施人事,亦當應物成務,云為不已,終日乾乾,无時懈倦,所以因天象以教人事。」〔註60〕

《周易參同契·昴畢之上章第四十七》:「昴畢之上,☳震出為徵。陽氣造端,初九潛龍。陽以三立,陰以八通。故三日震動,八日☱兌行。九二見龍,和平有明。三五德就,☰乾體乃成。九三夕惕,虧折神符。盛衰漸革,終還其初。☴巽繼其統,固濟操持。九四或躍,進退道危。☶艮主止進,不得踰時。二十三日,典守弦期。九五飛龍,天位加喜。六五☷坤承,結括終始。韞養眾子,世為類母。上九六龍,戰德于野。用九翩翩,為道規矩。陽數已訖,訖則復起。推情合性,轉而相與。」〔註61〕

乾卦之為「體」者,乃「天」;乾卦之為「用」者,乃「健」;乾卦「即體即用」、「體用一如」之理,乃是「天行至健」。又「初三」之「眉月」(Waxing Crescent),對應「初九」「潛龍勿用」、震卦;「初八」之「上弦月」(First Quarter),對應「九二」「見龍在田」、兌卦;「十五日」之「望月」(Full Moon),對應「九三」「夕惕若厲」、乾卦;至「十六日」之「虧凸月」(Waning Gibbous),對應「九四」「或躍在淵」、巽卦;「二十三日」之「下弦月」(Third Quarter),對應「九五」「飛龍在天」、艮卦;「三十日」之「晦月」(The Day before New Moon),對應「上九」「亢龍有悔」、〔註62〕坤卦。以乾之一卦言,陰陽法度,六爻升降,至乾卦用九爻,火候節度,周天往復。當法乾卦之「體」、「用」,而能「天行至健」;亦法天道之「規」、「矩」,而可「教化無窮」。一日時辰、一月盈虧、一歲消息,遂皆可以法之,以行內丹修煉,斯之謂也。

　　君子自彊,

　　　　運用不休,終而復始。彊而又壯,君子之道備矣。君者,主也;
　　　子者,愛也。主臨上位,愛人濟物。學道之者,通乾用而行大利,
　　　晝夜不息,無有虧退。君子之人,自彊勉力,不有止息,惟施於眾。

〔註60〕魏·王弼、東晉·韓康伯注,唐·孔穎達等正義:《周易正義》,卷1,頁8。
〔註61〕後蜀·彭曉注:《周易參同契分章通真義》,卷中,頁278。
〔註62〕魏·王弼、東晉·韓康伯注,唐·孔穎達等正義:《周易正義》,卷1,頁8～10。

教令可取。

此明君子之人，體道用事。內剛外順，靜專動直。若雲行雨施，
四時以序，萬物以生。一切群品，無不周普。〔註63〕

孔穎達疏〈乾・大象傳〉：「謂天體之行，晝夜不息，周而復始，无時虧
退。……此以人事法天所行，言君子之人，用此卦象，自彊勉力，不有止息。
言君子者，謂君臨上位，子愛下民，通天子、諸侯，兼公、卿、大夫、有地者。」
〔註64〕

《周易參同契・君子居室章第四十二》：「君子居其室，出其言善，則千里
之外應之。謂萬乘之主，處九重之室。發號施令，順陰陽節。藏器待時，勿違
卦月。屯以子、申，蒙用寅、戌。餘六十卦，各自有日。」〔註65〕

承上而述，當法乾卦：「天行至健」，終而復始；「自彊不息」，盡心勉力。
首尾貫通，乾卦「即體即用」、「體用一如」之理：即為「君」者，需法乾卦之
「體」、「用」，呼應「清虛廣遠」、「運行不息」，博施濟眾，「不有止息」；而學
「道」者，亦法乾卦之「體」、「用」，呼應「純陽不雜」、「應化無窮」，修性煉
命，「无時虧退」。以啟下文，當法坤卦：為「君子」者，「內剛外順」，「愛人
濟物」，敬天愛民，造福蒼生；為「道人」者，「靜專動直」，「藏器待時」，「進
火」「退符」，煉就金丹。剛柔並濟，「陰陽和合」，以啟下文，斯之謂也。

另又以《平水韻》而言，〔註66〕押「上聲七麌」韻——「普」、「祖」、「雨」、

〔註63〕金・郝大通：《太古集》，卷1，頁693。

〔註64〕魏・王弼、東晉・韓康伯注，唐・孔穎達等正義：《周易正義》，卷1，頁12。

〔註65〕後蜀・彭曉注：《周易參同契分章通真義》，卷中，頁276。

〔註66〕《觀堂集林・書金王文郁〈新刊韻略〉、張天錫〈草書韻會〉後》：「自王文郁
〈新刊韻略〉出，世人始知今韻一百六部之目不始於劉淵矣。余又見金張天錫
〈草書韻會〉五卷，前有趙秉文〈序〉，署『正大八年二月』。其書上、下平聲
各十五韻，上聲廿九韻，去聲三十韻，入聲十七韻，凡一百六部，與王文郁
〈韻〉同。王〈韻〉前有許古〈序〉，署『正大六年己丑季夏』，前乎張書之成
才一年有半。又王〈韻〉刊於平陽，張書成於南京，未必即用王〈韻〉部目。
是一百六部之目，并不始於王文郁。蓋金人舊韻如是，王、張皆用其部目耳。
何以知之？王文郁書名『平水新刊韻略』，劉淵書亦名『新刊禮部韻略』。『韻
略』上冠以『禮部』字，蓋金人官書也。」《中國音韻學史・第七章 宋後『韻
書』和『等韻』的沿革・第一節 從『廣韻』到近代的『詩韻』》：「所謂《平
水韻》，既不是劉氏所創，也不是王文郁所創；論刊行的時代，劉書固在王文
郁〈韻〉之後，而劉書未必是根據王文郁〈韻〉而作。因為劉氏《壬子新刊禮
部韻略》有一百七韻，而王文郁《平水新刊韻略》上平、下平各十五，上聲二
十九，去聲三十，入聲十七，只一百六韻，已併上聲〈拯〉韻於〈迥〉韻；又

「戶」、「宇」、「輔」、「甫」、「矩」、「取」，而有一字通押，押「去聲七遇」韻
——「固」。

二、坤卦

地體道大，

　　沉實純厚，無所不載。

坤用德隆。

　　柔和厚載，包容眾垢，以順群生。通理物情，猶乾之德，其德隆

大。〔註67〕

　　孔穎達疏〈坤‧彖傳〉：「乾是剛健，能統領於天；坤是陰柔，以和順承乎
於天。……以其廣厚，故能載物，有此生長之德，合會无疆。」〈六二〉：「无
物不載，是其大也。」〈六五〉：「能以中和通於物理，居於臣職。」〔註68〕

　　《周易參同契‧道窮則反章第六十》：「道窮則反，歸乎坤☷元。恆順地理，
承天布宣。」〔註69〕

　　開門見山，坤卦之為「體」者，地「道」廣「大」；坤卦之為「用」者，
地「德」盛「隆」，呼應乾卦所云「天體道廣，乾用德普」。《老子‧第七十八
章》：「受國之垢，是謂社稷主；受國不祥，是謂天下王。」〔註70〕坤卦性質柔

兩書都以『新刊』為名，都別有所本；毛麾《平水韻》，就是在這兩書之前
的。……更可以推斷合併韻部乃是原出於金時的功令。金人取士，也注重詞
賦，大概當時採取宋代的官書，而加以併合；所以〈一百七部〉和〈一百六部〉
的韻目，都是由金人所為。王文郁、張天錫、劉淵諸人的作品，都是依據於金
人的官書的；王、劉把這種官書加以刊定，也不過是增字加注而已。」由近世
學者之考論，可知《平水韻》之韻目系統，並非始於劉淵（？～？）作於南宋
（1127～1279）理宗（1205～1264在世，1224～1264在位）淳祐十二年壬子
（1252）之《壬子新刊禮部韻略》，且其實際乃淵源於金人傳統舊韻。據茲，
郝大通乃是生活於金代（1115～1234），故使用《平水韻》以判斷其用韻，於
時空背景上較為合適。王國維：《觀堂集林》，收入王國維撰，謝維揚、房鑫亮
主編，駱丹、盧錫銘、胡逢祥、鄔國義、李解民副主編，謝維揚、莊輝明、黃
愛梅分卷主編：《王國維全集》（杭州：浙江教育出版社、廣州：廣東教育出版
社，2010年），卷8，卷8，藝林8，頁254。張世祿：《中國音韻學史》（上海：
上海書店，1984年），冊下，頁129～130。
〔註67〕金‧郝大通：《太古集》，卷1，頁693。
〔註68〕魏‧王弼、東晉‧韓康伯注，唐‧孔穎達等正義：《周易正義》，卷1，頁18～
20。
〔註69〕後蜀‧彭曉注：《周易參同契分章通真義》，卷中，頁282。
〔註70〕魏‧王弼注：《老子道德經注》，篇下，頁188。

順，正合老子思想，呼應「玄元聖祖」之號，其「容」地上「眾垢」，以「順」地上「群生」，呼應「規矩後人，光澤天下」之釋。坤卦次乎乾卦，乾卦陽訖之後，誠如上述所論，坤卦繼而輔道。坤卦近乎乾卦，可以德化萬物，主要差異在於，乾卦乃是「施者」（Giver），坤卦則是「受者」（Taker），然其相反、相輔、相成，且其「德」皆昌「隆」，斯之謂也。

　　長益群品，

　　　長養利益，群靈品類。始生萬有，各得通暢。

　　事備曲通。

　　　順時待物，屈己伸人。〔註71〕

　　孔穎達疏〈坤・象傳〉：「言地能生養至極，與天同也。」〈卦辭〉：「言地之為體，亦能始生萬物，各得亨通。」〈大象傳〉：「地勢方直，是不順也；其勢承天，是其順也。」〔註72〕

　　《周易參同契・乾坤《易》之門戶章第一》：「乾、坤者，《易》之門、戶，眾卦之父、母。」〔註73〕

　　承上而述，當法坤卦。〈坤・卦辭〉：「元亨，利牝馬之貞。」〔註74〕坤卦同乎乾卦，亦有「四德」之說，即坤卦之為「用」，可使萬物開始生長，可使萬物通達成長，可使萬物和諧滋長，可使萬物堅固苗長，呼應乾卦所云「善始嘉通」及其所釋「會合群靈，通理物性」，以及「義和貞固」及其所釋「協和濟利，堅固貞正」，蓋與乾卦相符；然則所謂天圓地方，地有「不順」之與「順」者：坤卦之為「體」者，地之「方」即其「曲」；坤卦之為「用」者，時之「順」即其「通」。其「體」雖然「方大」，其「用」仍需「承天」，呼應乾卦所云「克明初末，時乘六戶」，進而「順時待物，屈己伸人」。《老子・第二十八章》：「知其榮，守其辱，為天下谷。為天下谷，常德乃足，復歸於樸。」〔註75〕社稷有「榮」有「辱」，人事有「屈」有「伸」，「榮」中亦有「辱」者，「辱」中亦有「榮」者，「屈」中亦有「伸」者，「伸」中亦有「屈」者，莫偏執於一端，纔可「順時待物」，乃至「屈己伸人」，如「天下」之「山谷」，呼應「包容眾垢」，

〔註71〕金・郝大通：《太古集》，卷1，頁693。

〔註72〕魏・王弼、東晉・韓康伯注，唐・孔穎達等正義：《周易正義》，卷1，頁18～19。

〔註73〕後蜀・彭曉注：《周易參同契分章通真義》，卷上，頁260。

〔註74〕魏・王弼、東晉・韓康伯注，唐・孔穎達等正義：《周易正義》，卷1，頁18。

〔註75〕魏・王弼注：《老子道德經注》，篇上，頁74。

於是「以順群生」，其中虛懷若谷，虛而可以盈之，呼應「其德隆大」，究竟「復歸於樸」。《真仙直指語錄‧郝太古真人語》：「既是出家，須要忘憂絕慮，知足常足。一日二升之糧，積之何用？一年端布之裝，身外何求？一日之閑，一日之仙。道沖而無欲，神定而氣和。為造化之根源，窮陰陽之返復。道不遠人，人自遠道；日月不速，人自速之。勇猛剛強，不肯而低心而下意。」〔註76〕坤卦廣厚柔順，長養地上萬物，「順時屈己伸人」，「常德知足常足」，茲為「道」之根本，斯之謂也。

　　　攸攸君子，

　　　　柔順幹正，嘉美之功。

　　　雌極化雄。

　　　　不為事始，待唱乃和，謙尊卑光。己若進人，必人進己，先雌而

　　化雄也。〔註77〕

　　孔穎達疏〈坤‧卦辭〉：「坤是陰道，當以柔順為貞正，借柔順之象，以明柔順之德也。……以其至柔，當待唱而後和。凡有所為：若在物之先，即迷惑；若在物之後，即得主利。以陰不可先唱，猶臣不可先君，卑不可先尊故也。」〈文言傳〉：「欲明坤道處卑，待唱乃和，故歷言此三事，皆卑應於尊，下順於上也。……其地道卑柔，无敢先唱成物，必待陽始先唱，而後代陽有終也。」〔註78〕

　　《周易參同契‧法象天地章第八十》：「天地之雌雄兮，徘徊子與午。寅、申陰陽祖兮，出入復終始。循斗而招搖兮，執衡定元紀。」〔註79〕

　　茲則特別強調坤卦「利」和「貞」之作用，即坤卦之為「用」，可使萬物和諧滋長，可使萬物堅固茁長，更可「利」於君子有所作為，終而可得「貞」正，即是「嘉美之功」之謂，呼應乾卦所云「義和貞固」及其所釋「協和濟利，堅固貞正」；然則坤卦「柔順」，不可為事之「先」，否則「先迷」，必須為事之「後」，茲則「後利」，「坤卦」次於「乾卦」，「陰性」後於「陽性」，「人臣」侍於「人君」，「卑者」從於「尊者」，呼應「順時待物」，進而「屈己伸人」，即坤卦之「卦德」。至若「雌極化雄」之義，非指「女性成佛（梵語：Buddha）」

〔註76〕金‧玄全子集：《真仙直指語錄》，卷上，頁681。
〔註77〕金‧郝大通：《太古集》，卷1，頁693。
〔註78〕魏‧王弼、東晉‧韓康伯注，唐‧孔穎達等正義：《周易正義》，卷1，頁18、21。
〔註79〕後蜀‧彭曉注：《周易參同契分章通真義》，卷下，頁291。

之前需先轉為男身，〔註80〕蓋因其不符道教所謂「性別平等」（Gender Equality）之主張，其當是指內丹修煉火候節度循環：即謂「子時」和「冬至」屬「陰極生陽」之「陽氣」生，配以「復卦」，起以「武火」，「陽火」主「進」，前為「坤卦」，乃「陰」性即為「雌」，而「北斗七星」（The Big Dipper）指「卯」時，「春分」已至，「陽氣」漸漸主勢，當為「息火」、「沐浴」之時；至於「午時」和「夏至」屬「陽極生陰」之「陰液」生，配以「姤卦」，續以「文火」，「陰符」主「退」，前為「乾卦」，乃「陽」性即為「雄」，而「北斗七星」指「酉」時，「秋分」已至，「陰液」漸漸主勢，當為「停符」、「沐浴」之時。呼應乾卦所云「伏虎飛龍」及其所釋「陰伏陽飛，陽生陰殺」，以及「式宙控宇」及其所釋「升降不怠，運轉無窮」。《老子・第二十八章》：「知其雄，守其雌，為天下谿。為天下谿，常德不離，復歸於嬰兒。」〔註81〕為人處事之時，「陽性」先於「陰性」，莫忘「守柔」；修性煉命之時，「雌柔」繼於「雄剛」，莫忘「沐浴」。火候始終循環，可如「溪水」長流，可返「嬰兒」本真，斯之謂也。

　　西南不利，

　　　陰柔不立，物有所害。

〔註80〕《妙法蓮華經（梵語：*Saddharma-puṇḍarīka-sūtra*）・提婆達多品第十二》：「文殊師利言：『有娑竭羅龍王女，年始八歲，智慧利根，善知眾生諸根行業，得陀羅尼，諸佛所說甚深祕藏，悉能受持。深入禪定，了達諸法，於剎那頃，發菩提心，得不退轉，辯才無礙。慈念眾生，猶如赤子，功德具足，心念口演，微妙廣大，慈悲仁讓，志意和雅，能至菩提。』智積菩薩言：『我見釋迦如來，於無量劫難，行苦行，積功累德，求菩提道，未曾止息。觀三千大千世界，乃至無有如芥子許，非是菩薩捨身命處，為眾生故，然後乃得成菩提道；不信此女，於須臾頃，便成正覺。』……時舍利弗語龍女言：『汝謂不久得無上道，是事難信。所以者何？女身垢穢，非是法器。云何能得無上菩提？佛道懸曠，經無量劫，勤苦積行，具修諸度，然後乃成。又女人身，猶有五障：一者，不得作梵天王；二者，帝釋；三者，魔王；四者，轉輪聖王；五者，佛身。云何女身速得成佛？』……女言：『以汝神力，觀我成佛，復速於此。』當時眾會，皆見龍女，忽然之間，變成男子。具菩薩行，即往南方無垢世界，坐寶蓮華，成等正覺，三十二相，八十種好，普為十方一切眾生演說妙法。爾時娑婆世界，菩薩、聲聞、天龍八部、人與非人，皆遙見彼龍女成佛，普為時會人、天說法，心大歡喜，悉遙敬禮。無量眾生，聞法解悟，得不退轉；無量眾生，得受道記。無垢世界，六反震動；娑婆世界，三千眾生，住不退地；三千眾生，發菩提心，而得受記。智積菩薩及舍利弗，一切眾會，默然信受。」姚秦・鳩摩羅什譯：《妙法蓮華經》，收入《大正新脩大藏經》，冊9，號262，卷4，頁35中～下。

〔註81〕魏・王弼注：《老子道德經注》，篇上，頁74。

東北立功。

　　志意和同，性行柔弱。臨事決斷，不有私曲。正此義也。〔註82〕

孔穎達疏〈坤‧卦辭〉：「西南坤位，是陰也。今以陰詣陰，乃得朋；俱是陰類，不獲吉也。猶人既懷陰柔之行，又向陰柔之方，是純陰柔弱，故非吉也。……西南既為陰，東北反西南，即為陽也。以柔順之道往詣於陽，是喪失陰朋；故得安靜貞正之吉，以陰而兼有陽故也。若以人事言之，象人臣離其黨而入君之朝，女子離其家而入夫之室。……凡言朋者，非唯人為其黨，性行相同，亦為其黨；假令人是陰柔而之剛正，亦是離其黨。」〔註83〕

《周易參同契‧晦朔之間章第四十六》：「晦朔之間，合符行中。混沌鴻濛，牝牡相從。滋液潤澤，施化流通。天地神明，不可度量。利用安身，隱形而藏。始於東北，箕斗之鄉。旋而右轉，嘔輪吐萌。潛潭見象，發散精光。」〔註84〕

承上而述，當法坤卦：以「後天八卦方位」言，「西南方」乃「陰卦」之位，「東北方」乃「陽卦」之位，是以「西南得朋，東北喪朋」〔註85〕。坤卦就「陰」，雖可「得朋」，卻過「陰」勢，因而非「吉」；坤卦就「陽」，雖會「喪朋」，卻有「陽」勢，因而得「吉」。陰陽相反然則相成，是以「西南不利，東北立功」。以「月相升落方位」言，「四月」配以「乾卦」，「立夏」已至，「朔月」（New Moon）自「東北方」升起，「陰」居於「陽」，雖「喪朋」而「立功」；「十月」配以「坤卦」，「立冬」已至，「朔月」自「西南方」落下，「陰」居於「陰」，雖「得朋」而「不利」，可謂天地之象已明人事之理。陰陽相配乃至相成，是以「西南不利，東北立功」。陰陽相輔，「牝牡相從」，「不有私曲」，斯之謂也。

乘此達彼，

　　得正順志，利保守常。

黃委宗風。

　　惟政是從，隨時渝變。〔註86〕

〔註82〕金‧郝大通：《太古集》，卷1，頁694。

〔註83〕魏‧王弼、東晉‧韓康伯注，唐‧孔穎達等正義：《周易正義》，卷1，頁18。

〔註84〕後蜀‧彭曉注：《周易參同契分章通真義》，卷中，頁278。

〔註85〕詳細關於坤卦「西南得朋，東北喪朋」各家說解內涵，請參：陳廖安〈論《易‧坤》之「西南得朋東北喪朋」〉，收入賴貴三主編：《春風煦學集——黃慶萱教授七秩華誕受業論集》（臺北：里仁書局，2001年4月），頁5～30。

〔註86〕金‧郝大通：《太古集》，卷1，頁694。

孔穎達疏〈坤・六五〉：「黃，是中之色；裳，是下之飾。坤為臣道，五居君位，是臣之極貴者也。能以中和通於物理，居於臣職。……以體无剛健，是非用威武也；以內有文德，通達物理。」〔註87〕

《周易參同契・黃中漸通理章第二十一》：「黃中漸通理，潤澤達肌膚。初正則終脩，幹立末可持。一者以掩蔽，世人莫知之。」〔註88〕

承上而述，當法坤卦，守柔守順，陰陽相濟。「六五」爻位，「陰」居「陽」位，居「中」得「正」，「君臣」相輔。居「臣職」者，「內」有「文」德，以「柔」順「剛」，通曉「物理」，隨時「變通」；為「道人」者，「中」有「黃」庭，先「性」後「命」，滋潤「肌膚」，修煉「得一」。可謂變化往復，呼應乾卦所云「大妙至哉」及其所釋「法此行道，隨時變通」。《老子・第十章》：「載營魄抱一，能無離乎？」〈第三十九章〉：「天得一以清，地得一以寧，神得一以靈，谷得一以盈，萬物得一以生，侯王得一以為天下貞。」〔註89〕《真仙直指語錄・郝太古真人語》：「遊歷他方，不如獨坐而守道；浮名浮利，不如逍遙而寂淡；飽食珍羞，不如糲飯而塞肚；羅綺盈箱，不如麤衣而遮體；榮華宴樂，不如超然而守靜；當春登臺，不如安閑而有素；非義得財，不如貧窮而自樂；口能辨論，不如終日以無言；說古談今，不如抱元而守一；多技多能，不如絕學以守拙；常懷舊怨，不如洗心而悔過。」〔註90〕自陰至陽，「得正守常」，「隨時渝變」，斯之謂也。

資生萬有，

　　妙用宏闊，無所疏遠。

承順天聰。

　　行不違禮，柔順不邪。〔註91〕

其與「地體道大，坤用德隆。長益群品，事備曲通」義一，斯之謂也。

厚能載物，

　　至順包承，不亂群也。

至理無窮。

〔註87〕魏・王弼、東晉・韓康伯注，唐・孔穎達等正義：《周易正義》，卷1，頁20。
〔註88〕後蜀・彭曉注：《周易參同契分章通真義》，卷上，頁267。
〔註89〕魏・王弼注：《老子道德經注》，篇上，頁22，篇下，頁106。
〔註90〕金・玄全子集：《真仙直指語錄》，卷上，頁681。
〔註91〕金・郝大通：《太古集》，卷1，頁694。

居中得正，任其自然。〔註92〕

孔穎達疏〈坤・象傳〉：「至，謂至極也。言地能生養至極，與天同也；但天亦至極，包籠於地，非但至極，又大於地。故〈乾〉言『大哉』，〈坤〉言『至哉』。……以其廣厚，故能載物，有此生長之德，合會无疆。凡言无疆者，其有二義：一是廣博无疆，二是長久无疆也。」〈六二〉：「物皆自成，无所不利。以此爻居中得位，極於地體，故盡極地之義。此因自然之性，以明人事，居在此位，亦當如地之所為。」〔註93〕

《周易參同契・上德无為章第二十二》：「上德无為，不以察求；下德為之，其用不休。」〔註94〕

承上而述，當法坤卦。坤卦之為「體」者，乃「地」；坤卦之為「用」者，乃「順」；坤卦「即體即用」、「體用一如」之理，乃是「地勢至順」。蓋因「地體道大」，「廣博无疆」之「體」，故能「厚能載物」；亦因「坤用德隆」，「長久无疆」之「用」，故可「至理無窮」；更因「地勢至順」，「至順包承」之「體」和「用」，故是「任其自然」。《老子・第三十八章》：「上德無為而無以為，下德為之而有以為。」〔註95〕乾卦象「天」，居於「上」而「無為」，以「始」萬物，「任其自然」，「無形」而亦「無求」；坤卦象「地」，處於「下」而「有為」，以「生」萬物，「任其自然」，「有形」然則「無休」。〈繫辭傳上〉：「一陰一陽之謂道。」〔註96〕乾卦首之，坤卦承之，「一陰一陽」，和合乃「道」。乾卦為「陰」所「消」，「消」為姤卦，乃至剝卦，「陽」訖之後，「退」於坤卦，起以「武火」，「始」乎「精華」，可謂即「體」之「用」；坤卦為「陽」所「息」，「息」為復卦，乃至夬卦，「陰」訖之後，「進」於乾卦，續以「文火」，「生」乎「元精」，可謂即「用」之「體」。呼應乾卦所云「保合太和，利貞洒甫」及其所釋，以及「剛專柔直，匠眾規矩」及其所釋。乾坤「即體即用」、「體用一如」之理，內丹「自然而然」、「任其自然」之道，「法『天』則『地』」，斯之謂也。

含弘光熾，

和光同眾，俯仰不獨。

〔註92〕金・郝大通：《太古集》，卷1，頁694。

〔註93〕魏・王弼、東晉・韓康伯注，唐・孔穎達等正義：《周易正義》，卷1，頁18～19。

〔註94〕後蜀・彭曉注：《周易參同契分章通真義》，卷上，頁267。

〔註95〕魏・王弼注：《老子道德經注》，篇下，頁93。

〔註96〕魏・王弼、東晉・韓康伯注，唐・孔穎達等正義：《周易正義》，卷7，頁148。

品類熙沖。

和氣充滿，物得生存。言善則遷，道歸群品。始終不懈，君子之

正。〔註97〕

孔穎達疏〈坤‧象傳〉：「包含以厚，光著盛大，故品類之物，皆得亨通。」
〔註98〕

《周易參同契‧元精眇難睹章第十六》：「元精眇難睹，推度效符證。居則
觀其象，準擬其形容。立表以為範，占候定吉凶。發號順時令，勿失爻動時。
上察〈河圖〉文，下序地形流。中稽於人心，參合考三才。動則循卦節，靜則
因〈象〉辭。乾坤用施行，天地然後治。可得不慎乎！」〔註99〕

承上而述，當法坤卦：「地勢至順」，充滿和氣；「厚德載物」，通達萬物。
首尾貫通，坤卦「即體即用」、「體用一如」之理：《老子‧第四章》：「道沖而
用之或不盈，淵兮似萬物之宗。挫其銳，解其紛，和其光，同其塵。湛兮似或
存。」〔註100〕需法坤卦之「體」、「用」，「和」於「光」輝，呼應「沉實純厚」、
「柔和厚載」，包含萬物，隱藏事功；亦法坤卦之「體」、「用」，「同」乎「塵」
俗，呼應「包容眾垢」、「通理物情」，包容塵垢，生養萬物。以終二卦，當法
乾坤：《老子‧第二十五章》：「人法地，地法天，天法道，道法自然。」〔註101〕
「道」生「天」、「地」者，「天」、「地」生「乾」、「坤」卦，「乾」、「坤」卦生
「人」。「道」之為「體」，「道歸群品」，「三才」「分殊」，其「道」「不一」；「教」
之為「用」，「群品歸道」，「三才」「理一」，其「教」「不異」。「法『天』則『地』」，
「教」化人事，「道」法自然。《老子‧第三十七章》：「道常無為而無不為。」
〔註102〕「道」即「自然」，「無為」之為，無所不為，變化萬千。〈繫辭傳下〉：
「唯變所適。」〔註103〕「道」即「陰陽」，「陰陽」之變，需循「卦節」，乾卦
「陽進」，坤卦「陰退」，亦循「卦德」，乾卦「至健」，坤卦「至順」，「自然」
而然，「始終不懈」，「元精」成丹，「君子之正」，「形神俱妙」、「超凡脫俗」，
斯之謂也。

〔註97〕金‧郝大通：《太古集》，卷1，頁694。

〔註98〕魏‧王弼、東晉‧韓康伯注，唐‧孔穎達等正義：《周易正義》，卷1，頁18。

〔註99〕後蜀‧彭曉注：《周易參同契分章通真義》，卷上，頁265。

〔註100〕魏‧王弼注：《老子道德經注》，篇上，頁10。

〔註101〕魏‧王弼注：《老子道德經注》，篇上，頁65。

〔註102〕魏‧王弼注：《老子道德經注》，篇上，頁91。

〔註103〕魏‧王弼、東晉‧韓康伯注，唐‧孔穎達等正義：《周易正義》，卷8，頁174。

另又以《平水韻》而言，押「上平聲一東」韻──「隆」、「通」、「雄」、「功」、「風」、「聰」、「窮」、「沖」。

第三節　以道為體，以釋為用

實相非相，

　　依尊履正，行命有功。返視內觀，相實非有。非相之實，實非相故。

真空不空。

　　不居任，不造為。空真不存。不空之真，真不空故。〔註104〕

有些前人研究認為，郝大通於茲處使用佛學（Buddhology）用語，感覺非常唐突；〔註105〕筆者以為不然，其正呈顯郝大通繼承了王重陽之主張，即是三教會通。

部分前人研究點明，全真道和禪宗有密切之關聯。〔註106〕自郝大通之著作和語錄，亦可察其受到禪宗影響。〔註107〕更有研究指出，郝大通之言行與曹洞宗和臨濟宗相似。〔註108〕然則〈《周易參同契》簡要釋義并序〉茲段，明

〔註104〕金·郝大通：《太古集》，卷1，頁694。

〔註105〕例如：蜂屋邦夫（1938～）指明：「『實相非相，真空不空』，該句的出現讓人感覺非常唐突，係佛教用語。……這樣的表現重陽也曾使用過，並不是佛教特有的表現。」〔日〕蜂屋邦夫撰，金鐵成、張強、李素萍、金順英譯：《金元時代的道教──七真研究》（*Taoism during the Jin-Yuan Period*）（濟南：齊魯書社，2014年），冊上，頁361。

〔註106〕詳細關於全真道以及禪宗之關係，請參：李玉用：〈慧能禪與全真道之心性論比較〉，《五臺山研究》2007年第1期（2007年3月），頁37～41。劉達科：〈金朝全真禪法及其文學體現〉，《忻州師範學院學報》2010年第6期（2010年12月），頁1～3。李延倉：〈論全真道哲學的心性超越旨歸〉，《東嶽論叢》2012年第9期（2012年9月），頁37～41。

〔註107〕著作部分，例如：金丹詩〈其二十六〉：「出家稟意望求仙，必在真師口訣傳。爐內飛鉛常固濟，鼎中結汞永新鮮。流金作屑銷龍骨，滴露為霜長玉涎。心鏡一磨明照徹，本來面目自然圓。」語錄部分，例如：《真仙直指語錄·郝太古真人語》：「道氣綿綿，行之得仙，得意忘言；出入涓涓，太虛妙本，得魚忘筌。牢拴意馬，壓定心猿。守拙而萬物皆成，守道而千祥自降也。」金·郝大通：《太古集》，卷4，頁711。金·玄全子集：《真仙直指語錄》，卷上，頁681。

〔註108〕例如：梁淑芳（？～）指明：「後來郝大通，『過趙州南石橋之下，因持不語，趺坐留六年』，趙州即沃州，當地的禪風盛行，郝大通在那裡默坐六年不語，似有曹洞默照禪之舉。但其對臨濟宗風，亦不陌生，在《周易參同契簡要釋義》〈序〉曰：『所謂毛吞大海，芥納須彌，木馬嘶鳴，石人唱和。此皆開悟

顯是「中觀學派」（梵語：Mādhyamika）之思惟，即源自於印度之龍樹（梵語：Nāgārjuna，？～？）和提婆（梵語：Ārya-deva，？～？），而經鳩摩羅什（梵語：Kumārajīva，344～413）翻譯相關經典，歷經漢傳之後，其弟子釋僧肇則加以發揚之，開三論宗先河，切龍樹學正義。〔註109〕

《金剛般若波羅蜜經》（梵語：*Vajracchedikā-prajñāpāramitā-sūtra*）：

> 佛告須菩提：「凡所有相，皆是虛妄；若見諸相非相，則見如來。」……爾時，須菩提聞說是經，深解義趣，涕淚悲泣，而白佛言：「……世尊！是實相者，則是非相，是故如來說名實相。……此人無我相、人相、眾生相、壽者相。所以者何？我相即是非相，人相、眾生相、壽者相即是非相。何以故？離一切諸相，則名諸佛。」〔註110〕

《肇論・不真空論第二》：

> 《摩訶衍論》云：「諸法亦非有相，亦非無相。」《中論》云：「諸法不有不無者，第一真諦也。」尋夫不有不無者，豈謂滌除萬物，杜塞視聽，寂寥虛豁，然後為真諦者乎？誠以即物順通，故物莫之逆；即偽即真，故性莫之易。性莫之易，故雖無而有；物莫之逆，故雖有而無。雖有而無，所謂非有；雖無而有，所謂非無。如此，則非無物也，物非真物。〔註111〕

「色」（梵語：Rūpaskandha）者，「物」也，依「因」（梵語：Hetu）待「緣」（梵語：Pratyaya）而成「假有」且「無自性」（梵語：Asvabhāva），乃「假有」而「無自性」之「實相」（梵語：Dharmatā），即「假有」而「無自性」之「非相」，「色」乃「緣起」，「色」乃「性空」，「色」即「緣起性空」。而所謂「空」，「非斷滅空」：「物」之「非有」，「性空」之故；「物」之「非無」，「緣起」之故。「真空不空」，「真空妙有」。又所謂「物」，「破有破無」：「世

後覺，不得已而為言』，這裡的『毛吞大海，芥納須彌』、『木馬』、『石人』皆來自臨濟宗典故，或許是在趙州修行的那段日子，受到禪學濃厚之影響，因此能連續引用禪宗公案，甚至連對弟子的教化方式，也引進了禪宗機鋒，范圓曦才會以『玄門之臨濟』形容之。」梁淑芳：《全真七子修行之道》（臺北：文津出版社，2019 年），頁 334～335。

〔註109〕 詳細關於「中觀學派」漢傳系統之人物傳承和思想簡介，請參：釋印順：《中觀論頌講記》，收入《印順法師佛學著作集》（臺北：正聞出版社，2003～2016 年），冊 5，號 5，頁 35 上～41 上。

〔註110〕 姚秦・鳩摩羅什譯：《金剛般若波羅蜜經》，收入《大正新脩大藏經》，冊 8，號 235，頁 749 上～750 上。

〔註111〕 姚秦・僧肇：《肇論》，收入《大正新脩大藏經》，冊 45，號 1858，頁 152 上。

俗諦」（梵語：Saṃvṛtisatya）之「真」，執「真實有」；「勝義諦」（梵語：
Paramārthasatya）之「空」，執「虛空無」。「不真不空」，「雙遣雙非」。故所謂
「空」，「不真即空」；「法」乃「不真」，乃「畢竟空」（梵語：Atyanta-śūnyatā）；
「法性」（梵語：Dharmatā）即「空」，即「本性空」。「不真即空」，「中道正
觀」。〔註112〕呼應〈序〉云「毛吞大海」、「芥納須彌」、「木馬嘶鳴」、「石人
唱和」所寓破執後之「真空」和「妙有」。《中論（梵語：*Mūlamadhyamaka-
kārikā*）・觀因緣品第一》：「不生亦不滅，不常亦不斷，不一亦不異，不來亦
不出。能說是因緣，善滅諸戲論；我稽首禮佛，諸說中第一。」〈觀四諦品第
二十四〉：「眾因緣生法，我說即是無，亦為是假名，亦是中道義。未曾有一
法，不從因緣生，是故一切法，無不是空者。」〔註113〕釋僧肇之義者：破「邊
執見」（梵語：Anta-grāha-dṛṣṭi），立「中道義」。

　　《祕傳正陽真人靈寶畢法・大乘超凡入聖法三門・內觀第九》：

　　　　真訣曰：「此法合道，有如常說存想之理。又如禪僧入定之時，當擇
　　　　福地置室，跪禮焚香，正坐盤膝，散髮披衣，握固存神，冥心閉目。
　　　　午時前，微以升身，起火煉氣；午後，微以斂身，聚火燒丹。不拘
　　　　晝夜，神清氣和，自然喜坐。坐中，或聞聲，莫聽，見境，勿認，物
　　　　境自散；若認物境，轉加魔軍，不退，急急前。以身微斂，斂而伸
　　　　腰，後以胸微偃，偃不伸腰，少待前後，火起高升，其身勿動，名
　　　　曰焚身。火起，魔軍自散於軀外，陰邪不入於殼中，如此三兩次已。
　　　　當想遍天地之間，皆是炎炎之火。畢，清涼，了無一物。但見車馬
　　　　歌舞，軒蓋綺羅，富貴繁華，人物歡娛，成隊成行，五色雲升，如
　　　　登天界。及到彼中，又見樓臺聳翠，院宇徘徊，珠珍金玉，滿池不
　　　　收，花果池亭，莫知其數。須臾異香四起，妓樂之音，嘈嘈雜雜，
　　　　賓朋滿坐，水陸俱陳，且笑且語，共賀太平，珍玩之物，互相獻受。
　　　　當此之際，雖然不是陰鬼魔軍，亦不得認為好事。蓋修真之士，棄
　　　　絕外事，甘受寂寞，或潛迹江湖之地，或遁身隱僻之隅，絕念忘情，
　　　　舉動自戒，久受劬勞，而歷瀟灑。一旦功成法立，遍見如此繁華，

<hr>

〔註112〕詳細關於釋僧肇〈不真空論〉之思想，請參：蔡纓勳：《僧肇般若思想之研究》
　　　　（臺北：國立臺灣師範大學文學院中國文學研究所碩士學位論文，1985年），
　　　　頁99～107。
〔註113〕龍樹菩薩造，梵志青目釋，姚秦・鳩摩羅什譯：《中論》，收入《大正新脩大
　　　　藏經》，冊30，號1564，卷1，頁1中，卷4，頁33中。

又不謂是陰魔，將謂實到天宮；殊不知脫凡胎在頂中，自己天宮之
內，因而貪戀，認為實境，不用超脫之法，止於身中，陽神不出，
而胎仙不化，乃曰出昏衢之上，為陸地神仙，僅可長生不死而已，
不能脫質升仙，而歸三島，以作人仙子也。當此可惜，學人自當慮
超脫雖難，不可不行也。」〔註114〕

　　郝大通以道教之觀點而觀之，又以釋教（Buddhism）之視角而釋之。「道
教」之為「體」者，「釋教」之為「用」者：「返視內觀」之時，「相實非有」
之故，只是「聞聲見境」，無有「陰鬼魔軍」，可以「自然喜坐」，故釋：「不居
任，不造為。」呼應坤卦所云「至理無窮」及其所釋「居中得正，任其自然」；
「釋教」之為「體」者，「道教」之為「用」者：「存想入定」之後，「空真不
存」之理，卻又「聽聲認境」，而有「陰鬼魔軍」，必須「起火焚身」，以「大
河車」〔註115〕散魔，以「紫河車」〔註116〕運神，故釋：「依尊履正，行命有
功。」呼應乾卦所云「性端命輔」及其所釋「靜專動直，不失大和」。「道教」
之與「釋教」，道釋「即體即用」、「體用一如」之理：無論「陰鬼魔軍」還是
「富貴繁華」，無論「恐怖境相」還是「歡娛境相」，〔註117〕「非相之實，實
非相故」，「不空之真，真不空故」，「無為」之修，「清淨」之行，體「道」「無
為」，悟「空」「不真」，「不真即空」，「中道正觀」，「任其自然」，「脫質升仙」，
「超聖入神」，斯之謂也。

　　全其眾妙，

　　　　質素不奢，修仁守正。

〔註114〕鍾離權撰，呂嵓傳：《祕傳正陽真人靈寶畢法》，收入《正統道藏·太清部》，
冊 47，卷下，頁 932～933。

〔註115〕《鍾呂傳道集·論河車》：「肘後飛金精，還精入泥丸，抽鉛添汞而成大藥者，
大河車也。」鍾離權述，呂嵓集，唐·施肩吾傳：《鍾呂傳道集》，卷 15，頁 482。

〔註116〕《鍾呂傳道集·論河車》：「若以龍虎交而變黃芽，鉛汞交而成大藥。真氣生
而五氣朝中元，陽神就而三神超內院。紫金丹成，常如玄鶴對飛；白玉汞就，
鎮似火龍踴起。金光萬道，罩俗骨以光輝；琪樹一株，現鮮葩而燦爛。或出
或入，出入自如；或去或來，往來無礙。般神入體，且混時流，化聖離俗，
以為羽客，乃曰紫河車也。」〈論魔難〉：「內觀之時，若見如是，當審其虛實，
辨其真偽，不可隨波逐浪，認賊為子。急起三昧真火以焚身，一揮群魔自散。
用紫河車搬運自己之陽神，超內院而返天宮，然後以求超脫。」鍾離權述，
呂嵓集，唐·施肩吾傳：《鍾呂傳道集》，卷 15，頁 482，卷 16，頁 495。

〔註117〕詳細關於《祕傳正陽真人靈寶畢法》之功法內容和象數運用，請參：賴錫三：
《丹道與易道：內丹的性命修煉與先天易學》（臺北：新文豐出版公司，2010
年），頁 249～324。

器與玄同。

　清淨精潔，固志在一。恢弘博施，中正不偏。安乎得失，變通隨
時。成其道果。〔註118〕

《老子・第一章》:「道可道，非常道;名可名，非常名。無名天地之始，
有名萬物之母。故常無欲，以觀其妙;常有欲，以觀其徼。此兩者同出而異名，
同謂之玄，玄之又玄，眾妙之門。」〔註119〕「形上」之「道」，有「無」有「有」，
異稱同源，幽夐深遠，變易妙理，根柢「道」體。儒家思惟，仁民正義，以求
乎「道」，故釋:「質素不奢，修仁守正。」

《老子・第五十六章》:「塞其兌，閉其門，挫其銳;解其分，和其光，同
其塵，是謂玄同。」〔註120〕蔽「塞」官能，掩「閉」欲望，「挫」動「銳」氣，
「解」除「紛」爭，「和」於「光」輝，「同」乎「塵」俗，「性命雙修」，契合
「道」體。全真思惟，苦行試煉，〔註121〕以近乎「道」，故釋:「清淨精潔，
固志在一。」

《周易・繫辭傳上》:「形而上者謂之道，形而下者謂之器。」〔註122〕呼
應乾卦所云「君子自彊，教令可取」及其所釋，以及坤卦所云「含弘光熾，品
類熙沖」及其所釋:以「真行」言，法「天地」之「廣袤」，「博施」而可「濟
眾」，呼應〈序〉云「德化十方，慧超三界」;以「真功」言，法「陰陽」之「升
降」，「後天」(拉丁語:A Posteriori)而至「先天」(拉丁語:A Priori)，呼應
〈序〉云「升沉而龍吟虎嘯，消息而蛇隱龜藏」。自然作為法則，人身作為鼎
器，以歸乎「道」，故釋:「恢弘博施，中正不偏。」

《周易參同契鼎器歌》:「若達此，會乾坤。刀圭霑，靜魄魂。得長生，居
仙村。樂道者，尋其根。審五行，定銖分。諦思之，不須論。深藏守，莫傳文。
御白鶴兮駕龍鱗，遊太虛兮謁仙君，錄天圖兮號真人。」〔註123〕「形下」之
「器」，有「無」有「有」，「雙遣雙遮」，「非無非有」，「雙見雙照」，「亦無亦

〔註118〕金・郝大通:《太古集》，卷1，頁694。
〔註119〕魏・王弼注:《老子道德經注》，篇上，頁1～2。
〔註120〕魏・王弼注:《老子道德經注》，篇下，頁148。
〔註121〕詳細關於王重陽和「全真七子」(Seven Immortals of Quanzhen)苦行試煉之
　　　　道，請參:吳光正:〈苦行與試煉——全真七子的宗教修持與文學創作〉，《中
　　　　國文哲研究通訊》第23卷第1期(2013年3月)，頁39～67。
〔註122〕魏・王弼、東晉・韓康伯注，唐・孔穎達等正義:《周易正義》，卷7，頁158。
〔註123〕後蜀・彭曉注:《周易參同契鼎器歌明鏡圖》，收入《正統道藏・太玄部》，冊
　　　　34，頁299。

有」，〔註124〕「無滯」於「無」，「無滯」於「有」，「無滯」於「滯」，乃一重「玄」，故云：「實相非相，真空不空。」「無滯」於「無滯」，「遣之又遣」，「玄之又玄」，乃二重「玄」，〔註125〕故云：「全其眾妙，器與玄同。」洞貫本卷宗恉，儒家「克己復禮」〔註126〕，道教「唯變所適」〔註127〕，佛學「中道正觀」，三教「同歸而殊塗，一致而百慮」〔註128〕之道，不過「和順於道德而理於義，

〔註124〕 《大般涅槃經・師子吼菩薩品第十一之一》：「善男子！佛性者名第一義空，第一義空名為智慧。所言空者，不見空與不空。智者見空及與不空、常與無常、苦之與樂、我與無我。空者一切生死，不空者謂大涅槃；乃至無我者即是生死，我者謂大涅槃。見一切空，不見不空，不名中道；乃至見一切無我，不見我者，不名中道，中道者名為佛性。以是義故，佛性常恆，無有變易，無明覆故，令諸眾生不能得見。聲聞緣覺見一切空，不見不空；乃至見一切無我，不見於我。以是義故，不得第一義空，不得第一義空故，不行中道，無中道故，不見佛性。」北涼・曇無讖譯：《大般涅槃經》，收入《大正新脩大藏經》，冊12，號374，卷27，頁523中。詳細關於《大般涅槃經》之「佛性」（梵語：Buddha-dhātu）義和「中道」義，請參：牟宗三：《佛性與般若》，收入牟宗三撰，尤惠貞編校：《牟宗三先生全集》（臺北：聯經出版公司，2003年），冊3，頁198～204。

〔註125〕 成玄英（601～690）疏「同謂之玄」：「玄者，深遠之義，亦是不滯之名。有、無二心，徼、妙兩觀，源乎一道，同出異名。異名一道，謂之深遠。深遠之玄，理歸無滯。既不滯有，亦不滯無，二俱不滯，故謂之『玄』。」疏「玄之又玄」：「有欲之人，唯滯於有；無欲之士，又滯於無。故說一玄，以遣雙執。又恐行者，滯於此玄，今說又玄，更祛後病。既而非但不滯於滯，亦乃不滯於不滯。此則遣之又遣，故曰『玄之又玄』。」疏「眾妙之門」：「……前以一中之玄，遣二偏之執，二偏之病既除，一中之藥還遣，唯藥與病，一時俱消。」唐・成玄英疏：《老子義疏》，收入胡道靜、陳耀庭、段文桂、林萬清主編：《藏外道書・經典類、老莊注釋類》（成都：巴蜀書社，1992～1994年），冊22，卷1，頁122。詳細關於唐代成玄英《道德經開題序訣義疏》之「重玄」義，請參：鄭燦山：〈唐初道士成玄英「重玄」的思維模式——以《老子義疏》為討論核心〉，《國文學報》第50期（2011年12月），頁29～55。

〔註126〕 《論語・顏淵第十二》：「顏淵問仁。子曰：『克己復禮為仁。一日克己復禮，天下歸仁焉。為仁由己，而由人乎哉？』顏淵曰：『請問其目。』子曰：『非禮勿視，非禮勿聽，非禮勿言，非禮勿動。』顏淵曰：『回雖不敏，請事斯語矣。』」魏・何晏等注，北宋・邢昺疏：《論語注疏》，收入清・阮元校勘：《十三經注疏（附校勘記）》，冊8，卷12，頁106。

〔註127〕 《周易・繫辭傳下》：「《易》之為書也，不可遠，為道也屢遷，變動不居，周流六虛，上下无常，剛柔相易，不可為典要，唯變所適。」魏・王弼、東晉・韓康伯注，唐・孔穎達等正義：《周易正義》，卷8，頁173～174。

〔註128〕 《周易・繫辭傳下》：「《易》曰：『憧憧往來，朋從爾思。』子曰：『天下何思何慮？天下同歸而殊途，一致而百慮。天下何思何慮？』」魏・王弼、東晉・韓康伯注，唐・孔穎達等正義：《周易正義》，卷8，頁169。

窮理盡性以至於命」〔註129〕而已，皆需「法『天』則『地』」，即是「尊『乾』貴『坤』」，內修「道德性命」，自顯「本來真性」，皆能「形神俱妙」，亦可「超神入化」，故釋：「安乎得失，變通隨時。成其道果。」三教會通，斯之謂也。

另又以《平水韻》而言，押「上平聲一東」韻——「空」、「同」。即與坤卦押相同之韻部，蓋筆者為便於疏通論述，故另區分茲段以考論之。

小結

郝大通之儒家、道教、佛學思想，即三教融通之哲思，集中於《太古集》卷一〈《周易參同契》簡要釋義并序〉，其中「即體即用」、「體用一如」之理，誠儼如〈太極圖〉（Divination Design）所示「生生」之道，〔註130〕更可謂本卷乃全書之總綱也。

筆者於本章疏論了郝大通《太古集》卷一〈《周易參同契》簡要釋義并序〉，而奠基於前人之重要學術研究成果上，筆者經由以上論證其中涵蘊，所得結論有三：

其一，乾卦重其卦辭、爻辭、〈彖傳〉、〈大象傳〉、〈文言傳〉，坤卦重其卦辭、〈彖傳〉、〈大象傳〉、〈六二〉爻辭、〈六五〉爻辭，亦重〈繫辭傳〉以及〈說卦傳〉，多化用孔穎達之疏以作注釋，而合乎《周易參同契》之奧義，且常與《老子》相融攝。

其二，佛學思想主要吸納「中觀學派」之「中道」義，以釋僧肇〈不真空論〉為其中心，先論「真空不空」、「不真不空」、「不真即空」，再論「非無非有」、「亦無亦有」、「玄之又玄」，以「重玄」之思惟，闡發其「中道正觀」之佛理。

其三，「道」之與「教」，「乾」之與「坤」，「道」之與「釋」，「即體即用」，「體用一如」，前後呼應，首尾貫通，三教圓融，以揭宗恉，楬櫫《易》理和丹法之法則「本體」，以發要義，發微《易》著和丹經之修煉「作用」，以繫下卷，繫接「《易》道」和「丹道」之修真「圖式」（Schema）。

〔註129〕 《周易·說卦傳》：「昔者聖人之作《易》也，幽贊於神明而生蓍，參天兩地而倚數，觀變於陰陽而立卦，發揮於剛柔而生爻，和順於道德而理於義，窮理盡性以至於命。」魏·王弼、東晉·韓康伯注，唐·孔穎達等正義：《周易正義》，卷9，頁182～183。

〔註130〕 詳細關於道教〈太極圖〉之「體用一如」之理及其啟示，請參：陳廖安：〈道教太極圖的體用觀〉，收入郭武主編，香港道教學院主辦：《道教教義與現代社會國際學術研討會論文集》（上海：上海古籍出版社，2003年8月），頁151～168。

第四章　修真圖之解析

　　本章凡分三節：第一節表明「卜筮（Divination）、象數（Phenomenon-Number）、圖書（Diagram-Chart）為承傳」，承上一章疏論，〈乾象圖〉（圖4-1-1）、〈坤象圖〉（圖4-1-2）、〈天地交泰圖〉（圖4-1-3）、〈日象圖〉（圖4-1-4）、〈月象圖〉（圖4-1-5）、〈日月會合圖〉（圖4-1-6）、〈變化圖〉（圖4-1-7）、〈乾坤生六子圖〉（圖4-1-8）、〈四象圖〉（圖4-1-9）、〈五行圖〉（圖4-1-10）、〈天元十干圖〉（圖4-1-11）、〈五行悉備圖〉（圖4-1-12）、〈二十四氣加臨乾坤二象陰陽損益圖〉（圖4-1-13）、〈二十四氣加臨卦象圖〉（圖4-1-14）、〈二十四氣加臨七十二候圖〉（圖4-1-15）、〈六十甲子加臨卦象圖〉（圖4-1-16）、〈六子加臨二十四氣陰陽損益圖〉（圖4-1-17）、〈八卦反復圖〉（圖4-1-18）、〈十二律呂之圖〉（圖4-1-19）、〈河圖〉（圖4-1-20）、〈天數奇象圖〉（圖4-1-21）、〈地數偶象圖〉（圖4-1-22）、〈天地生數圖〉（圖4-1-23）、〈天地成數圖〉（圖4-1-24）二十四幀乃是第一類「修真圖」，自乾、坤起始，以建構其「氣化宇宙論」之圖式（Schema）及其道理。第二節闡發「中醫、曆法、星占為開展」，承上一節建構，〈八卦數爻成歲圖〉（圖4-2-1）、〈五運圖〉（圖4-2-2）、〈六氣圖〉（圖4-2-3）、〈二十八宿加臨四象圖〉（圖4-2-4）、〈北斗加臨月將圖〉（圖4-2-5）、〈二十四氣日行躔度加臨九道圖〉（圖4-2-6）六幀乃是第二類「修真圖」，解構以「卦氣說」所對應之中醫學（Traditional Chinese Medicine）、曆學（Hemerology）和星占學（Astrology）理論，乃至使用現代天文軟體模擬金代（1115～1234）星宿天象。第三節發微「丹術（Alchemy）、丹法、丹道為宗恉」，承上一節解構，〈三才象三壇之圖〉（圖4-3-1）、〈三才入爐造化圖〉（圖4-3-2）、〈八卦收鼎煉丹圖〉（圖4-3-3）三幀乃是第三類「修真圖」，重構其如何由卦象「法『天』則『地』」，進而人軀小宇宙與自然大宇宙之相應內煉。其後〈小

結〉郝大通（1140～1212）以「《易》道」為「體」（Substance）、以「丹道」為「用」（Function）之圖式化之內丹（Internal Alchemy）修煉理論也。〔註1〕

第一節　卜筮、象數、圖書為承傳

以下凡九幀修真圖，先論郝大通筮「卜筮」之數：

圖 4-1-1（原本圖）：〈乾象圖〉　　　　圖 4-1-1（還原圖）：〈乾象圖〉

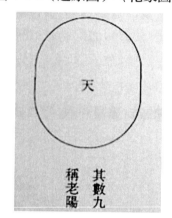

乾者，為天之用；天者，是乾之體。天所以清虛高遠，純陽不雜，一氣冥運，萬物化生，乃可法天之用，不可法天之體。故曰乾象，而稱老陽。其數則九，謂乾為天，有三畫，三因之得九，此卦重之，六爻而各稱九是也。夫天之道，勢如偃蓋，狀若雞卵。娶坤為妻，而生六子也。〔註2〕

〔註1〕本章局部內容，曾經予以發表，承蒙謝聰輝教授（1963～）與匿名審查教授不吝惠賜寶貴建議，筆者後又採納部分審查意見以增修之，如是論文，特致謝忱，請參：吳韋諒：〈郝大通《太古集》中金丹詩隱訣及與修真圖關係探驪〉，收入《中國文學研究》第四十二屆論文發表會會議論文集》（臺北：國立臺灣大學中國文學系，2021 年 5 月），頁 29～61。

〔註2〕因《正統道藏》本之「原本圖」，圖象結構或有割裂，圖式筆墨或已漫漶，文字筆畫或常黏著，是以筆者將古籍本和整理本相互讎斠，而以蜂屋邦夫（1938～）之「還原圖」較為清晰而且精確。故以下三十三幀修真圖皆會引注二書以對勘之，而如僅是印刷問題且對圖文無有影響，則不必於注腳多加說明；然若還原圖有誤謬之處，便會加以糾謬，以便正訛探賾。金・郝大通：《太古集》，收入《正統道藏・太平部》（臺北：新文豐出版公司，1985 年），冊 43，卷 2，頁 695。〔日〕蜂屋邦夫撰，金鐵成、張強、李素萍、金順英譯：《金元時代的道教——七真研究》（*Taoism during the Jin-Yuan Period*）（濟南：齊魯書社，2014 年），冊下，頁 894。

圖 4-1-2（原本圖）：〈坤象圖〉

圖 4-1-2（還原圖）：〈坤象圖〉

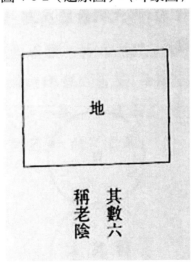

坤者，為地之用；地者，是坤之體。地所以純厚廣載，純陰不雜，
二氣昇降，物有變遷，乃可法地之用，不可法地之體。故曰坤象，
而稱老陰。其數則六，謂坤為地，有六畫，象之稱六，此卦重之，
六爻各稱六是也。夫天有三畫，而兼坤之六畫，故稱九也；惟地屬
老陰，而不得兼陽，故稱六也。〔註3〕

〔註3〕金・郝大通：《太古集》，卷2，頁695。〔日〕蜂屋邦夫撰，金鐵成、張強、李
　　　素萍、金順英譯：《金元時代的道教──七真研究》，冊下，頁895。

圖 4-1-3（原本圖）：〈天地交泰圖〉

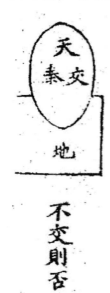

圖 4-1-3（還原圖）：〈天地交泰圖〉

天地交而泰，不交而否者：謂天之陽氣下降地中，地之陰氣昇而天上，此謂天地交而成泰；若天之氣上騰，地之氣下降者，謂天地二氣不相交感，而萬物則有所否閉，不能通暢。故天地宜交，不宜不交；萬物宜泰，不宜不泰，不泰則否。故天道十有一年而泰，十有二年而否也。一紀之年，全其否、泰。〔註4〕

〔註4〕 金・郝大通：《太古集》，卷2，頁696。〔日〕蜂屋邦夫撰，金鐵成、張強、李素萍、金順英譯：《金元時代的道教——七真研究》，冊下，頁896～897。

圖 4-1-4（原本圖）：〈日象圖〉

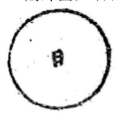

圖 4-1-4（還原圖）：〈日象圖〉

日者，太陽之精，象離卦也。其數則七，而稱少陽者，為離卦，上下俱長，中虛則短，成四畫，而兼乾之三畫，故稱七數。而為少陽者，乾天之道，覆陰萬物，清虛廣遠，純陽不雜，一氣冥運，名曰老陽；日之為道，雖無此大，而光明著於八方，普及天下，出則為晝，沒則為夜，故云少陽也。〔註5〕

〔註 5〕金・郝大通：《太古集》，卷 2，頁 695。〔日〕蜂屋邦夫撰，金鐵成、張強、李素萍、金順英譯：《金元時代的道教──七真研究》，冊下，頁 895～896。

圖 4-1-5（原本圖）：〈月象圖〉

圖 4-1-5（還原圖）：〈月象圖〉

月者，太陰之精，象坎卦。其數則八，而稱少陰者，謂坎卦，上下
俱短，中實則長，成五畫，而兼乾之三畫，故稱其八。而為少陰者，
坤地之道，大有所載，名之老陰；月之光明，有圓有缺，出則為夜，
照耀無窮，如地之大，故稱少陰。夫日月為天地之子，而得兼乾，
而不得兼坤，所謂子從父也。〔註6〕

〔註6〕金・郝大通：《太古集》，卷2，頁695～696。〔日〕蜂屋邦夫撰，金鐵成、張
　　　強、李素萍、金順英譯：《金元時代的道教──七真研究》，冊下，頁896。

圖 4-1-6（原本圖）:〈日月會合圖〉

圖 4-1-6（還原圖）:〈日月會合圖〉

日月會而合，不相會合而成弦望。日則一年而行天之一周，月則一月而行天之一周。一歲之內，無閏，則十有二月。月各會有所合，故曰：日月隔壁謂之朔，朔者，旦也，旦者，每月一日，各有會合，於日之下，名之曰朔；日月相衡謂之望，四分之一謂之弦，此者，不相會合之時也；光盡體伏謂之晦，相近於合也。〔註7〕

───────────

〔註7〕金・郝大通：《太古集》，卷2，頁696。〔日〕蜂屋邦夫撰，金鐵成、張強、李素萍、金順英譯：《金元時代的道教──七真研究》，冊下，頁897。

圖 4-1-7（原本圖）:〈變化圖〉

圖 4-1-7（還原圖）:〈變化圖〉

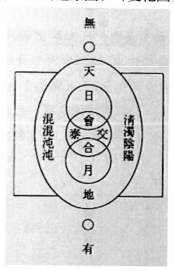

夫《易》之道,非神功而不可測,非聖智而不可知。故:有太易,仍未見之氣也;有太初,氣之始也;有太始,形之始也;有太素,質之始也。氣、形、質具,未相離者,謂之混沌。混沌既判,兩儀有序,萬物化成。混沌已前,則為無也;混沌之後,則屬有也。一有一無,而為混沌。混混沌沌,天地、日月、會合、交泰之時也。〔註8〕

〔註8〕金·郝大通:《太古集》,卷2,頁698。〔日〕蜂屋邦夫撰,金鐵成、張強、李素萍、金順英譯:《金元時代的道教——七真研究》,冊下,頁901。

圖 4-1-8（原本圖）:〈乾坤生六子圖〉

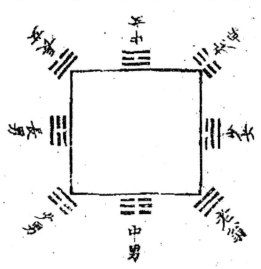

圖 4-1-8（還原圖）:〈乾坤生六子圖〉

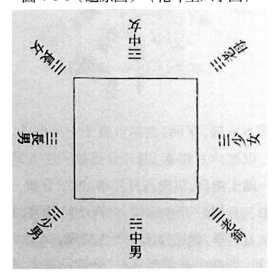

乾卦為老陽，坤卦為老陰，因合而生六子也：乾得坤之一氣而生巽，
長女也；乾得坤之二氣而生離，中女也；乾得坤之三氣而生兌，少
女也。坤得乾之一氣而生震，長男也；坤得乾之二氣而生坎，中男
也；坤得乾之三氣而生艮，少男也。故曰：乾生三女巽、離、兌，坤
生三男震、坎、艮是也。〔註9〕

〔註 9〕金‧郝大通:《太古集》，卷3，頁701。〔日〕蜂屋邦夫撰，金鐵成、張強、李
素萍、金順英譯:《金元時代的道教──七真研究》，冊下，頁906。

圖 4-1-9（原本圖）：〈四象圖〉

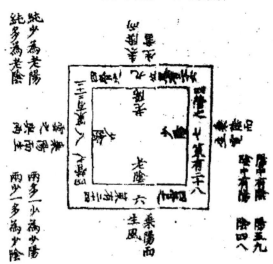

圖 4-1-9（還原圖）：〈四象圖〉

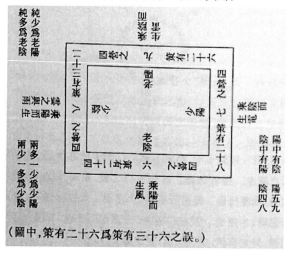

（圖中，策有二十六爲策有三十六之誤。）

夫四象者，重明天、地、日、月之道，六、七、八、九之數。如：乾之老陽稱九，坤之老陰稱六；乾之少陽稱七，坤之少陰稱八。故知：乾有六爻，爻各稱九，以四因之，爻別三十六策；坤有六爻，爻各稱六，以四因之，爻別二十四。乾陽爻一百九十二，坤陰爻一百九十二，總之得萬有一千五百二十之策，當萬物之數也。〔註10〕

〔註10〕《正統道藏》之原本圖割裂，筆者已合并之。金‧郝大通：《太古集》，卷3，頁705。〔日〕蜂屋邦夫撰，金鐵成、張強、李素萍、金順英譯：《金元時代的道教──七真研究》，冊下，頁914。

　　凡九幀修真圖，合而察之以論：

　　〈乾象圖〉：〈說卦傳〉：「乾為天。」〔註11〕乾卦，象「天」，天「圓」；純陽，「老陽」，數「九」。「乾」之與「天」，「天行至健」，「即體即用」、「體用一如」，遙呼〈《周易參同契》簡要釋義并序〉乾卦所云「天體道廣，乾用德普」及其所釋。

　　〈坤象圖〉：〈說卦傳〉：「坤為地。」〔註12〕坤卦，象「地」，地「方」；純陰，「老陰」，數「六」。「坤」之與「地」，「地勢至順」，「即體即用」、「體用一如」，遙呼〈《周易參同契》簡要釋義并序〉坤卦所云「地體道大，坤用德隆」及其所釋。

　　〈天地交泰圖〉：〈泰・大象傳〉：「天地交，泰。」〈否・大象傳〉：「天地不交，否。」〔註13〕郝大通《太古集・自序》即云及：「大道恍惚，從無而入有；乾坤造化，自有以歸無。夫有入於無，故無出乎有。……尊卑有序，泰道將興；上下失節，否時斯邁。」〔註14〕「道」生「天」、「地」者，「天」、「地」生「乾」、「坤」卦，「無」之與「有」相待，「有」之與「無」相成。陽「降」陰「升」，「相交」乃「泰」；陽「升」陰「降」，「不交」則「否」。一「紀」即二十「蔀」，二十「蔀」即一千五百二十「年」，「甲子」、「冬至」、「朔旦」、「夜半」之週期，「天地」、「乾坤」、「陰陽」、「升降」之周流，「日月」更迭，「否泰」輪轉。陰陽交通而教萬物通達成長，遙呼〈《周易參同契》簡要釋義并序〉乾坤所云。

　　〈日象圖〉：〈說卦傳〉：「離……為日。」〔註15〕離卦，象「日」；中「虛」，「兼乾」，「少陽」，數「七」。「日」者，「太陽之精」，有晝有夜，普照天下。

　　〈月象圖〉：〈說卦傳〉：「坎……為月。」〔註16〕坎卦，象「月」；中「滿」，「兼乾」，「少陰」，數「八」。「月」者，「太陰之精」，有圓有缺，映照地上。

〔註11〕魏・王弼、東晉・韓康伯注，唐・孔穎達等正義：《周易正義》，收入清・阮元校勘：《十三經注疏（附校勘記）》（臺北：藝文印書館，2001 年），冊 1，卷 9，頁 185。

〔註12〕魏・王弼、東晉・韓康伯注，唐・孔穎達等正義：《周易正義》，卷 9，頁 185。

〔註13〕魏・王弼、東晉・韓康伯注，唐・孔穎達等正義：《周易正義》，卷 2，頁 42〜43。

〔註14〕金・郝大通：《太古集》，頁 689。

〔註15〕魏・王弼、東晉・韓康伯注，唐・孔穎達等正義：《周易正義》，卷 9，頁 186。

〔註16〕魏・王弼、東晉・韓康伯注，唐・孔穎達等正義：《周易正義》，卷 9，頁 186。

　　〈日月會合圖〉：〈序卦傳〉：「坎者，陷也。陷必有所麗，故受之以離。離者，麗也。」〔註17〕郝大通《太古集·自序》亦云及：「賁華而離麗，蹇滯而坎陷。」〔註18〕「初一」日月「相會」，為「朔」（New Moon）、「旦」；「初八」、「十五日」、「二十三日」日月「不會」，為「上弦月」（First Quarter）、「望」（Full Moon）、「下弦月」（Third Quarter）；「三十日」日月「近會」，為「晦」（The Day before New Moon）。陰陽交替而使萬物和諧滋長，遙呼〈《周易參同契》簡要釋義并序〉乾坤所云。

　　〈變化圖〉：《易緯·乾鑿度》：「太易者，未見氣也。太初者，氣之始也。太始者，形之始也。太素者，質之始也。氣形質具而未離，故曰渾淪。渾淪者，言萬物相渾淪，而未相離。」〔註19〕郝大通《太古集·自序》又云及：「夫『太古』者，『太』謂太易、太初、太始、太素，『古』謂遠古、上古、邃古、互古，務使將來慕道君子，知其不虛為者也。」〔註20〕「渾淪」、「混沌」前，即「無」；「渾淪」、「混沌」後，即「有」。「太古」之「道」之序，「無」時：「太易」、「遠古」之「无」，「太初」、「上古」之「氣」，「太始」、「邃古」之「形」，「太素」、「互古」之「質」。「渾渾淪淪」、「混混沌沌」，正值「天地交泰」、「日月會合」之時。陰陽「交」「會」而有萬物「始」「生」變易，遙呼〈《周易參同契》簡要釋義并序〉所敘。

　　〈乾坤生六子圖〉：〈說卦傳〉：「乾，天也，故稱乎父；坤，地也，故稱乎母。震一索而得男，故謂之長男；巽一索而得女，故謂之長女；坎再索而得男，故謂之中男；離再索而得女，故謂之中女；艮三索而得男，故謂之少男；兌三索而得女，故謂之少女。」〔註21〕「乾」者，「父」也；「坤」者，「母」也。「乾」分別得「坤」之「初」、「中」、「上」氣，而生「巽」之「長女」、「離」之「中女」、「兌」之「少女」三女；「坤」分別得「乾」之「初」、「中」、「上」氣，而生「震」之「長男」、「坎」之「中男」、「艮」之「少男」三男。陰陽相須而有「後天」「三才」孕育，呼應〈乾象圖〉所釋「娶坤為妻，而生六子也」。

〔註17〕魏·王弼、東晉·韓康伯注，唐·孔穎達等正義：《周易正義》，卷9，頁187。

〔註18〕金·郝大通：《太古集》，頁689～690。

〔註19〕東漢·鄭玄注，林忠軍校點：《易緯》，收入林忠軍：《〈易緯〉導讀》（濟南：齊魯書社，2002年），卷上，頁81～82。

〔註20〕金·郝大通：《太古集》，頁690。

〔註21〕魏·王弼、東晉·韓康伯注，唐·孔穎達等正義：《周易正義》，卷9，頁185。

　　〈四象圖〉：〈繫辭傳上〉：「大衍之數五十，其用四十有九。分而為二以象兩，掛一以象三，揲之以四以象四時，歸奇於扐以象閏。五歲再閏，故再扐而後掛。……乾之策，二百一十有六；坤之策，百四十有四。凡三百有六十，當期之日。二篇之策，萬有一千五百二十，當萬物之數也。是故四營而成《易》，十有八變而成卦，八卦而小成。引而伸之，觸類而長之，天下之能事畢矣。」〔註22〕占筮之「第一變」之「奇」，非「五」即「九」，或曰「陽數」以「五」和「九」代之，故云「陽中有陰，陽五、九」；占筮之「第二變」和「第三變」之「奇」，非「四」即「八」，或曰「陰數」以「四」和「八」代之，故云「陰中有陽，陰四、八」。「三變」之「奇」為「五」、「四」、「四」，「揲」得「三十六策」，故云「純少為老陽」；「三變」之「奇」為「九」、「八」、「八」，「揲」得「二十四策」，故云「純多為老陰」；「三變」之「奇」為「五」、「八」、「八」或「九」、「四」、「八」和「九」、「八」、「四」，「揲」得「二十八策」，故云「兩多一少為少陽」；「三變」之「奇」為「九」、「四」、「四」或「五」、「四」、「八」和「五」、「八」、「四」，「揲」得「三十二策」，故云「兩少一多為少陰」。乾之「老陽」，「四營」、「三變」得「三十六策」、數「九」，陽爻凡「一百九十二」，再得「六千九百一十二策」；坤之「老陰」，「四營」、「三變」得「二十四策」、數「六」，陰爻凡「一百九十二」，再得「四千六百零八策」。總得「一萬一千五百二十策」，即為「萬物之數」。乾之「老陽」，陰「乘」於上，生「震」，故云「乘陰而生雷」；坤之「老陰」，陽「乘」於上，生「巽」，故云「乘陽而生風」；離之「少陽」，陰「乘」於上，生「震」，故云「乘陰而生電」；坎之「少陰」，陽「乘」於上，生「巽」，故云「乘陽而生雲之與雨」。陰陽相成而有「先天」萬物締構，呼應前八幀修真圖所釋。

〔註22〕魏・王弼、東晉・韓康伯注，唐・孔穎達等正義：《周易正義》，卷7，頁152～154。

以下凡三幀修真圖，後論郝大通配「五行」之性：

圖 4-1-10（原本圖）：〈五行圖〉

圖 4-1-10（還原圖）：〈五行圖〉

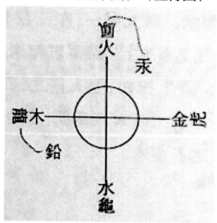

五行者，水、火、土、金、木是也。凡天地之數，而各有合，生於五行者，所謂：天一與地六，合而生水；地二與天七，合而生火；天三與地八，合而生木；地四與天九，合而生金；天五與地十，合而生土。天地之數，五十有五，而生成五行，五行之數可見矣：七，言得之水；九，言得之火；十一數，而得之木；十三數，而得之金；十五數，而得之土。此為天地而生五行也。〔註23〕

────────────────

〔註23〕蜂屋邦夫之還原圖有誤，「鉛」之與「汞」本無虛線連接「龍」之與「鳳」，且「鉛」當配以「水」和「龜」繞正，而「汞」則配以「火」和「鳳」無誤。金·郝大通：《太古集》，卷 2，頁 698。〔日〕蜂屋邦夫撰，金鐵成、張強、李素萍、金順英譯：《金元時代的道教──七真研究》，冊下，頁 902。

圖 4-1-11（原本圖）:〈天元十干圖〉

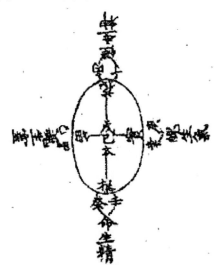

圖 4-1-11（還原圖）:〈天元十干圖〉

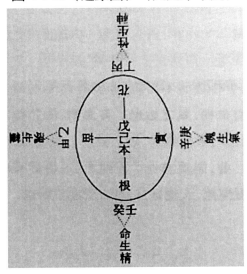

天元十干者，謂：甲、乙象木，丙、丁象火，庚、辛象金，壬、癸象
水，戊、己象土。夫木之為體，象春，而生乎萬有，主魂，而靈見於
苗；火之為體，象夏，而長乎萬物，主性，而神見於花；金之為體，
象秋，而成乎品類，主魄，而氣見於實；水之為體，象冬，而就乎萬
有，主命，而精見於根；土旺事，加四季之正，逐時而有也。〔註24〕

〔註24〕金・郝大通：《太古集》，卷2，頁698～699。〔日〕蜂屋邦夫撰，金鐵成、張
　　　　強、李素萍、金順英譯：《金元時代的道教──七真研究》，冊下，頁902～903。

圖 4-1-12（原本圖）：〈五行悉備圖〉

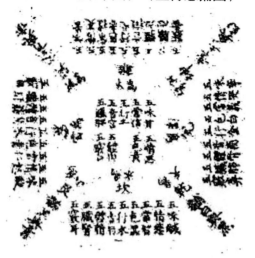

圖 4-1-12（還原圖）：〈五行悉備圖〉

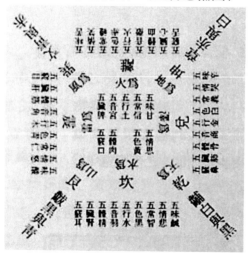

　　五行悉備，三才、眾象之宜，八卦、四維之屬，以明變化之功。有
類一方之所，自有生、剋而為順、逆之時。且如：目（筆者案：「木」
以正之）主肝，以情怒者，必可以引金，金主肺，以情哭而誡勸，
因此自相感而為相剋之勝負；若不以金，則用火，火主心，以情笑
而接之，其怒情漸去者，為相生之故也。他皆倣此。以明五行順、
逆、生、剋之道也。〔註25〕

〔註25〕 金‧郝大通：《太古集》，卷3，頁703～704。〔日〕蜂屋邦夫撰，金鐵成、張
　　　　強、李素萍、金順英譯：《金元時代的道教——七真研究》，冊下，頁911。

　　凡三幀修真圖，合而察之以論：

　　〈五行圖〉：《易緯・乾坤鑿度》：「天本一而立，一為數源，地配生六，成天地之數，合而成性，天三地八，天七地二，天五地十，天九地四。運五行，先水次木，生火，次土及金。」〔註26〕「天一」和「地六」合，數「七」，屬「水」，四靈乃「龜」，或曰「玄武」；「地二」和「天七」合，數「九」，屬「火」，四靈乃「鳳」，或曰「朱雀」；「天三」和「地八」合，數「十一」，屬「木」，四靈乃「龍」，或曰「青龍」；「地四」和「天九」合，數「十三」，屬「金」，四靈乃「虎」，或曰「白虎」；「天五」和「地十」合，數「十五」，屬「土」。總得「五十有五」，即為「天地之數」。「取『坎』填『離』」，「抽『鉛』（Pb）添『汞』（Hg）」，故「水」與「龜」之「左」又配以「鉛」，而「火」與「鳳」之「左」則配以「汞」。

　　〈天元十干圖〉：〈乾・文言傳〉：「『元』者，善之長也；『亨』者，嘉之會也；『利』者，義之和也；『貞』者，事之幹也。」〔註27〕《淮南子・天文訓》：「甲乙寅卯，木也。丙丁巳午，火也。戊己四季，土也。庚辛申酉，金也。壬癸亥子，水也。水生木，木生火，火生土，土生金，金生水。」〔註28〕《白虎通・五行・五行更王相生相勝變化之義》：「土所以王四季何？木非土不生，火非土不榮，金非土不成，水非土不高，土扶微助衰，曆成其道，故五行更王，亦須土也。王四季，居中央，不名時。」〔註29〕「甲」、「乙」配以「木」，「木」之為「體」，象「春」而「生」萬物，即「元」之「用」，故云「魂生靈」而釋「見於苗」；「丙」、「丁」配以「火」，「火」之為「體」，象「夏」而「長」萬物，即「亨」之「用」，故云「性生神」而釋「見於花」；「庚」、「辛」配以「金」，「金」之為「體」，象「秋」而「成」萬物，即「利」之「用」，故云「魄生氣」而釋「見於實」；「壬」、「癸」配以「水」，「水」之為「體」，象「冬」而「就」萬物，即「貞」之「用」，故云「命生精」而釋「見於根」；「戊」、「己」配以「土」，「土」之為「體」，「土王四季」，「木」、「火」、「金」、「水」無「土」則不得其「正」，故云「本」而釋「土旺事，加四季之正，逐時而有也」。

〔註26〕東漢・鄭玄注，林忠軍校點：《易緯》，卷上，頁126。
〔註27〕魏・王弼、東晉・韓康伯注，唐・孔穎達等正義：《周易正義》，卷1，頁12。
〔註28〕西漢・劉安撰，東漢・高誘注，劉文典集解，馮逸、喬華點校：《淮南鴻烈集解》（北京：中華書局，1989年），冊上，卷3，頁124。
〔註29〕東漢・班固撰，清・陳立疏證，吳則虞點校：《白虎通疏證》（北京：中華書局，1994年），冊上，卷4，頁190。

〈五行悉備圖〉：郝大通增之以「五味」、「五情」、「五常」、「五色」、「五行」、「五音」、「五體」、「五臟」、「五竅」，「五行」居中。「坎」、「震」、「離」、「兌」之「五色」，分別為「黑」、「青」、「赤」、「白」，而順時針旋轉，故云「繡白與黑」、「黻黑與青」、「文青與赤」、「章赤與白」。其中「生」、「剋」之道，茲以「金剋木」、「木生火」為例：「金」、「木」、「火」之「五臟」為「肺」、「肝」、「心」，「五情」為「哭」、「怒」、「笑」，以「肺」啼「哭」勸誡以「肝」動「怒」，以「肝」動「怒」續接以「心」發「笑」。

以下凡五幀修真圖，再論郝大通承孟喜（？～？）《易》學（Yi-ology）：

圖 4-1-13（原本圖）：　　　　　圖 4-1-13（還原圖）：
〈二十四氣加臨乾坤二象陰陽損益圖〉　〈二十四氣加臨乾坤二象陰陽損益圖〉

 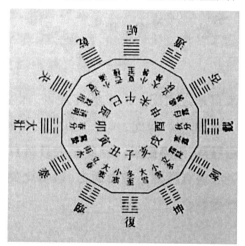

冬至之日，一陽始生而成復卦；大寒之日，二陽始生而成臨卦；雨水之日，三陽始生而成泰卦；春分之日，四陽始生而成大壯卦；穀雨之日，五陽始生而成夬卦；小滿之日，純陽而成乾卦。夏至之日，一陰始生而成姤卦；大暑之日，二陰始生而成遯（筆者案：「遯」皆作「遁」）卦；處暑之日，三陰始生而成否卦；秋分之日，四陰始生而成觀卦；霜降之日，五陰始生而成剝卦；小雪之日，純陰坤卦用事。所謂「損之而益，益之而損」也。〔註30〕

〔註30〕金・郝大通：《太古集》，卷3，頁 701～702。〔日〕蜂屋邦夫撰，金鐵成、張強、李素萍、金順英譯：《金元時代的道教——七真研究》，冊下，頁 907～908。

圖 4-1-14（原本圖）：〈二十四氣加臨卦象圖〉

圖 4-1-14（還原圖）：〈二十四氣加臨卦象圖〉

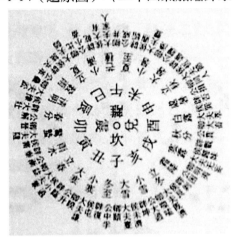

起自冬至之日，以中孚有信，陽氣始生；至夏至之日，以咸相感，一陰始長。故知卦有六十，經遊二十四氣之間，凡三百六十而成一歲之功。一年之內，則有三百五十四日，積之閏餘。故知自冬之日至，滿一歲，度有三百六十五日四分度之一，每一日管行一爻，六日七分而成一卦，內有閏餘，共成其數也。惟坎、震、離、兌而歸四正，不在其間者也。〔註31〕

<hr />

〔註31〕蜂屋邦夫之還原圖有誤，〈六十甲子加臨卦象圖〉、〈二十四氣加臨卦象圖〉二圖，圖名無誤，圖釋無誤，圖式有誤，二圖必須對調。金·郝大通：《太古集》，卷3，頁703。〔日〕蜂屋邦夫撰，金鐵成、張強、李素萍、金順英譯：《金元時代的道教——七真研究》，冊下，頁910～911。

圖4-1-15（原本圖）：〈二十四氣加臨七十二候圖〉

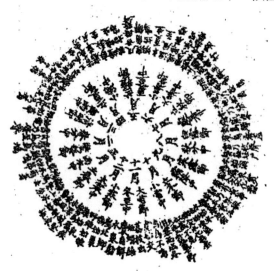

圖4-1-15（還原圖）：〈二十四氣加臨七十二候圖〉

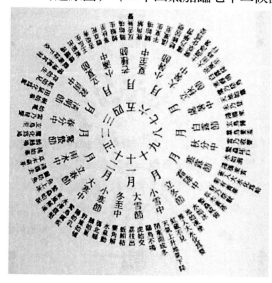

天地定位，日月運行。八節四時，自然運轉。所以暑往則寒至，春
去則秋來，而成一歲之功。歲功之內，有七十二候焉。候謂應時之
候，明物有自然應節氣，則五日七分而為一候者也。自立春至大寒
之後，凡為一年，則有之十二次，物候自來，應時之氣也。〔註32〕

<hr />

〔註32〕金・郝大通：《太古集》，卷2，頁697。〔日〕蜂屋邦夫撰，金鐵成、張強、李
素萍、金順英譯：《金元時代的道教──七真研究》，冊下，頁900。

圖 4-1-16（原本圖）：〈六十甲子加臨卦象圖〉

圖 4-1-16（還原圖）：〈六十甲子加臨卦象圖〉

夫天地之道而生萬物，貴無過於人也。則成三才之道，而配支、干、
納音為六十甲子。故有乾、坤二卦而生六十有四，數則有萬一千五
百二十，象萬物之數也。眾象之內，以屯為初。法此，甲子有六十，
而自相配偶六十四卦，而通萬物之情性，以存品類之吉凶、悔吝、
憂虞、存亡、得失，無不備矣。〔註33〕

〔註33〕金・郝大通：《太古集》，卷3，頁703。〔日〕蜂屋邦夫撰，金鐵成、張強、李
素萍、金順英譯：《金元時代的道教——七真研究》，冊下，頁910。

圖 4-1-17（原本圖）：〈六子加臨二十四氣陰陽損益圖〉

圖 4-1-17（還原圖）：〈六子加臨二十四氣陰陽損益圖〉

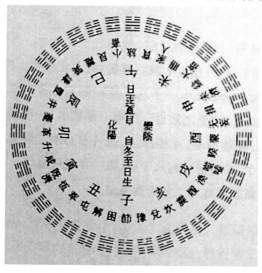

乾、坤二象，象天、地之大用。由未盡其理者，再明日、月之運行，
風、雷之出沒，山、澤之通塞。據此六卦，三男、三女所行之道：亦
自冬至之日為首，以陽變陰，以陰變陽；至夏至之日為首，以陰變
陽，以陽變陰。陽、陰錯雜，各有所變，變而通之，以明化物之功，
本自無為之治，出於自然而然也。〔註34〕

〔註34〕金・郝大通：《太古集》，卷3，頁702。〔日〕蜂屋邦夫撰，金鐵成、張強、李
素萍、金順英譯：《金元時代的道教——七真研究》，冊下，頁908。

　　凡五幀修真圖，合而察之以論：

　　五幀修真圖所示「卦氣說」乃紹承自孟喜，而《周易參同契》和郝大通則皆加以應用於內丹道。

　　《新唐書·志第十七上·曆三上》之一行（683～727）《大衍曆議·卦議》引孟喜《孟氏章句》：

> 十二月卦出於《孟氏章句》，其說《易》本於氣，而後以人事明之。……當據孟氏，自冬至初，中孚用事，一月之策，九六、七八，是為三十。而卦以地六，候以天五，五六相乘，消息一變，十有二變而歲復初。坎、震、離、兌，二十四氣，次主一爻，其初則二至、二分也。坎以陰包陽，故自北正，微陽動於下，升而未達，極於二月，凝涸之氣消，坎運終焉。春分出於震，始據萬物之元，為主於內，則群陰化而從之，極于南正，而豐大之變窮，震功究焉。離以陽包陰，故自南正，微陰生於地下，積而未章，至于八月，文明之質衰，離運終焉。仲秋陰形于兌，始循萬物之末，為主於內，群陽降而承之，極於北正，而天澤之施窮，兌功究焉。故陽七之靜始於坎，陽九之動始于震，陰八之靜始于離，陰六之動始于兌。故四象之變，皆兼六爻，而中節之應備矣。〔註35〕

《易緯·稽覽圖》：

> 甲子卦氣起中孚。……六日八十分之七而從。

> 小過、蒙、益、漸、泰。需、隨、晉、解、大壯。豫、訟、蠱、革、夬。旅、師、比、小畜、乾。大有、家人、井、咸、姤。鼎、豐、渙、履、遯。恆、節、同人、損、否。巽、萃、大畜、賁、觀。歸妹、无妄、明夷、困、剝。艮、既濟、噬嗑、大過、坤。未濟、蹇、頤、中孚、復。屯、謙、睽、升、臨。坎，震，離，兌。已上四卦者，四正卦，為四象。每歲十二月，每月五月（筆者案：「卦」以正之），卦六日七分，每期三百六十六（筆者案：「五」以正之）日，每四分（筆者案：「日之一」以補之）。

> 八百諸侯正月　侯三月　侯五月　侯七月　侯九月　侯十一月

> 小過立春　豫清明　大有芒種　恆立秋　歸妹寒露　未濟大雪

〔註35〕北宋·歐陽修、北宋·宋祁：《新唐書》（北京：中華書局，1975年），冊2，卷27上，志17上，〈曆三上〉，頁598～599。

……

二十七大夫蒙正月　大夫訟三月　大夫家人五月　大夫節七月　大夫无妄九月　大夫塞十一月

……

九卿益正月　九卿蠱三月　九卿井五月　九卿同人七月　九卿明夷九月　九卿頤十一月

……

三公漸正月　三公革三月　三公咸五月　三公損七月　三公困九月三公中孚十一月

……

天子泰正月　天子夬三月　天子姤五月　天子否七月　天子剝九月天子復十一月

……。〔註36〕

《周易參同契・朔旦為復章第四十九～玄幽遠渺章第六十一》：

朔旦為復，陽氣始通。出入无疾，立表微剛。黃鍾建子，兆乃茲彰。播施柔暖，黎烝得常。

臨䷒爐施條，開路正光。光耀漸進，日以益長。丑之大呂，結正低昂。

仰以成泰䷊，剛柔並隆。陰陽交接，小往大來。輻輳於寅，運而趨時。

漸歷大壯䷡，俠列卯門。榆莢墮落，還歸本根。刑德相負，晝夜始分。

夬䷪陰以退，陽升而前。洗濯羽翮，振索宿塵。

乾䷀健盛明，廣被四鄰。陽終於巳，中而相干。

姤䷫始紀序，履霜最先。井底寒泉，午為蕤賓。賓服於陰，陰為主人。

遯䷠去世位，收斂其精。懷德俟時，栖遲昧冥。

否䷋塞不通，萌者不生。陰伸陽屈，沒陽姓名。

觀䷓其權量，察仲秋情。任畜微稚，老枯復榮。薺麥芽蘗，因冒以生。

剝䷖爛肢體，消滅其形。化氣既竭，亡失至神。

道窮則反，歸乎坤䷁元。恆順地理，承天布宣。

玄幽遠渺，隔閡相連。應度育種，陰陽之元。寥廓恍惚，莫知其端。

〔註36〕原文甚長，茲不全引。東漢・鄭玄注，林忠軍校點：《易緯》，卷上，頁141～145，卷下，頁162、179～182。

先迷失軌，後為主君。无平不陂，道之自然。變易更盛，消息相因。
終坤始復，如循連環。帝王承御，千載常存。〔註37〕

《周易參同契・牝牡四卦章第二～既未至晦爽章第四》：

牝牡四卦，以為橐籥。覆冒陰陽之道，猶工御者準繩墨，執銜轡，
正規矩，隨軌轍。處中以制外，數在律歷紀。月節有五六，經緯奉
日使。兼并為六十，剛柔有表裏。朔旦屯直事，至暮蒙當受。晝夜
各一卦，用之依次序。既未至晦爽，終則復更始。日辰為期度，動
靜有早晚。〔註38〕

〈二十四氣加臨乾坤二象陰陽損益圖〉：由內而外，第一圈乃「十二時辰」
亦是「十二月建」，第二圈乃「二十四氣」，第三圈乃「十二辟卦」。自「復」
至「乾」為「陽息卦」，「陽氣」主勢，屬於「陽火」，當需「進火」：「子時」、
「冬至」、「建子」、「十一月」，「一陽息陰」即「復」；「丑時」、「大寒」、「建丑」、
「十二月」，「二陽息陰」即「臨」；「寅時」、「雨水」、「建寅」、「正月」，「三陽
息陰」即「泰」；「卯時」、「春分」、「建卯」、「二月」，「四陽息陰」即「大壯」；
「辰時」、「穀雨」、「建辰」、「三月」，「五陽息陰」即「夬」；「巳時」、「小滿」、
「建巳」、「四月」，「六陽息陰」即「乾」。自「姤」至「坤」為「陰消卦」，「陰
液」主勢，屬於「陰符」，當需「退符」：「午時」、「夏至」、「建午」、「五月」，
「一陰消陽」即「姤」；「未時」、「大暑」、「建未」、「六月」，「二陰消陽」即「遯」；
「申時」、「處暑」、「建申」、「七月」，「三陰消陽」即「否」；「酉時」、「秋分」、
「建酉」、「八月」，「四陰消陽」即「觀」；「戌時」、「霜降」、「建戌」、「九月」，
「五陰消陽」即「剝」；「亥時」、「小雪」、「建亥」、「十月」，「六陰消陽」即「坤」。
「損之而益，益之而損」，〔註39〕「陽火」主「進」，「陰符」主「退」，內丹修
煉，火候循環，陰陽損益，消息根柢。

〈二十四氣加臨卦象圖〉：由內而外，第一圈乃「四正卦」，第二圈乃「十
二時辰」亦是「十二月建」，第三圈乃「二十四氣」，第四圈乃「六十卦」。「坎」
之「初六」、「九二」、「六三」、「六四」、「九五」、「上六」，分別為「冬至」、「小
寒」、「大寒」、「立春」、「雨水」、「驚蟄」；「震」之「初九」、「六二」、「六三」、

〔註37〕後蜀・彭曉注：《周易參同契分章通真義》，收入《正統道藏・太玄部》，冊34，
　　　　卷中，頁279～282。

〔註38〕後蜀・彭曉注：《周易參同契分章通真義》，卷上，頁260～261。

〔註39〕魏・王弼注：《老子道德經注》，收入魏・王弼撰，樓宇烈校釋：《王弼集校釋》
　　　　（北京：中華書局，2009年），冊上，篇下，頁117。

「九四」、「六五」、「上六」，分別為「春分」、「清明」、「穀雨」、「立夏」、「小滿」、「芒種」；「離」之「初九」、「六二」、「九三」、「九四」、「六五」、「上九」，分別為「夏至」、「小暑」、「大暑」、「立秋」、「處暑」、「白露」；「兌」之「初九」、「九二」、「六三」、「九四」、「九五」、「上六」，分別為「秋分」、「寒露」、「霜降」、「立冬」、「小雪」、「大雪」。「未濟」、「蹇」、「頤」、「中孚」、「復」值於「建子」；「屯」、「謙」、「睽」、「升」、「臨」值於「建丑」；「小過」、「蒙」、「益」、「漸」、「泰」值於「建寅」；「需」、「隨」、「晉」、「解」、「大壯」值於「建卯」；「豫」、「訟」、「蠱」、「革」、「夬」值於「建辰」；「旅」、「師」、「比」、「小畜」、「乾」值於「建巳」；「大有」、「家人」、「井」、「咸」、「姤」值於「建午」；「鼎」、「豐」、「渙」、「履」、「遯」值於「建未」；「恆」、「節」、「同人」、「損」、「否」值於「建申」；「巽」、「萃」、「大畜」、「賁」、「觀」值於「建酉」；「歸妹」、「无妄」、「明夷」、「困」、「剝」值於「建戌」；「艮」、「既濟」、「噬嗑」、「大過」、「坤」值於「建亥」。起自「冬至」，即其「中孚」；經於「夏至」，即其「咸」。「四正卦」值「節氣」，一卦「六爻」，「爻」主「一氣」；「六十卦」值「年歲」，一歲「三百六十五日四分度之一」，「卦」主「六日八十分之七」。性命煉養，需順時節；陰陽消息，「勿違卦月」〔註40〕。

「六日七分」：$365\frac{1}{4} \div 60 = 6\frac{7}{80}$日。

〈二十四氣加臨七十二候圖〉：由內而外，第一圈乃「十二月分」，第二圈乃「二十四氣」，第三圈乃「七十二候」。「二十四氣」增以「七十二候」，茲以「二分」、「二至」為例：中氣「冬至」將會「蚯蚓結」、「麋角解」、「水泉動」〔註41〕，其乃「陰極生陽」之「復」；中氣「春分」將會「玄鳥至」、「雷乃發聲」、「始電」〔註42〕，其乃「陽氣」主勢之「大壯」；中氣「夏至」將會「鹿角解」、「蜩始鳴」、「半夏生」〔註43〕，其乃「陽極生陰」之「姤」；中氣「秋分」將會「雷乃收聲」、「蟄蟲坏戶」、「水始涸」〔註44〕，其乃「陰液」主勢之「觀」。一歲「三百六十五日四分度之一」，「爻」主「一氣」，「卦」主「六日

〔註40〕後蜀・彭曉注：《周易參同契分章通真義》，卷中，頁276。

〔註41〕戰國・秦・呂不韋撰，東漢・高誘注：《呂氏春秋》，收入《景印文淵閣四庫全書・子部十・雜家類一・雜學之屬》（臺北：臺灣商務印書館，1986年），冊848，卷11，頁3。

〔註42〕戰國・秦・呂不韋撰，東漢・高誘注：《呂氏春秋》，卷2，頁2。

〔註43〕戰國・秦・呂不韋撰，東漢・高誘注：《呂氏春秋》，卷5，頁3。

〔註44〕戰國・秦・呂不韋撰，東漢・高誘注：《呂氏春秋》，卷8，頁3。

八十分之七」，「候」主「五日九十六分之七」。「寒往則暑來，暑往則寒來」，
〔註45〕物候自然，內丹自然。

「五日七分」：$365\frac{1}{4} \div 72 = 5\frac{7}{96}$日。

〈六十甲子加臨卦象圖〉：「六十四卦」（Hexagram）以及「六十甲子」相
配，剩餘「中孚」、「小過」、「既濟」、「未濟」，續配「甲子」、「乙丑」、「丙寅」、
「丁卯」：以「一歲」言，起自「甲子」入「中孚」；以「一月」言，起自「丙
寅」入「屯」、「丁卯」入「蒙」，至於「丙寅」入「既濟」、「丁卯」入「未濟」。
〔註46〕可補以「十二地支」六軸線，而顯其中結構：「子」之與「午」軸線，
旁有「庚午」入「師」、「辛未」入「比」以及「庚子」入「家人」、「辛丑」入
「睽」；「卯」之與「酉」軸線，旁有「乙酉」入「賁」、「丙戌」入「剝」以及
「乙卯」入「艮」、「丙辰」入「漸」；「寅」之與「申」軸線，有「戊寅」入「謙」
和「戊申」入「萃」；「巳」之與「亥」軸線，有「癸巳」入「離」和「癸亥」
入「節」；「丑」之與「未」軸線，有「丁丑」入「大有」和「丁未」入「姤」；
「辰」之與「戌」軸線，有「壬辰」入「坎」和「壬戌」入「渙」。除了「子」
之與「午」、「卯」之與「酉」軸線，「十二地支」入各其中二卦會與軸線相反，
其餘四條軸線，二卦「十干」一致、「十二地支」相配，此外，「子」之與「午」
軸線旁之四卦，「師」乃「坎下坤上」、「比」乃「坤下坎上」，其互為「反對卦」
且「兩象易」，「家人」乃「離下巽上」、「睽」乃「兌下離上」，亦互為「反對
卦」，又其中「坎」、「離」恰於「後天」八卦（Trigram）之位，可寓有「坎離
顛倒」、「取『坎』填『離』」之涵義。立於「三才之道」之中，經乎「六十甲
子」之時；行於「六十甲子」之日，生乎「六十四卦」之象。「三」、「六十」、
「六十四」三數相乘，又得「一萬一千五百二十」，即為「萬物之數」，其中「吉
凶」、「悔吝」、「憂虞」、「存亡」、「得失」悉備。「三才」之人，「法『天』則『地』」；
內丹之時，「按歷法令」〔註47〕。

〈六子加臨二十四氣陰陽損益圖〉：「十二辟卦」中之「乾」原居「巳」，
為「明日之運行」，故變之以象「日」之「離」；「十二辟卦」中之「坤」原居

〔註45〕魏・王弼、東晉・韓康伯注，唐・孔穎達等正義：《周易正義》，卷8，頁169。

〔註46〕《易外別傳》、《易圖明辨》皆繪有還原圖──〈《周易參同契》金丹鼎器藥物
　　　　火候萬殊一本之圖〉。元・俞琰：《易外別傳》，收入《正統道藏・太玄部》，冊
　　　　34，頁545。清・胡渭：《易圖明辨》，收入《景印文淵閣四庫全書・經部一・
　　　　易類》，冊44，卷3，頁17。

〔註47〕後蜀・彭曉注：《周易參同契分章通真義》，卷中，頁276。

「亥」，為「明月之運行」，故變之以象「月」之「坎」。「離」為「中女」，前配之以「巽」即「長女」，後配之以「艮」即「少男」；「坎」為「中男」，前配之以「震」即「長男」，後配之以「兌」即「少女」。「巽」、「離」、「艮」之前，「恆」、「既濟」、「咸」一組，「升」、「革」、「蹇」一組，「井」、「豐」、「謙」一組，三組「下卦」皆為「巽」、「離」、「艮」；「巽」、「離」、「艮」之後，「小畜」、「旅」、「賁」一組，「家人」、「鼎」、「大畜」一組，「益」、「未濟」、「損」一組，三組「上卦」皆為「巽」、「離」、「艮」。「震」、「坎」、「兌」之前，「益」、「未濟」、「損」一組，「无妄」、「蒙」、「睽」一組，「噬嗑」、「渙」、「履」一組，三組「下卦」皆為「震」、「坎」、「兌」；「震」、「坎」、「兌」之後，「豫」、「節」、「困」一組，「解」、「屯」、「萃」一組，「恆」、「既濟」、「咸」一組，三組「上卦」皆為「震」、「坎」、「兌」。所謂「自冬至之日為首，以陽變陰，以陰變陽」，以「坎」為例：「坎」之「初六」「化陽」為「節」，「節」之「九二」「變陰」為「屯」，「屯」之「六三」「化陽」為「既濟」，「既濟」之「六四」「化陽」為「革」，「革」之「九五」「變陰」為「豐」，「豐」之「上六」「化陽」為「離」；所謂「至夏至之日為首，以陰變陽，以陽變陰」，以「離」為例：「離」之「初九」「變陰」為「旅」，「旅」之「六二」「化陽」為「鼎」，「鼎」之「九三」「變陰」為「未濟」，「未濟」之「九四」「變陰」為「蒙」，「蒙」之「六五」「化陽」為「渙」，「渙」之「上九」「變陰」為「坎」。三十六卦與之對面之卦，皆互為「旁通卦」，進而每組「十二地支」六條軸線，二「旁通卦」皆有「坎」之與「離」：「節」之與「旅」、「屯」之與「鼎」、「既濟」之與「未濟」三組，皆有「坎上」以及「離上」；「革」之與「蒙」、「豐」之與「渙」、「離」之與「坎」三組，皆有「離下」以及「坎下」。

　　整體觀之，誠如郝大通所命之圖名，〈二十四氣加臨乾坤二象陰陽損益圖〉本以「乾坤」為其軸線，〈六子加臨二十四氣陰陽損益圖〉變以「六子」為其軸線，「六十四卦」減去「十二辟卦」、八「遊魂卦」、八「歸魂卦」，即為「六子」及其「世卦」，三十六卦之「化陽」和「變陰」，依於「十二辟卦」之「陰陽損益」與「陽息陰消」，換言之即既有「乾坤」之「生六子」，亦有京房（77 B.C.E.～37 B.C.E.）之「八宮卦」，又寓有「坎離顛倒」、「取『坎』填『離』」之義涵，五幀修真圖所示「卦氣說」更皆為內丹修煉之火候節度循環。「變則通，通則久」，〔註48〕修煉無為而為，內丹自然而然。

〔註48〕魏・王弼、東晉・韓康伯注，唐・孔穎達等正義：《周易正義》，卷8，頁167。

以下凡二幀修真圖，繼論郝大通衍京房《易》學：

圖 4-1-18（原本圖）：〈八卦反復圖〉

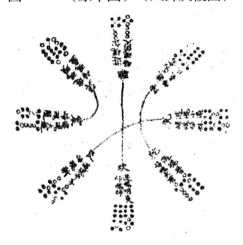

圖 4-1-18（還原圖）：〈八卦反復圖〉

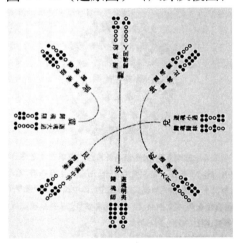

　乾：一世乃有所變而得姤，二變而得遯，三變而得否，四變而得觀，
五變而得剝。此者，自下升上，上至五爻，變之至極。故自剝卦之
後，自上變下者，名之遊（筆者案：「遊」或作「游」）魂，而得晉
卦。晉卦之後，下體三爻齊變，而為大有，名之歸魂卦。他皆倣此。
乾一變☳，乾二變☴，乾三變☵，乾四變☶，乾五變☷，乾六變☱，
乾七變☲，乾八變☰。他皆倣此。〔註49〕

〔註49〕金·郝大通：《太古集》，卷3，頁702～703。〔日〕蜂屋邦夫撰，金鐵成、張
　　　強、李素萍、金順英譯：《金元時代的道教——七真研究》，冊下，頁909。

圖4-1-19（原本圖）：〈十二律呂之圖〉

圖4-1-19（還原圖）：〈十二律呂之圖〉

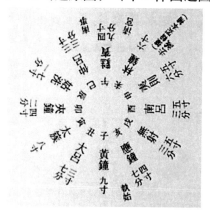

夫黃鍾（筆者案：「鍾」或作「鐘」）之律，以應十一月用事，則九寸；三分損一，而生林鍾，以應六月用事；則三分而益一，生太簇，以應正月用事；則三分損一，而生南呂，以應八月用事；則三分益一，而生姑洗，以應三月用事；則三分損一，而生應鍾，以應十月用事；則三分益一，而生無射，以應九月用事；則三分損一，而生夾鍾，以應二月用事；則三分益一，而生夷則，以應七月用事；則三分損一，而生大呂，以應十二月用事；則三分益一，而生蕤賓，以應五月用事；則三分損一，而生清宮；黃鍾九十分損五十七分，而生仲（筆者案：「中」或作「仲」）呂，以應四月用事；則生執始，執始生去滅，去滅生南事。凡自黃鍾之節至應鍾，而為十二管。其有清宮、執始、去滅、南事，以為律管之終，故附之于下。〔註50〕

〔註50〕《正統道藏》之原本圖割裂，筆者已合并之。蜂屋邦夫之還原圖有誤，「無射」

凡二幀修真圖，合而察之以論：

二幀修真圖所示「卦氣說」乃繼承於京房，而《周易參同契》和郝大通又皆加以運用於內丹道。

《京氏易傳》卷上首列〈乾宮卦〉、〈震宮卦〉、〈坎宮卦〉、〈艮宮卦〉各卦，卷中次列〈坤宮卦〉、〈巽宮卦〉、〈離宮卦〉、〈兌宮卦〉各卦，分論「八宮卦」所入之諸例，卷下遂云「四易」：

> 孔子云：「《易》有四易：一世、二世為地易，三世、四世為人易，五世、六世為天易，游魂、歸魂為鬼易。」〔註51〕

《後漢書‧志第一‧律曆上‧律準》：

> 房對：「受學故小黃令焦延壽。六十律相生之法：以上生下，皆三生二，以下生上，皆三生四，陽下生陰，陰上生陽，終於中呂，而十二律畢矣。中呂上生執始，執始下生去滅，上下相生，終於南事，六十律畢矣。夫十二律之變至於六十，猶八卦之變至於六十四也。宓羲作《易》，紀陽氣之初，以為律法。建日冬至之聲，以黃鍾為宮，太蔟為商，姑洗為角，林鍾為徵，南呂為羽，應鍾為變宮，蕤賓為變徵。此聲氣之元，五音之正也。故各統一日。其餘以次運行，當日者各自為宮，而商徵以類從焉。〈禮運篇〉曰『五聲、六律、十二管還相為宮』，此之謂也。……。」
>
> ……
>
> 黃鍾，十七萬七千一百四十七。
>
> 　下生林鍾。　黃鍾為宮，太蔟商，林鍾徵。
>
> 　一日。　律，九寸。　準，九尺。
>
> 色育，十七萬六千七百七十六。
>
> 　下生謙待。　色育為宮，未知商，謙待徵。
>
> 　六日。　律，八寸九分小分八微強。　準，八尺九寸萬五千九百七十三。
>
> 執始，十七萬四千七百六十二。
>
> 　下生去滅。　執始為宮，時息商，去滅徵。

之下「五寸三分」需更正為「六寸三分」。金‧郝大通：《太古集》，卷2，頁699～700。〔日〕蜂屋邦夫撰，金鐵成、張強、李素萍、金順英譯：《金元時代的道教——七真研究》，冊下，頁905。

〔註51〕西漢‧京房撰，吳‧陸績注：《京氏易傳》，收入《景印文淵閣四庫全書‧子部七‧術數類四‧占卜之屬》，冊808，卷下，頁3。

六日。　律，八寸八分小分七大強。　準，八尺八寸萬五千五百一十六。

……

大呂，十六萬五千八百八十八。

　下生夷則。　大呂為宮，夾鍾商，夷則徵。

　八日。　律，八寸四分小分三弱。　準，八尺四寸五千五百八。

……

太蔟，十五萬七千四百六十四。

　下生南呂。　太蔟為宮，姑洗商，南呂徵。

　一日。　律，八寸。　準，八尺。

……

夾鍾，十四萬七千四百五十六。

　下生無射。　夾鍾為宮，中呂商，無射徵。

　六日。　律，七寸四分小分九強。　準，七尺四寸萬八千一十八。

……

姑洗，十三萬九千九百六十八。

　下生應鍾。　姑洗為宮，蕤賓商，應鍾徵。

　一日。　律，七寸一分小分一微強。　準，七尺一寸二千一百八十七。

……

依行，十三萬二千五百八十二。

　上生色育。　依行為宮，謙待商，色育徵。

　七日。　律，六寸七分小分三半強。　準，六尺七寸七千五十九。

中呂，十三萬一千七十二。

　上生執始。　中呂為宮，去滅商，執始徵。

　八日。　律，六寸六分小分六弱。　準，六尺六寸萬一千六百四十二。

……

蕤賓，十二萬四千四百一十六。

　上生大呂。　蕤賓為宮，夷則商，大呂徵。

　一日。　律，六寸三分小分二微強。　準，六尺三寸四千一百三十一。

南事，十二萬四千一百五十四。

不生。　南事窮，無商、徵，不為宮。

七日。　律，六寸三分小分一弱。　準，六尺三寸一千五百一十一。

……

林鍾，十一萬八千九十八。

上生太蔟。　林鍾為宮，南呂商，太蔟徵。

一日。　律，六寸。　準，六尺。

……

去滅，十一萬六千五百八。

上生時息。　去滅為宮，結躬商，時息徵。

七日。　律，五寸九分小分二弱。　準，五尺九寸三千七百八十三。

……

夷則，十一萬五百九十二。

上生夾鍾。　夷則為宮，無射商，夾鍾徵。

八日。　律，五寸六分小分二弱。　準，五尺六寸三千六百七十二。

……

南呂，十萬四千九百七十六。

上生姑洗。　南呂為宮，應鍾商，姑洗徵。

一日。　律，五寸三分小分三強。　準，五尺三寸六千五百六十一。

……

無射，九萬八千三百四。

上生中呂。　無射為宮，執始商，中呂徵。

八日。　律，四寸九分小分九強。　準，四尺九寸萬八千五百七十三。

……

應鍾，九萬三千三百一十二。

上生蕤賓。　應鍾為宮，大呂商，蕤賓徵。

一日。　律，四寸七分小分四微強。　準，四尺七寸八千十九。

分烏，九萬三千一百一十六。

上生南事。　分烏窮次，無徵，不為宮。

七日。　律，四寸七分小分三微強。　準，四尺七寸六千五十九。

……。〔註52〕

〔註52〕原文甚長，茲不全引。南朝·宋·范曄撰，唐·李賢等注：《後漢書》（北京：中華書局，1973年），冊11，志1，〈律曆上〉，頁3000～3014。

　　〈八卦反復圖〉：「一世卦」、「二世卦」乃「地易」，「三世卦」、「四世卦」乃「人易」，「五世卦」、「本宮卦」乃「天易」，「遊魂卦」、「歸魂卦」乃「鬼易」。「本宮卦」之「上爻」不變，「一世卦」之「初爻」先變，「二世卦」之「二爻」再變，「三世卦」之「三爻」再變，「四世卦」之「四爻」再變，「五世卦」之「五爻」再變，「遊魂卦」之「上爻」不變、「四爻」再變回「本宮」之「四爻」，尚未變至「內卦」，宛若「遊」蕩在「外」之「魂」，「歸魂卦」之「內卦」再變回「本宮」之「內卦」，已經變至「內卦」，猶如「歸」復於「內」之「魂」。「本宮卦」以「上爻」為其「世爻」，各「世卦」以「變爻」為其「世爻」，「遊魂卦」以「四爻」為其「世爻」，「歸魂卦」以「三爻」為其「世爻」。「初爻」之與「四爻」、「二爻」之與「五爻」、「三爻」之與「上爻」，「世爻」之與「應爻」相應。據茲，如是：「乾」之「本宮卦」為「乾」，其「一世卦」為「姤」，其「二世卦」為「遯」，其「三世卦」為「否」，其「四世卦」為「觀」，其「五世卦」為「剝」，其「遊魂卦」為「晉」，其「歸魂卦」為「大有」；「震」之「本宮卦」為「震」，其「一世卦」為「豫」，其「二世卦」為「解」，其「三世卦」為「恆」，其「四世卦」為「升」，其「五世卦」為「井」，其「遊魂卦」為「大過」，其「歸魂卦」為「隨」；「坎」之「本宮卦」為「坎」，其「一世卦」為「節」，其「二世卦」為「屯」，其「三世卦」為「既濟」，其「四世卦」為「革」，其「五世卦」為「豐」，其「遊魂卦」為「明夷」，其「歸魂卦」為「師」；「艮」之「本宮卦」為「艮」，其「一世卦」為「賁」，其「二世卦」為「大畜」，其「三世卦」為「損」，其「四世卦」為「睽」，其「五世卦」為「履」，其「遊魂卦」為「中孚」，其「歸魂卦」為「漸」；「坤」之「本宮卦」為「坤」，其「一世卦」為「復」，其「二世卦」為「臨」，其「三世卦」為「泰」，其「四世卦」為「大壯」，其「五世卦」為「夬」，其「遊魂卦」為「需」，其「歸魂卦」為「比」；「巽」之「本宮卦」為「巽」，其「一世卦」為「小畜」，其「二世卦」為「家人」，其「三世卦」為「益」，其「四世卦」為「无妄」，其「五世卦」為「噬嗑」，其「遊魂卦」為「頤」，其「歸魂卦」為「蠱」；「離」之「本宮卦」為「離」，其「一世卦」為「旅」，其「二世卦」為「鼎」，其「三世卦」為「未濟」，其「四世卦」為「蒙」，其「五世卦」為「渙」，其「遊魂卦」為「訟」，其「歸魂卦」為「同人」；「兌」之「本宮卦」為「兌」，其「一世卦」為「困」，其「二世卦」為「萃」，其「三世卦」為「咸」，其「四世卦」為「蹇」，其「五世卦」為「謙」，其「遊魂卦」為「小過」，其「歸魂卦」為「歸妹」。「坎」之

與「離」、「艮」之與「兌」、「震」之與「巽」、「坤」之與「乾」，其因「遊魂卦」以及「歸魂卦」之二「內卦」，互有「本宮卦」之「內卦」相繫，故以虛線相連。乾坤六子，為道消息；坎離二用，「為道紀綱」〔註53〕。

〈十二律呂之圖〉：先籌律呂長度，後論三項問題：

「黃鍾」──「九寸」：9寸；

「林鍾」──「六寸」：$9 \times \frac{2}{3} = 6$寸；

「太簇」──「八寸」：$6 \times \frac{4}{3} = 8$寸；

「南呂」──「五寸三分」：$8 \times \frac{2}{3} = 5\frac{1}{3} \approx 5.3333$寸；

「姑洗」──「七寸一分」：$5\frac{1}{3} \times \frac{4}{3} = 7\frac{1}{9} \approx 7.1111$寸；

「應鍾」──「四寸七分」：$7\frac{1}{9} \times \frac{2}{3} = 4\frac{20}{27} \approx 4.7407$寸；

「無射」──「六寸三分」：$4\frac{20}{27} \times \frac{4}{3} = 6\frac{26}{81} \approx 6.3210$寸；

「夾鍾」──「四寸二分」：$6\frac{26}{81} \times \frac{2}{3} = 4\frac{52}{243} \approx 4.2140$寸；

「夷則」──「五寸六分」：$4\frac{52}{243} \times \frac{4}{3} = 5\frac{451}{729} \approx 5.6187$寸；

「大呂」──「三寸七分」：$5\frac{451}{729} \times \frac{2}{3} = 3\frac{1631}{2187} \approx 3.7458$寸；

「蕤賓」──「四寸九分」：$3\frac{1631}{2187} \times \frac{4}{3} = 4\frac{6524}{6561} \approx 4.9944$寸；

「中呂」──「三寸三分」：$9 \times \frac{33}{90} = 3.3$寸。〔註54〕

對於京房之「六十律」及其合用之《易》學和律學（Musical Temperament）原理，至今仍有諸多學界專家討論。〔註55〕而其使用「三分損益法」以生「六十律」，又具有承上啟下之嘗試性質。〔註56〕郝大通所繪之〈十二律呂之圖〉明顯承繼京房之說，卻又衍生三點需釐清之疑義：

第一，順序問題：據有載「十二律呂」之古籍，所生順序當為「黃鍾」、「林鍾」、「太簇」、「南呂」、「姑洗」、「應鍾」、「蕤賓」、「大呂」、「夷則」、「夾鍾」、「無射」、「中呂」；而郝大通所繪〈十二律呂之圖〉，所生順序則是「黃鍾」、「林

〔註53〕後蜀‧彭曉注：《周易參同契分章通真義》，卷上，頁262。

〔註54〕數值若為「無限小數」（Infinite Decimal），皆四捨五入至小數點後第四位數，遂可如《後漢書‧志第一‧律曆上‧律準》之所載，以示「寸」、「分」、「小分」、「弱」、「強」之義。

〔註55〕詳細關於京房之「六十律」及其肯定和否定之意見，請參：郭樹群：〈京房六十律「律值日」理論律學思維闡微〉，《音樂研究》2013年第4期（2013年7月），頁38～57。

〔註56〕詳細關於京房之「六十律」及其律學理論，請參：馬金、孫小淳：〈三分損益模式下追求平均律的嘗試：京房推到六十律〉，《廣西民族大學學報（自然科學版）》2022年第1期（2022年2月），頁11～21（下轉第32頁）。

鍾」、「太簇」、「南呂」、「姑洗」、「應鍾」、「無射」、「夾鍾」、「夷則」、「大呂」、「蕤賓」、「中呂」。筆者以為，之所以於「應鍾」後「第七律」，即「蕤賓」改「無射」，其後隨之而變，乃因原本「三分益一」即「上生」為「蕤賓」，後又繼續「三分益一」即「上生」為「大呂」，進而「黃鍾」、「大呂」、「太簇」、「夾鍾」、「姑洗」、「中呂」、「蕤賓」七律，皆「上」即「陽」，以及「林鍾」、「夷則」、「南呂」、「無射」、「應鍾」五律，皆「下」即「陰」，既無「左」、「右」平均「六陽」、「六陰」之分，亦無「子」、「午」對應「陽卦」、「陰卦」之始，故改為損益交替之推算，即變為陰陽相錯之次第，相鄰二律一陽、一陰，相對二律皆陽、皆陰。然則茲更動使「夾鍾」、「大呂」、「中呂」三律所算長度，小於「黃鍾」一半，亦僅近於「還原返宮」，而無法令「第十三律」為「黃鍾」之高八度音，更無「還相為宮」，即無法輪「十二律呂」作「七音」之「十二宮音」。

　　第二，名稱問題：茲權且依郝大通所推「十二律呂」之順序，其中「蕤賓」以及「中呂」之間，多一「清宮」或是「清宮黃鍾」，乃京房之「六十律」所無有者。筆者以為，當為「清宮」：一乃因為圖上以及文末即有「清宮」一詞，而與「執始」、「去滅」、「南事」有別。二乃因為「十二律呂」各自對應「十二地支」以及「十二辟卦」等等，「黃鍾」及其「十一月」和「復」、「大呂」及其「十二月」和「臨」、「太簇」及其「正月」和「泰」、「夾鍾」及其「二月」和「大壯」、「姑洗」及其「三月」和「夬」、「中呂」及其「四月」和「乾」、「蕤賓」及其「五月」和「姤」、「林鍾」及其「六月」和「遯」、「夷則」及其「七月」和「否」、「南呂」及其「八月」和「觀」、「無射」及其「九月」和「剝」、「應鍾」及其「十月」和「坤」，「黃鍾」已應「用事」，自無所謂「清宮黃鍾」。三乃因於「三分損益法」推算過程，「清宮」正確、「清宮黃鍾」錯誤：若是「三分損一」而生「清宮」，「清宮」恰為「三寸三分」，繼而「黃鍾」「九十分損五十七分」而生「中呂」，「中呂」確為「三寸三分」；若是「三分損一」而生「清宮黃鍾」，「清宮黃鍾」仍是「三寸三分」，繼而「九十分損五十七分」而生「中呂」，「中呂」非是「一寸二分」。「清宮」既為「蕤賓」所生，故於修真圖上置於「蕤賓」之「左」。而以「黃鍾」而生「中呂」，且是「九十分損五十七分」即是「九十分之三十三」，正是為「還原返宮」之調整，而為「九寸」一半即為「四寸五分」。然則無論「清宮」還是「清宮黃鍾」，皆不符「清宮」所謂「還原返宮」之意義。

　　「清宮」、「清宮黃鍾」——「三寸三分」：$4\frac{6524}{6561} \times \frac{2}{3} = 3\frac{6487}{19683} \approx 3.3296$寸。

　　「中呂」——「三寸三分」：$9 \times \frac{33}{90} = 3.3$寸

（筆者案：正確）；

「中呂」——「一寸二分」：$3\frac{6487}{19683} \times \frac{33}{90} = 1\frac{391218}{1771470} \approx 1.2208$寸

（筆者案：錯誤）。

第三，生成問題：郝大通除了多「清宮」一律，所生「中呂」之後，又有「執始」、「去滅」、「南事」三律，乃京房之「六十律」所已有者。筆者以為，依其所變體例：「執始」本為「第十三律」，前為「中呂」，後為「去滅」，故於修真圖上可以置於「黃鍾」之「右」，以示屬「黃鍾部」，又代表新循環之「第一律」；「去滅」本為「第十四律」，前為「執始」，後為「時息」，然於修真圖上無法置於「林鍾」之「右」，因有「清宮」居位，是以置於「林鍾」之「左」，以示屬「林鍾部」，又代表新循環之「第二律」；「南事」本為「第六十律」，前為「分烏」，故於修真圖上可以置於「蕤賓」之「右」，以示屬「蕤賓部」，且是置於「中呂」之「左」，又代表「六十律」之終。然則為符損益交替、陰陽相錯之序列，而調動「第七律」「無射」後之次序，且為「還原返宮」，而增「清宮」一律，又將「執始」、「去滅」、「南事」三律「附之于下」，今誠已難考其「六十律」完整之生成名稱順序。

整體觀之，固然郝大通乃以《易》學之視角繪之，而未察其以京房之律學理論，其「八宮卦」經「爻變」而能得「六十四卦」，又「十二律呂」歷「損益」而可得「六十律」，「理一分殊」，援《易》生「律」，皆是為使「卦」之與「律」更為相應。不過，無論京房還是郝大通之律學原理，「三分損益法」本就無法「還原返宮」和「還相為宮」，因受限其連乘「三分損益」所自有之「誤差」（Error），未達「黃鍾」一半，「第五十四律」之「色育」也僅是趨近於「黃鍾」。至明代（1368～1644）朱載堉（1536～1611）用「新法密率」創「十二平均律」（Twelve-Tone Equal Temperament），改用「等比數列」（Geometric Progression）纔妥善解決之。

「三分損益法」：$\frac{2^6 \times 4^6}{3^{12}} \approx 0.4932701843$寸、$\frac{2^{25} \times 4^{35}}{3^{60}} \approx 0.9344892395$寸。〔註57〕

「新法密率」：$\sqrt[12]{2} \approx 1.059463094359295264561825$倍。〔註58〕

〔註57〕皆四捨五入至小數點後第十位數，以示其「誤差值」（Error Value）。

〔註58〕朱載堉將數值精確算至小數點後第二十四位數。明・朱載堉：《樂律全書》，收入《景印文淵閣四庫全書・經部・樂類》，冊213，卷1，〈律呂精義內篇一〉，〈不用三分損益第三〉，頁10。詳細關於朱載堉之「新法密率」，請參：邢兆良：《朱載堉評傳》（南京：南京大學出版社，1998年），頁139～198。

以下凡五幀修真圖，又論郝大通合圖書《易》學：

圖 4-1-20（原本圖）:〈河圖〉

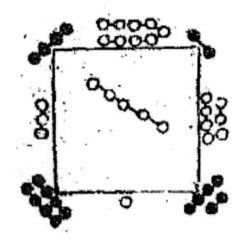

圖 4-1-20（還原圖）:〈河圖〉

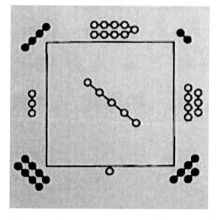

天、地、奇、偶之數，而成〈河圖〉，則有五十有五。惟此圖書，則四十五數，而遍九宮，象龜之形狀，頭九、尾一，左三、右七，二、四為肩，六、八為足，此自然之象也。背上有五行，而可以知來，占兆吉凶，故通神明之德，以類萬物之情。天生神物，聖人則之，以為圖書。一、三、五、七、九為奇，屬陽也，四正方；二、四、六、八為偶，屬陰也。惟地數十，在於龍腹，不有所顯，故存之不畫也。〔註59〕

〔註59〕金·郝大通:《太古集》，卷 2，頁 697～698。〔日〕蜂屋邦夫撰，金鐵成、張強、李素萍、金順英譯:《金元時代的道教——七真研究》，冊下，頁 900～901。

圖 4-1-21（原本圖）:〈天數奇象圖〉

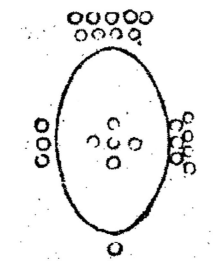

圖 4-1-21（還原圖）:〈天數奇象圖〉

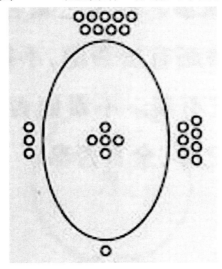

天為純陽，而有陽數。陽數有一、有三、有五、有七、有九，總而論之，共得二十有五，成乾之陽數。而為奇者，謂奇為四正方，而兼乎中，此之是也。天數有五，自相乘之，則得奇數。故曰：北一、東三、南七、西九、中五，皆陽數也。陽之數：一、三、五、七、九是也。〔註60〕

〔註60〕金・郝大通：《太古集》，卷2，頁696。〔日〕蜂屋邦夫撰，金鐵成、張強、李素萍、金順英譯：《金元時代的道教——七真研究》，冊下，頁898。

圖 4-1-22（原本圖）：〈地數偶象圖〉

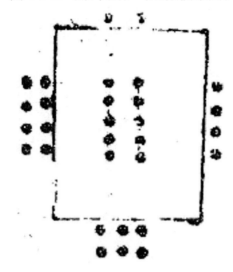

圖 4-1-22（還原圖）：〈地數偶象圖〉

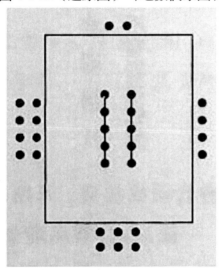

地為純陰，而有陰數。陰數有二、有四、有六、有八、有十，總而論
之，共得三十，成坤之陰數。而為偶者，偶者為四正方，而兼乎中，
此之是也。故曰：東八、西四、北六、南二、中央十，皆陰數也。陰
之數：二、四、六、八、十是也。地本方，故稱偶；天本圓，故稱
奇。〔註61〕

〔註61〕 金‧郝大通：《太古集》，卷2，頁696～697。〔日〕蜂屋邦夫撰，金鐵成、張
　　　　強、李素萍、金順英譯：《金元時代的道教──七真研究》，冊下，頁898。

圖 4-1-23（原本圖）：〈天地生數圖〉

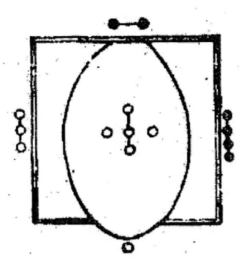

圖 4-1-23（還原圖）：〈天地生數圖〉

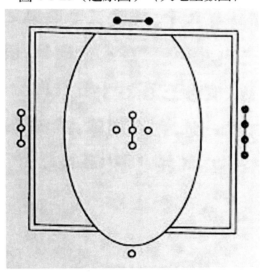

天陽而地陰，相交而有所生，生而各有其所。天一與地四，而為生
也；天三與地二，而為長也。凡生長之數，而天地之情可見矣。故
曰：天地交，而萬物通；天地不交，而萬物不通之故也。今則陽數
一、三、五，陰數有四與二，此陽之與陰，共成一十有五。陰陽各
半，而成天地之道。故曰：生長，而名之生數者也。〔註62〕

〔註62〕金・郝大通：《太古集》，卷3，頁704。〔日〕蜂屋邦夫撰，金鐵成、張強、李
　　　素萍、金順英譯：《金元時代的道教──七真研究》，冊下，頁912。

圖 4-1-24（原本圖）:〈天地成數圖〉

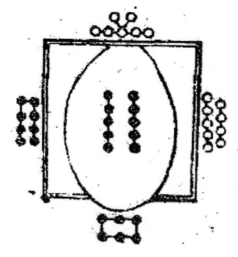

圖 4-1-24（還原圖）:〈天地成數圖〉

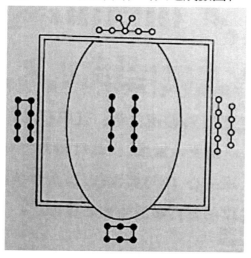

地者，陰也。乘天之陽氣，而可以成就萬物終始之道。始則潛伏，終則飛躍，皆物之自然也。地有陰數六、八、十，天有陽數七與九。故:地六與天九，而成;地八與天七，而就。凡成（筆者案:「就」以補之）之數，則見天地之情。其於天五與地十，自相交通，共成其數者。凡天地之數，五十有五，而生長、成就萬物終始之道也。〔註63〕

〔註63〕 金·郝大通:《太古集》，卷3，頁704。〔日〕蜂屋邦夫撰，金鐵成、張強、李素萍、金順英譯:《金元時代的道教──七真研究》，冊下，頁912～913。

　　凡五幀修真圖，合而察之以論：

　　〈繫辭傳上〉：「天數五，地數五，五位相得而各有合。天數二十有五，地數三十，凡天地之數，五十有五，此所以成變化而行鬼神也。……天一，地二；天三，地四；天五，地六；天七，地八；天九，地十。」〔註64〕《大戴禮記・明堂第六十七》：「明堂者，古有之也。凡九室，一室而有四戶八牖，三十六戶，七十二牖。以茅蓋屋，上圓下方。明堂者，所以明諸侯尊卑。……二九四七五三六一八。」〔註65〕《數術記遺》：「九宮算，五行參數，猶如循環。」甄鸞（535～566）注云：「九宮者，即二、四為肩，六、八為足，左三、右七，戴九、履一，五居中央。」〔註66〕

　　〈河圖〉：郝大通採劉牧（1011～1064）所謂「〈圖〉『九』〈書〉『十』」之說，象「龜」，「二」、「四」為「肩」，「六」、「八」為「足」，「左」「三」、「右」「七」，「戴」「九」、「履」「一」，「五」居「中央」，直行、橫列、斜線相加皆得「十五」。「天數」、「奇數」、「陽數」即「一」、「三」、「七」、「九」，居於「四正」；「地數」、「偶數」、「陰數」即「二」、「四」、「六」、「八」，居於「四維」。數「五」，於「背甲」之「中央」，「畫之」；數「十」，於「腹甲」之「中央」，「存之」。總得「四十有五」，區分之而可得以下凡四幀修真圖。

　　〈天數奇象圖〉：「乾」之「陽數」凡「五」，「一」居「北」、「三」居「東」、「五」居「中」、「七」居「南」、「九」居「西」，其得「二十有五」，呼應〈乾象圖〉。《正統道藏》之原本圖有誤，圖釋「南七」以及「西九」繞正。

　　〈地數偶象圖〉：「坤」之「陰數」凡「五」，「二」居「南」、「四」居「西」、「六」居「北」、「八」居「東」、「十」居「中」，其得「三十」，呼應〈坤象圖〉。

　　〈天地生數圖〉：「天一」居「北」，「地四」居「西」，合而為「生」；「天三」居「東」，「地二」居「南」，合而為「長」。「生長之數」即為「生數」，其得「一十有五」。天地交通而使萬物「生長」，呼應〈天地交泰圖〉。其「生」和「長」即「元」與「亨」之「用」，呼應〈五行圖〉、〈天元十干圖〉。遙呼《〈周易參同契〉簡要釋義并序》乾卦所云「善始嘉通」及其所釋「會合群靈，通理

〔註64〕魏・王弼、東晉・韓康伯注，唐・孔穎達等正義：《周易正義》，卷7，頁153～155。

〔註65〕北周・盧辯注，清・王聘珍解詁，王文錦點校：《大戴禮記解詁》（北京：中華書局，1983年），卷8，頁149～150。

〔註66〕東漢・徐岳撰，北周・甄鸞注：《數術記遺注》，收入錢寶琮點校：《算經十書》（北京：中華書局，2021年），頁544。

物性」，以及坤卦所云「長益群品」及其所釋「始生萬有，各得通暢」。

〈天地成數圖〉：「地六」居「北」，「天九」居「西」，合而為「成」；「地八」居「東」，「天七」居「南」，合而為「就」；「天五」居「中」，「地十」居「中」，「自相交通」。「成就之數」即為「成數」，其得「四十」。「生成之數」即為「天地之數」，總得「五十有五」。天地交通而教萬物「成就」，呼應〈天地交泰圖〉。其「成」和「就」即「利」與「貞」之「用」，呼應〈五行圖〉、〈天元十干圖〉。遂呼〈《周易參同契》簡要釋義并序〉乾卦所云「義和貞固」及其所釋「協和濟利，堅固貞正」，以及坤卦所云「事備曲通」及其所釋「順時待物，屈己伸人」。

第二節　中醫、曆法、星占為開展

以下凡三幀修真圖，首論郝大通推中醫、曆法之「運氣」：

圖 4-2-1（原本圖）：　　　　　　　圖 4-2-1（還原圖）：
〈八卦數爻成歲圖〉　　　　　　　〈八卦數爻成歲圖〉

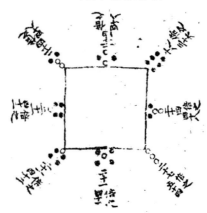 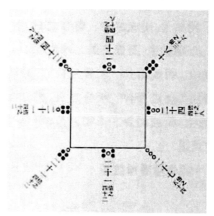

乾卦三畫長，每畫別九之數，故知三九二十七；其乾卦重之有六畫，每畫別九，則六九五十四，此者，乾爻之數也。坤卦三畫短，每畫別六之數，故知三六一十八；其坤卦重之有六畫，別六，則六六三十六，此者，坤爻之數也。此明一陽稱九，一陰稱六，外有震、坎、艮、巽、離、兌，陽、陰不等，互相推求，而各有自然之數也。八卦總其數，三百有六十，半之，得百有八十也，象一年之數也。〔註67〕

〔註67〕《正統道藏》之原本圖割裂，筆者已合并之。金·郝大通：《太古集》，卷3，頁701。〔日〕蜂屋邦夫撰，金鐵成、張強、李素萍、金順英譯：《金元時代的道教——七真研究》，冊下，頁907。

圖 4-2-2（原本圖）:〈五運圖〉

圖 4-2-2（還原圖）:〈五運圖〉

五運所行，經綸十干，而成五氣。且如：甲、己之年，土運時行，乃
為黔（筆者案:「黅」以正之）天之氣也。他皆倣此。故知五行之象，
象曰五星：木德歲星行、逆之時，木運行也；熒惑行、逆時，火運
也；太白行、逆時，金運也；辰星行、逆時，水運也；鎮星行、逆
時，土運也。法此，五星分布十干，而成五運，星則有伏、順、遲、
留、逆之數。〔註68〕

〔註68〕金・郝大通:《太古集》，卷3，頁704～705。〔日〕蜂屋邦夫撰，金鐵成、張
　　　　強、李素萍、金順英譯:《金元時代的道教──七真研究》，冊下，頁913。

圖 4-2-3（原本圖）：〈六氣圖〉

圖 4-2-3（還原圖）：〈六氣圖〉

六氣者，明三陽、三陰之氣，而行十二支神。神之相對，謂：寅、申
之年，少陽主之；卯、酉之年，陽明主之；辰、戌之年，太陽主之；
巳、亥之年，厥陰主之；子、午之年，少陰主之；丑、未之年，太陰
主之。每年之內，有六氣焉。且如：少陽司天，厥陰在泉。他皆做
此。一氣，有六十日也。〔註69〕

〔註69〕 金‧郝大通：《太古集》，卷3，頁705。〔日〕蜂屋邦夫撰，金鐵成、張強、李
素萍、金順英譯：《金元時代的道教──七真研究》，冊下，頁913～914。

　　凡三幀修真圖，合而察之以論：

　　「五運」、「六氣」之中醫學理論乃源自於《黃帝內經・素問》，郝大通則加以援用於內丹道。

　　《黃帝內經・素問・五運行大論篇第六十七》：

> 黃帝坐明堂，始正天綱，臨觀八極，考建五常。請天師而問之曰：
> 「論言天地之動靜，神明為之紀；陰陽之升降，寒暑彰其兆。余聞
> 五運之數於夫子，夫子之所言，正五氣之各主歲爾。首甲定運，余
> 因論之。鬼臾區曰：『土主甲、己，金主乙、庚，水主丙、辛，木主
> 丁、壬，火主戊、癸。子、午之上，少陰主之；丑、未之上，太陰主
> 之；寅、申之上，少陽主之；卯、酉之上，陽明主之；辰、戌之上，
> 太陽主之；巳、亥之上，厥陰主之。』不合陰陽，其故何也？」歧伯
> 曰：「是明道也。此天地之陰陽也。夫數之可數者，人中之陰陽也，
> 然所合數之可得者也。夫陰陽者：數之可十，推之可百；數之可千，
> 推之可萬。天地陰陽者，不以數推，以象之謂也。」帝曰：「願聞其
> 所始也。」歧伯曰：「昭乎哉問也。臣覽《太始天元冊》文：『丹天之
> 氣，經于牛、女、戊分；黅天之氣，經于心、尾、己分；蒼天之氣，
> 經于危、室、柳、鬼；素天之氣，經于亢、氐、昴、畢；玄天之氣，
> 經于張、翼、婁、胃。』所謂戊、己分者，奎、壁、角、軫，則天、
> 地之門、戶也。夫候之所始，道之所生，不可不通也。」帝曰：「善
> 論言天地者，萬物之上、下、左、右者，陰陽之道路，未知其所謂
> 也。」歧伯曰：「所謂上、下者，歲上、下見陰、陽之所在也。左、
> 右者：諸上見厥陰，左少陰、右太陽；見少陰，左太陰、右厥陰；見
> 太陰，左少陽、右少陰；見少陽，左陽明、右太陰；見陽明，左太
> 陽、右少陽；見太陽，左厥陰、右陽明。所謂面北而命其位，言其
> 見也。」帝曰：「何謂下？」歧伯曰：「厥陰在上，則少陽在下，左陽
> 明、右太陰；少陰在上，則陽明在下，左太陽、右少陽；太陰在上，
> 則太陽在下，左厥陰、右陽明；少陽在上，則厥陰在下，左少陰、
> 右太陽；陽明在上，則少陰在下，左太陰、右厥陰；太陽在上，則
> 太陰在下，左少陽、右少陰。所謂面南而命其位，言其見也。上下
> 相遘，寒暑相臨。氣相得則和，不相得則病。」帝曰：「氣相得而病

者，何也？」歧伯曰：「以下臨上，不當位也。」帝曰：「動、靜何

如？」歧伯曰：「上者，右行；下者，左行。左、右周天，餘而復會

也。」〔註70〕

《黃帝內經·素問·氣交變大論篇第六十九》：

帝曰：「五運之化太過，何如？」歧伯曰：「歲木太過，風氣流行，

脾、土受邪：民病，飧泄，食減，體重煩冤，腸鳴，腹支滿，上應歲

星。……歲火太過，炎暑流行，金、肺受邪：民病瘧，少氣，欬喘，

血溢，血泄注下，嗌燥，耳聾，中熱，肩、背熱，上應熒惑星。……

歲土太過，雨濕流行，腎、水受邪：民病，腹痛，清厥，意不樂，體

重煩冤，上應鎮星。……歲金太過，燥氣流行，肝、木受邪：民病，

兩脅下少腹痛，目赤、痛，眥瘍，耳無所聞，肅殺而甚，則體重煩

冤，胸痛引背，兩脅滿，且痛引少腹，上應太白星。……歲水太過，

寒氣流行，邪害心、火：民病，身熱，煩心，躁悸，陰厥，上、下、

中寒，譫妄，心痛，寒氣早至，上應辰星。……。」帝曰：「善！其

不及，何如？」歧伯曰：「悉乎哉問也。……。」〔註71〕

《黃帝內經·素問·至真要大論篇第七十四》：

帝曰：「善！歲主奈何？」歧伯曰：「厥陰司天為風化，在泉為酸化，

司氣為蒼化，間氣為動化；少陰司天為熱化，在泉為苦化，不司氣

化，居氣為灼化；太陰司天為濕化，在泉為甘化，司氣為黅化，間

氣為柔化；少陽司天為火化，在泉為苦化，司氣為丹化，間氣為明

化；陽明司天為燥化，在泉為辛化，司氣為素化，間氣為清化；太

陽司天為寒化，在泉為鹹化，司氣為元（筆者案：「玄」以正之）化，

間氣為藏化。故治病者，必明六化分治，五味、五色所生，五藏所

宜，迺可以言盈、虛病生之緒也。」……帝曰：「治寒以熱，治熱以

寒。氣相得者，逆之；不相得者，從之。余以知之矣。其於正味何

如？」歧伯曰：「木位之主，其寫以酸，其補以辛；火位之主，其寫

以甘，其補以鹹；土位之主，其寫以苦，其補以甘；金位之主，其

〔註70〕唐·王冰次注，北宋·林億等校正：《黃帝內經素問》，收入《景印文淵閣四庫
全書·子部五·醫家類》，冊733，卷19，頁10～13。

〔註71〕原文甚長，茲不全引。唐·王冰次注，北宋·林億等校正：《黃帝內經素問》，
卷20，頁2～12。

寫以辛，其補以酸；水位之主，其寫以鹹，其補以苦。厥陰之客，
以辛補之，以酸寫之，以甘緩之；少陰之客，以鹹補之，以甘寫之，
以鹹收之；太陰之客，以甘補之，以苦寫之，以甘緩之；少陽之客，
以鹹補之，以甘寫之，以鹹耎之；陽明之客，以酸補之，以辛寫之，
以苦泄之；太陽之客，以苦補之，以鹹寫之，以苦堅之，以辛潤之。
開發腠理，致津液通氣也。」〔註72〕

〈八卦數爻成歲圖〉：「乾」之數得「五十四」，「坤」之數得「三十六」，
「震」、「坎」、「艮」之數得「四十二」，「巽」、「離」、「兌」之數得「四十八」，
總得「三百六十」，即象「一年之數」。歷乎「一年之數」，知有「死生之說」
〔註73〕。

〈五運圖〉：「天地」之陰陽者，以「象」謂之；「人體」之陰陽者，以「數」
推之：「甲」、「己」年，時行「土運」，時應「鎮星」即為「土星」，時化「黅
天之氣」即「黃」，氣經「心宿」、「尾宿」即「甲」至於「角宿」、「軫宿」即
「己」；「乙」、「庚」年，時行「金運」，時應「太白」即為「金星」，時化「素
天之氣」即「白」，氣經「亢宿」、「氐宿」即「乙」至於「昴宿」、「畢宿」即
「庚」；「丙」、「辛」年，時行「水運」，時應「辰星」即為「水星」，時化「玄
天之氣」即「黑」，氣經「張宿」、「翼宿」即「丙」至於「婁宿」、「胃宿」即
「辛」；「丁」、「壬」年，時行「木運」，時應「歲星」即為「木星」，時化「蒼
天之氣」即「青」，氣經「鬼宿」、「柳宿」即「丁」至於「危宿」、「室宿」即
「壬」；「戊」、「癸」年，時行「火運」，時應「熒惑」即為「火星」，時化「丹
天之氣」即「赤」，氣經「壁宿」、「奎宿」即「戊」至於「牛宿」、「女宿」即
「癸」。「氣」之「相得」，遂「和」；「氣」之「不得」，則「病」。「甲」、「丙」、
「戊」、「庚」、「壬」之「運」乃「太過」，「主」「剋」，便「病」；「乙」、「丁」、
「己」、「辛」、「癸」之「運」乃「不及」，「被」「剋」，亦「病」。「五運」有
「相應」、「相生」、「相剋」之「五味」，「瀉」之、「補」之以治之。故釋「星
則有伏、順、遲、留、逆之數」，呼應〈五行悉備圖〉。

〈六氣圖〉：「寅」、「申」年，「少陽」主之；「卯」、「酉」年，「陽明」主
之；「辰」、「戌」年，「太陽」主之；「巳」、「亥」年，「厥陰」主之；「子」、「午」

〔註72〕唐・王冰次注，北宋・林億等校正：《黃帝內經素問》，卷22，頁2～28。
〔註73〕魏・王弼、東晉・韓康伯注，唐・孔穎達等正義：《周易正義》，卷7，頁147。

年，「少陰」主之；「丑」、「未」年，「太陰」主之。自「司天」面「在泉」，「少陰」之與「太陽」、「太陰」之與「厥陰」、「少陽」之與「少陰」、「陽明」之與「太陰」、「太陽」之與「少陽」、「厥陰」之與「陽明」，互為「左」之與「右」；自「在泉」面「司天」，「厥陰」之與「少陽」、「少陰」之與「陽明」、「太陰」之與「太陽」，互為「上」之與「下」。「厥陰」、「少陰」、「太陰」三陰以及「少陽」、「陽明」、「太陽」三陽，輪而主之。「厥陰」「司天」乃是「風」化，「在泉」乃是「酸」化，「司氣」乃是「蒼」化，屬「木」；「少陰」「司天」乃是「熱」化，「在泉」乃是「苦」化，且屬「君火」；「太陰」「司天」乃是「濕」化，「在泉」乃是「甘」化，「司氣」乃是「黅」化，屬「土」；「少陽」「司天」乃是「火」化，「在泉」乃是「苦」化，「司氣」乃是「丹」化，且屬「相火」；「陽明」「司天」乃是「燥」化，「在泉」乃是「辛」化，「司氣」乃是「素」化，屬「金」；「太陽」「司天」乃是「寒」化，「在泉」乃是「鹹」化，「司氣」乃是「玄」化，屬「水」。「子」、「午」之「少陰」「君火」「司天」、「陽明」屬「金」「在泉」，「丑」、「未」之「太陰」屬「土」「司天」、「太陽」屬「水」「在泉」，「寅」、「申」之「少陽」「相火」「司天」、「厥陰」屬「木」「在泉」，「卯」、「酉」之「陽明」屬「金」「司天」、「少陰」「君火」「在泉」，「辰」、「戌」之「太陽」屬「水」「司天」、「太陰」屬「土」「在泉」，「巳」、「亥」之「厥陰」屬「木」「司天」、「少陽」「相火」「在泉」。「六氣」有「相應」、「相生」、「相剋」之「五味」，「補」之、「瀉」之以療之。故釋「一氣，有六十日也」，呼應〈五行悉備圖〉。

　　整體觀之，誠如郝大通所繪修真圖，八卦成歲，「五運」相循，「六氣」相依；延展察之，亦如《黃帝內經·素問》所云，八卦周身，「五運」相應，「六氣」相得。十二消息，「謹守病機，各司其屬」；十二經脈（Channel Vessel），「令其調達，而致和平」〔註74〕。

〔註74〕唐·王冰次注，北宋·林億等校正：《黃帝內經素問》，卷22，頁39。

以下凡三幀修真圖，續論郝大通步曆法、星占之「時空」（Spacetime）：

圖 4-2-4（原本圖）：〈二十八宿加臨四象圖〉

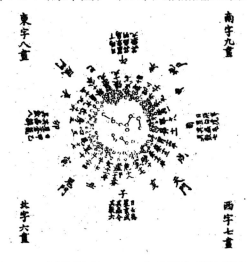

圖 4-2-4（還原圖）：〈二十八宿加臨四象圖〉

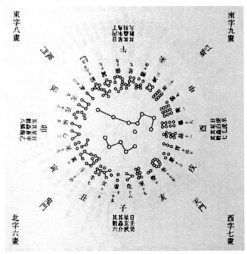

天象有二十八宿，度則三百六十有五四分度之一者，分布於十二分
野之中，而經星之常道也。所以日月、五行、七政為緯，循環周度，
變化生焉。以分四維、四正之義者，東方、南方、西方、北方，自得
其數，同天、地、日、月之功。有蒼龍焉，有白虎焉，有朱雀焉，有
玄武焉。此者，亦象春之與夏、秋之與冬也。〔註75〕

〔註75〕金‧郝大通：《太古集》，卷2，頁697。〔日〕蜂屋邦夫撰，金鐵成、張強、李
素萍、金順英譯：《金元時代的道教──七真研究》，冊下，頁899。

圖 4-2-5（原本圖）:〈北斗加臨月將圖〉

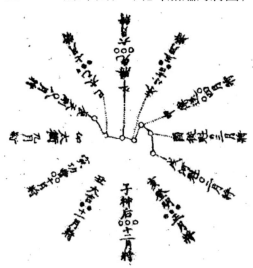

圖 4-2-5（還原圖）:〈北斗加臨月將圖〉

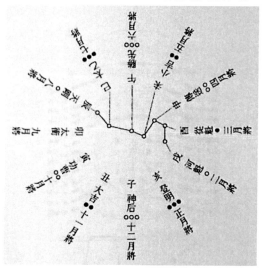

天垂萬象，以北辰為之樞機。統領眾星，無失其時者也。夫北斗七星之列，各自有方主之。則曰:「魁枕參首」,「杓攜龍角」,斗臥巨蟹者，明知此北斗，第一星謂之魁星，第七星謂之杓星。自魁至杓，凡有七星，而布南方七宮之辰也。故曰:戌為河魁，辰為天罡（筆者案:「罡」或作「剛」）。凡經七辰，象北斗焉。〔註76〕

〔註76〕金・郝大通:《太古集》,卷3,頁705〜706。〔日〕蜂屋邦夫撰，金鐵成、張強、李素萍、金順英譯:《金元時代的道教——七真研究》,冊下，頁915。

圖 4-2-6（原本圖）：〈二十四氣日行躔度加臨九道圖〉

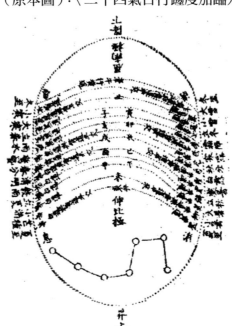

圖 4-2-6（還原圖）：〈二十四氣日行躔度加臨九道圖〉

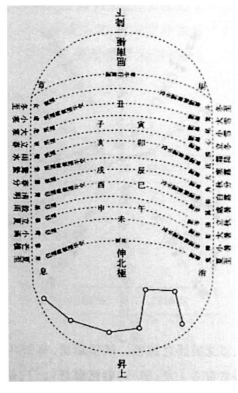

冬至之日，日行牽牛；夏至之日，日行東井。牽牛之宿，南極之星也；東井之宿，北極之辰也。自北極至於南極，一屈一伸，共行二十四氣，經於二十八宿，布三百六十五度四分度之一，循環九道，以明消息之功，達其昇降之理者，皆日行之道備矣。日一年行一運，月一月行一周。故知日行則有盈、虧，月行則有疾、有遲。日行一日一度，月行一日十三度者，謂少一十二度，象一十二月，以成一歲焉。日經十有二年，而行天之十有二運；月行之道，即不然也。謂一年之中：無閏，而行天之一十二周；有閏，而行天之一十三周。故知月之細度，一日行一十有二度三十七分也。日、月之行，閏餘生焉。〔註77〕

凡三幀修真圖，合而察之以論：

考自《古六曆》始，古人便早已觀察到所謂「宿度」、「合神」、「躔度」等等相關天象，但受物理學之「進動」（Precession）、天文學（Astronomy）之「歲差」（Axial Precession）影響，其分「赤道歲差」（Precession of the Equator）以及「黃道歲差」（Precession of the Ecliptic），而二者「總歲差」（General Precession），使「春分點」（Vernal Equinox）於「黃道」（Ecliptic）上每年逐漸西移，〔註78〕故而歷代史官必須仰觀星象，進而適時修正所用曆法。北宋（960～1127）沈括（1032～1096）亦已指明此一移易，〔註79〕而郝大通乃是洞悉卜

〔註77〕 金‧郝大通：《太古集》，卷3，頁706。〔日〕蜂屋邦夫撰，金鐵成、張強、李素萍、金順英譯：《金元時代的道教——七真研究》，冊下，頁916～917。

〔註78〕 詳細關於「歲差」之確定和應用，請參：吳守賢、全和鈞主編：《中國古代天體測量學及天文儀器》（北京：中國科學技術出版社，2008年），頁273～284。惟須更新的是，根據國際天文學聯合會（International Astronomical Union, IAU）修訂，「總歲差」之「速率」（Speed）p，已不再作為一「天文常數」（Astronomical Constant）。

〔註79〕《夢溪筆談‧象數一》：「六壬，天十二辰：亥曰登明，為正月將；戌曰天魁，為二月將。古人謂之合神，又謂之太陽過宮。合神者：正月建寅合在亥，二月建卯合在戌之類；太陽過宮者：正月日躔諏訾，二月日躔降婁之類。二說一也，此以《顓帝曆》言之也。今則分為二說者，蓋日度隨黃道歲差：今太陽至雨水後方躔諏訾，春分後躔降婁；若用合神，則須自立春日便用亥將，驚蟄便用戌將。今若用太陽，則不應合神；用合神，則不應太陽。以理推之，發課皆用月將加正時，如此則須從太陽過宮；若不用太陽躔次，則當日、當時日月、五星、支干、二十八宿，皆不應天行，以此決知須用太陽也。然尚未是盡理，若盡理言之，并月建亦須移易，緣目今斗杓昏刻，已不當月建，須當隨黃道歲差：……如此始與太陽相符，復會為一說。然須大改曆法，事事釐正，如：東方蒼龍七宿，當起于亢，終于斗；南方朱鳥（筆者案：「北方真武」以正之）七宿，起于牛，終于角（筆者案：「奎」以正之）；西方白虎七宿，起于婁，終

箓、天文、曆法、星占之人，於其修真圖自有所更新，換言之即除了〈北斗加臨月將圖〉，〈二十八宿加臨四象圖〉、〈二十四氣日行躔度加臨九道圖〉所示乃是金代星宿天象，且符現代天文軟體所模擬之其時星象，而既是觀象於金代，自當以《金史》考察之。

《金史・志第二・曆上・步日躔第三・赤道宿度》：

斗二十五度　牛七度少　女十一度少　虛九度少　秒六十八　危十五度半　室十七度　壁八度太

　　右北方七宿九十四度　秒六十八

奎十六度半　婁十二度　胃十五度　昴十一度少　畢十七度少　觜半度　參十度半

　　右西方七宿八十三度

井三十三度少　鬼二度半　柳十三度太　星六度太　張十七度少　翼十八度太　軫十七度

　　右南方七宿一百九度少

角十二度　亢九度少　氐一十六度　房五度太　心六度少　尾十九度少　箕十度半

　　右東方七宿七十九度〔註80〕

《金史・志第二・曆上・步日躔第三・太陽黃道十二次入宮宿度》：

雨水　危十三度三十九分五十九秒外，入衛分，陬訾之次，辰在亥。

春分　奎二度三十五分八十五秒外，入魯分，降婁之次，辰在戌。

于輿鬼（筆者案：「東井」以正之）；北方真武（筆者案：「南方朱鳥」以正之）七宿，起于東井（筆者案：「輿鬼」以正之），終于奎（筆者案：「角」以正之）。如此曆法始正，不止六壬而已。……據義理，予按：登明者，正月三陽始兆于地上，見龍在田，天下文明，故曰登明；天魁者，斗魁第一星也，斗魁第一星抵于戌，故曰天魁；從魁者，斗魁第二星也，斗魁第二星抵于酉，故曰從魁；傳送者，四月陽極將退，一陰欲生，故傳陰而送陽也；小吉，夏至之氣，大往小來，小人道長，小人之吉也，故為婚姻、酒食之事；勝先者，王者向明而治，萬物相見乎此，莫勝、莫先焉；太乙者，太微垣所在，太乙所居也；天罡者，斗剛之所建也；太衝者，日月、五星所出之門戶，天之衝也；功曹者，十月歲功成而會計也；大吉者，冬至之氣，小往大來，君子道長，大人之吉也，故主文、武大臣之事；十二月子蒞北方之中，上帝所居也，神后，帝君之稱也。天十二辰也，故皆以天事名之。」北宋・沈括：《夢溪筆談》，收入《景印文淵閣四庫全書・子部十・雜家類三・雜說之屬》，冊862，卷7，頁1～4。

〔註80〕　元・脫脫等撰：《金史》（北京：中華書局，1975年），冊2，卷21，志2，〈曆上〉，頁454～455。

穀雨　胃四度二十四分三十三秒外，入趙分，大梁之次，辰在酉。

小滿　畢七度九十六分六秒外，入晉分，實沈之次，辰在申。

夏至　井九度四十七分一十秒外，入秦分，鶉首之次，辰在未。

大暑　柳四度九十五分一十六秒外，入周分，鶉火之次，辰在午。

處暑　張十五度五十六分三十五秒外，入楚分，鶉尾之次，辰在巳。

秋分　軫十度四十四分五秒外，入鄭分，壽星之次，辰在辰。

霜降　氐一度七十七分七十七秒外，入宋分，大火之次，辰在卯。

小雪　尾三度九十七分九十二秒外，入燕分，析木之次，辰在寅。

冬至　斗四度三十六分六十六秒外，入吳越分，星紀之次，辰在丑。

大寒　女二度九十一分九十一秒外，入齊分，玄枵之次，辰在子。
〔註81〕

《金史‧志第三‧曆下‧步月離第五‧求月行九道宿度》：

> 凡月行所交：冬入陰曆，夏入陽曆，月行青道。冬至夏至後，青道
> 半交在春分之宿，當黃道東。立冬立夏後，青道半交在立春之宿，
> 當黃道東南。至所衝之宿亦如之。冬入陽曆，夏入陰曆，月行白道。
> 冬至夏至後，白道半交在秋分之宿，當黃道西。立冬立夏後，白道
> 半交在立秋之宿，當黃道西北。至所衝之宿亦如之。春入陽曆，秋
> 入陰曆，月行朱道。春分秋分後，朱道半交在夏至之宿，當黃道南。
> 立春立秋後，朱道半交在立夏之宿，當黃道西南。至所衝之宿亦如
> 之。春入陰曆，秋入陽曆，月行黑道。春分秋分後，黑道半交在冬
> 至之宿，當黃道北。立春立秋後，黑道半交在立冬之宿，當黃道東
> 北。至所衝之宿亦如之。四序離為八節，至陰陽之所交，皆與黃道
> 相會，故月行有九道。〔註82〕

〈二十八宿加臨四象圖〉：由內而外，中有「北極星」（Polaris）即為「勾陳一」即今「小熊座α」（拉丁語：α Ursae Minoris）居中，「北斗七星」（The Big Dipper）居上，「仙后座」（拉丁語：Cassiopeia）居下。外有「二十八宿」星圖及其「赤道宿度」即今「赤經」（Right Ascension），「東」方「蒼龍」七宿包含「角」、「亢」、「氐」、「房」、「心」、「尾」、「箕」，「北」方「玄武」七宿包含「斗」、「牛」、「女」、「虛」、「危」、「室」、「壁」，「西」方「白虎」七宿包含

〔註81〕元‧脫脫等撰：《金史》，冊2，卷21，志2，〈曆上〉，頁459～460。

〔註82〕元‧脫脫等撰：《金史》，冊2，卷22，志3，〈曆下〉，頁486～487。

「奎」、「婁」、「胃」、「昴」、「畢」、「觜」、「參」，「南」方「朱鳥」七宿包含「井」、「鬼」、「柳」、「星」、「張」、「翼」、「軫」，星圖則與《丹元子步天歌》或有異同，〔註83〕宿度亦與《金史》或有異同，相差最大者乃「虛宿」，《金史》載為「九度少　秒六十八」，郝大通則記為「一十五半」，總得「三百七十半」，大於「三百六十有五四分度之一」，星圖以及宿度雖有差異，但無礙於修真圖之析解。「二十八宿」又分布於「十二分野」，茲修真圖配以「十二地支」：「子」配「女」、「虛」，「丑」配「斗」、「牛」，「寅」配「尾」、「箕」，「卯」配「氐」、「房」、「心」，「辰」配「角」、「亢」、「軫」，「巳」配「張」、「翼」，「午」配「柳」、「星」，「未」配「井」、「鬼」，「申」配「畢」、「觜」、「參」，「酉」配「胃」、「昴」，「戌」配「奎」、「婁」，「亥」配「危」、「室」、「壁」。而《黃帝內經‧素問》將「天門」配「壁宿」、「奎宿」即「戌」和「戌」、「亥」之間，「地戶」配「角宿」、「軫宿」即「己」和「辰」、「巳」之間。郝大通亦配以「二十八宿」以及「十二地支」，而另配以「後天八卦」之「四維卦」：「天門」居「壁宿」、「奎宿」和「戌」、「亥」之間，即「乾」；「地戶」居「參宿」、「井宿」和「未」、「申」之間，即「坤」；「風門」居「角宿」、「軫宿」和「辰」、「巳」之間，即「巽」；「鬼戶」居「箕宿」、「斗宿」和「丑」、「寅」之間，即「艮」。「四正」之位則各配「日」、「星」、「蟲」、「數」，「四維」之位又各補「七」、「九」、「八」、「六」。故釋「同天、地、日、月之功」，呼應〈乾象圖〉、〈坤象圖〉、〈日象圖〉、〈月象圖〉、〈五行圖〉、〈天元十干圖〉。

〈北斗加臨月將圖〉：郝大通採《古六曆》時期之配對法，未應「歲差」調整。「十二地支」「左旋」，「十二月將」「右轉」：「正月」斗杓指「寅」，日躔於「亥」，「寅」和「亥」合，「正月」「亥」將「登明」；「二月」斗杓指「卯」，日躔於「戌」，「卯」和「戌」合，「二月」「戌」將「河魁」；「三月」斗杓指「辰」，日躔於「酉」，「辰」和「酉」合，「三月」「酉」將「從魁」；「四月」斗杓指「巳」，日躔於「申」，「巳」和「申」合，「四月」「申」將「傳送」；「五月」斗杓指「午」，日躔於「未」，「午」和「未」合，「五月」「未」將「小吉」；「六月」斗杓指「未」，日躔於「午」，「未」和「午」合，「六月」「午」將「勝先」；「七月」斗杓指「申」，日躔於「巳」，「申」和「巳」合，「七月」「巳」將「太乙」；「八月」斗杓指「酉」，日躔於「辰」，「酉」和「辰」合，「八月」「辰」將「天罡」；「九月」斗杓指「戌」，

〔註83〕南宋‧鄭樵：《通志》，收入《景印文淵閣四庫全書‧史部四‧別史類》，冊373，卷38，〈天文略第一〉，頁3～42。

日躔於「卯」,「戌」和「卯」合,「九月」「卯」將「太衝」;「十月」斗杓指「亥」,日躔於「寅」,「亥」和「寅」合,「十月」「寅」將「功曹」;「十一月」斗杓指「子」,日躔於「丑」,「子」和「丑」合,「十一月」「丑」將「大吉」;「十二月」斗杓指「丑」,日躔於「子」,「丑」和「子」合,「十二月」「子」將「神后」。所謂「魁枕參首」,「魁星」即為「北斗七星」之「第一星」名為「天樞」,即今「大熊座 α」(拉丁語:α Ursae Majoris),「天樞」之與「天權」即今「大熊座 δ」(拉丁語:δ Ursae Majoris)連線,其延長線大約遇於「參宿」,位於今「獵戶座」(拉丁語:Orion);所謂「杓攜龍角」〔註84〕,「杓星」即為「北斗七星」之「第七星」名為「瑤光」,即今「大熊座 η」(拉丁語:η Ursae Majoris),「瑤光」之與「北極一」即今「小熊座 γ」(拉丁語:γ Ursae Minoris)連線,其延長線大約遇於「角宿」,位於今「室女座」(拉丁語:Virgo);所謂「斗臥巨蟹」,「斗星」即為「北斗七星」之「第五星」名為「玉衡」,即今「大熊座 ε」(拉丁語:ε Ursae Majoris),「玉衡」之與「天璣」即今「大熊座 γ」(拉丁語:γ Ursae Majoris)連線,其延長線大約遇於「鬼宿」,位於今「巨蟹座」(拉丁語:Cancer)。而因「魁枕參首」、「杓攜龍角」之位,又將「北斗七星」配以「十二月將」及其陰陽屬性:「天樞」配以「戌」將「河魁」,始於「一陽」;「天璇」配以「酉」將「從魁」,次為「一陰」;「天璣」配以「申」將「傳送」,再次「二陽」;「天權」配以「未」將「小吉」,再次「二陰」;「玉衡」配以「午」將「勝先」,再次「三陽」;「開陽」配以「巳」將「太乙」,再次「三陰」;「瑤光」配以「辰」將「天罡」,歸乎「一陽」。相鄰二將一陽、一陰,相對二將皆陽、皆陰。故釋「統領眾星,無失其時者也」,呼應〈二十四氣加臨乾坤二象陰陽損益圖〉、〈二十四氣加臨卦象圖〉、〈二十四氣加臨七十二候圖〉。

　　〈二十四氣日行躔度加臨九道圖〉:定「天頂」(Zenith)之「四方」,「南」居「上」、「北」居「下」、「西」居「左」、「東」居「右」。「十二地支」「左旋」,「二十四氣」、「二十八宿」「右轉」:「子」配「大寒」、「立春」以及「女」、「虛」,「丑」配「冬至」、「小寒」以及「斗」、「牛」,「寅」配「小雪」、「大雪」以及「尾」、「箕」,「卯」配「霜降」、「立冬」以及「氐」、「房」、「心」,「辰」配「秋分」、「寒露」以及「角」、「亢」、「軫」,「巳」配「處暑」、「白露」以及「張」、「翼」,「午」配「大暑」、「立秋」以及「柳」、「星」,「未」配「夏至」、「小暑」

〔註84〕 西漢・司馬遷撰,南朝・宋・裴駰集解,唐・司馬貞索隱,唐・張守節正義:《史記》(北京:中華書局,1963 年),冊 4,卷 27,書 5,頁 1291。

以及「井」、「鬼」,「申」配「小滿」、「芒種」以及「畢」、「觜」、「參」,「酉」
配「穀雨」、「立夏」以及「胃」、「昴」,「戌」配「春分」、「清明」以及「奎」、
「婁」,「亥」配「雨水」、「驚蟄」以及「危」、「室」、「壁」。「冬至」日躔於「斗
宿」而行至「牛宿」,「牛宿」位於今「摩羯座」(拉丁語:Capricornus),終年
運於「南方」;「夏至」日躔於「井宿」而行至「鬼宿」,「井宿」位於今「雙子
座」(拉丁語:Gemini),終年運於「北方」。茲修真圖受「宿度」之所限,故
「日躔」未能完全準確一一對應之。再依李梵(?~?)以及編訢(?~?)
所制《東漢四分曆》舊曆法沿用之所謂「日有光道,月有九行,九行出入而交
生焉」〔註85〕,內加臨以「月行九道」,而以「八節」區分,且與「黃道」相
交:「春季」之「六氣」行「青道」,即「五色」之屬「青」,「立春」之時,「青
道」先與「黃道」「半交」,而出「黃道」「東南」,所衝之宿即為「虛宿」,「春
分」之時,「青道」再與「黃道」「半交」,而出「黃道」「東方」,所衝之宿即
為「奎宿」,即「五方」之屬「東」;「夏季」之「六氣」行「朱道」,即「五色」
之屬「赤」,「立夏」之時,「朱道」先與「黃道」「半交」,而出「黃道」「西南」,
所衝之宿即為「昴宿」,「夏至」之時,「朱道」再與「黃道」「半交」,而出「黃
道」「南方」,所衝之宿即為「井宿」,即「五方」之屬「南」;「秋季」之「六
氣」行「白道」,即「五色」之屬「白」,「立秋」之時,「白道」先與「黃道」
「半交」,而出「黃道」「西北」,所衝之宿即為「星宿」,「秋分」之時,「白道」
再與「黃道」「半交」,而出「黃道」「西方」,所衝之宿即為「軫宿」,即「五
方」之屬「西」;「冬季」之「六氣」行「黑道」,即「五色」之屬「黑」,「立
冬」之時,「黑道」先與「黃道」「半交」,而出「黃道」「東北」,所衝之宿即
為「房宿」以及「心宿」,「冬至」之時,「黑道」再與「黃道」「半交」,而出
「黃道」「北方」,所衝之宿即為「斗宿」,即「五方」之屬「北」。茲修真圖受
「循環」之所限,故「月行」乃是上、下、左、右交互。而觀「左」之謂「息」,
即「冬至」至「芒種」,乃「復」至「乾」之「陽息卦」,「陽氣」主勢,屬於
「陽火」,當需「進火」;且觀「右」之謂「消」,即「夏至」至「大雪」,乃「姤」
至「坤」之「陰消卦」,「陰液」主勢,屬於「陰符」,當需「退符」。茲修真圖
之下又有「北斗七星」,實際乃「斗口」朝「下」、「斗杓」朝「右」,或者乃「斗
口」朝「上」、「斗杓」朝「左」,郝大通繪為「斗口」朝「下」、「斗杓」朝「左」,

〔註85〕南朝・宋・范曄撰,唐・李賢等注:《後漢書》,冊 11,志 3,〈律曆下〉,頁
　　　3056。

當為符〈北斗加臨月將圖〉之所示，即其「十二月將」相配，而其「朝真禮斗」之儀，實則由來已古，《史記‧天官書第五》：「斗為帝車，運于中央，臨制四鄉。分陰陽，建四時，均五行，移節度，定諸紀，皆繫於斗。」〔註86〕「北斗七星」象徵「天帝之車」，巡狩以立「陰陽」、「四時」、「五行」等等自然和人文之制度，《靈寶元始无量度人上品妙經》：「仙道貴生，无量度人。」〔註87〕道教（Taoism）又是一尊重生命之宗教（Religion），尤以「人」立乎於「天地」之間而為「道」之體現，《無上玄元三天玉堂大法‧昇斗奔辰品第五》：「護身延生者，莫大於斗真；拘魂煉陽者，尤先於罡炁。故聖人云：『出入斗中，身強炁盛，延年益筭，萬邪皆避者，是也。』又云：『萬法皆從斗出，萬神皆從斗役。是知一切法，一切行持，非斗真莫能通真應也。』故聖師必以升斗度辰者，以冀學士通仙致真，存元守有。」〔註88〕「北斗七星」既為「萬法之源」，道教遂將「人」之「生死」繫於「北斗七星」以及「左輔」和「右弼」即「九皇」，《太上玄靈斗姆大聖元君本命延生心經》：「因沐浴於九曲華池中，湧出白玉龜臺，神獬寶座。斗母登于寶座之上，怡養神真，修鍊精魄，冲然攝炁，炁入玄玄，運合靈風，紫虛蔚勃，果證玄靈妙道，放無極微妙光明，洞徹華池，化生金蓮九苞。經人間七晝夜，……是九章生神，應現九皇道體：一曰天皇，二曰紫微，三曰貪狼，四曰巨門，五曰祿存，六曰文曲，七曰廉貞，八曰武曲，九曰破軍。」〔註89〕「斗姆元君」化生「九皇道體」，後七星即為「北斗七星」之各星名號，《太上玄靈北斗本命延生真經》：「於是七元君，大聖善通靈。濟度諸厄難，超出苦眾生。若有急告者，持誦保安寧。盡憑生百福，咸契於五行。三魂得安健，邪魅不能停。五方降真炁，萬福自來并。長生超八難，皆由奉七星。生生身自在，世世保神清。善似光中影，應如谷裏聲。三元神共護，萬聖眼同明。無災亦無障，永保道心寧。」〔註90〕可於「三元」、「八節」、「本命生

〔註86〕西漢‧司馬遷撰，南朝‧宋‧裴駰集解，唐‧司馬貞索隱，唐‧張守節正義：《史記》，冊4，卷27，書5，頁1291。

〔註87〕佚名：《靈寶元始无量度人上品妙經》，收入《正統道藏‧洞真部‧本文類》，冊1，卷1，頁6。

〔註88〕南宋‧路時中、南宋‧翟汝文編撰：《無上玄元三天玉堂大法》，收入《正統道藏‧洞真部‧方法類》，冊6，卷5，頁355。

〔註89〕佚名：《太上玄靈斗姆大聖元君本命延生心經》，收入《正統道藏‧洞神部‧本文類》，冊19，頁3。

〔註90〕佚名：《太上玄靈北斗本命延生真經》，收入《正統道藏‧洞神部‧本文類》，冊19，頁6。

辰」、「北斗下日」之時「拜斗」，自得消災解厄、逢凶化吉、保命延生之效，郝大通所繪之「北斗七星」，當可有茲圖外之意。另其「日躔」之與「月行」，「日」乃「一度」，「月」乃「一十有二度三十七分」，又因「歲實」即今「回歸年」（Tropical Year）之與「朔實」即今「朔望月」（Lunar Month）之差，故古採「歸餘於終」而今採「無中置閏」以置「閏月」（Leap Month），推步之而約是「十九年七閏法」，「朞三百有六旬有六日，以閏月定四時成歲」〔註91〕。故釋「日、月之行，閏餘生焉」，呼應〈五行悉備圖〉、〈二十四氣加臨乾坤二象陰陽損益圖〉、〈二十四氣加臨卦象圖〉、〈二十四氣加臨七十二候圖〉。

「歲實」、「回歸年」：≈ 365.25 日，

「日躔」：$365.25 \div 365.25 = 1$ 日；

「朔實」、「朔望月」：≈ 29.53 日，

「月行」：$365.25 \div 29.53 \approx 12.37$ 月。

「歸餘於終」、「無中置閏」：$365.25 - 29.53 \times 12 = 10.89$ 日，

「十九年七閏法」：$10.89 \times 19 \div 7 \approx 29.56$ 日。〔註92〕

整體觀之，承上一節：以「一日」言，配以「十二地支」，而有「子午」時機；以「一歲」言，增以「十二辟卦」以及「二十四氣」乃至「七十二候」，便成「火候」節度；以「赤道」（Equator）言，擴以「二十八宿」，遂為「周天」流轉。而修真圖〈二十四氣日行躔度加臨九道圖〉所示涵蘊，即是「法『天』則『地』」之理，楬櫫人身小宇宙以及自然大宇宙相應，可謂之集前述修真圖之大成。

以下證以現代天文軟體〔註93〕所模擬之金代星宿天象，定郝大通於金章宗（1168～1208 在世，1189～1208 在位）明昌元年庚戌（1190），復還寧海州〔註94〕而後增修先前所繪三十三幀修真圖之時，且與今時民國一一一年壬寅（2022），時隔八百三十二年之「春分」、「夏至」、「秋分」、「冬至」〔註95〕星

〔註91〕西漢・孔安國傳，唐・孔穎達等正義：《尚書正義》，收入清・阮元校勘：《十三經注疏（附校勘記）》，冊1，卷2，頁21。

〔註92〕「歲實」、「回歸年」以及「朔實」、「朔望月」以「近似值」（Approximate Value）列之，其餘皆四捨五入至小數點後第二位數。

〔註93〕Stellarium Astronomy Software：http://stellarium.org（網站檢索日期：2022 年 12 月 22 日）。

〔註94〕今山東省煙臺市牟平區，緯度（Latitude）定於 37°15'0.00"N、經度（Longitude）定於 121°33'0.00"E。

〔註95〕「春分」、「夏至」、「秋分」、「冬至」之日期分別定於「三月二十日」、「六月二十二日」之與「六月二十一日」、「九月二十三日」、「十二月二十一日」，時間皆定於夜晚十點整。

象以作對照，再證筆者之論：

附圖1：公元1190年3月20日「春分」，日躔「奎宿」

附圖2：公元1190年3月20日「春分」，日躔「婁宿」

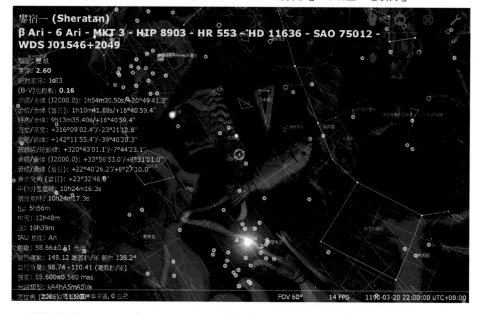

　　附圖說解：公元1190年3月20日「春分」，日躔於「奎宿」而行至「婁宿」。茲以「奎宿一」以及「婁宿一」為例，「奎宿一」即今「仙女座η」（拉丁語：η Andromedae）、「婁宿一」即今「白羊座β」（拉丁語：β Arietis）。

附圖 3：公元 2022 年 3 月 20 日「春分」，日躔「室宿」

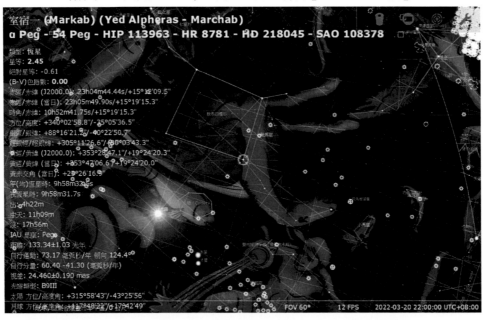

附圖 4：公元 2022 年 3 月 20 日「春分」，日躔「壁宿」

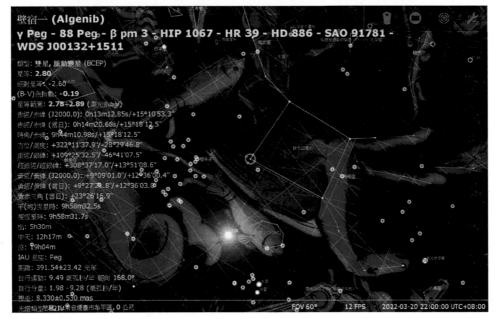

附圖說解：公元 2022 年 3 月 20 日「春分」，日躔於「室宿」而行至「壁宿」。茲以「室宿一」以及「壁宿一」為例，「室宿一」即今「飛馬座 α」（拉丁語：α Pegasi）、「壁宿一」即今「飛馬座 γ」（拉丁語：γ Pegasi）。

附圖 5：公元 1190 年 6 月 22 日「夏至」，日躔「井宿」

附圖 6：公元 1190 年 6 月 22 日「夏至」，日躔「鬼宿」

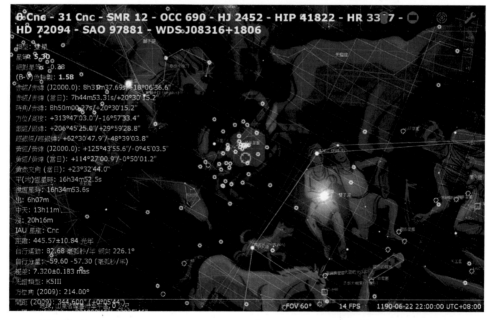

　　附圖說解：公元 1190 年 6 月 22 日「夏至」，日躔於「井宿」而行至「鬼宿」。茲以「井宿一」以及「鬼宿一」為例，「井宿一」即今「雙子座 μ」（拉丁語：μ Geminorum）、「鬼宿一」即今「巨蟹座 θ」（拉丁語：θ Cancri）。

附圖 7：公元 2022 年 6 月 21 日「夏至」，日躔「觜宿」

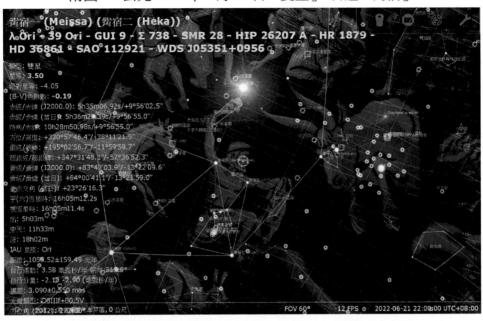

附圖 8：公元 2022 年 6 月 21 日「夏至」，日躔「參宿」

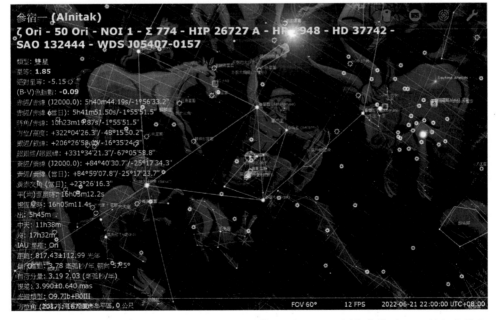

　　附圖說解：公元 2022 年 6 月 21 日「夏至」，日躔於「觜宿」而行至「參宿」。茲以「觜宿一」以及「參宿一」為例，「觜宿一」即今「獵戶座 λ」（拉丁語：λ Orionis）、「參宿一」即今「獵戶座 ζ」（拉丁語：ζ Orionis）。

附圖 9：公元 1190 年 9 月 23 日「秋分」，日躔「軫宿」

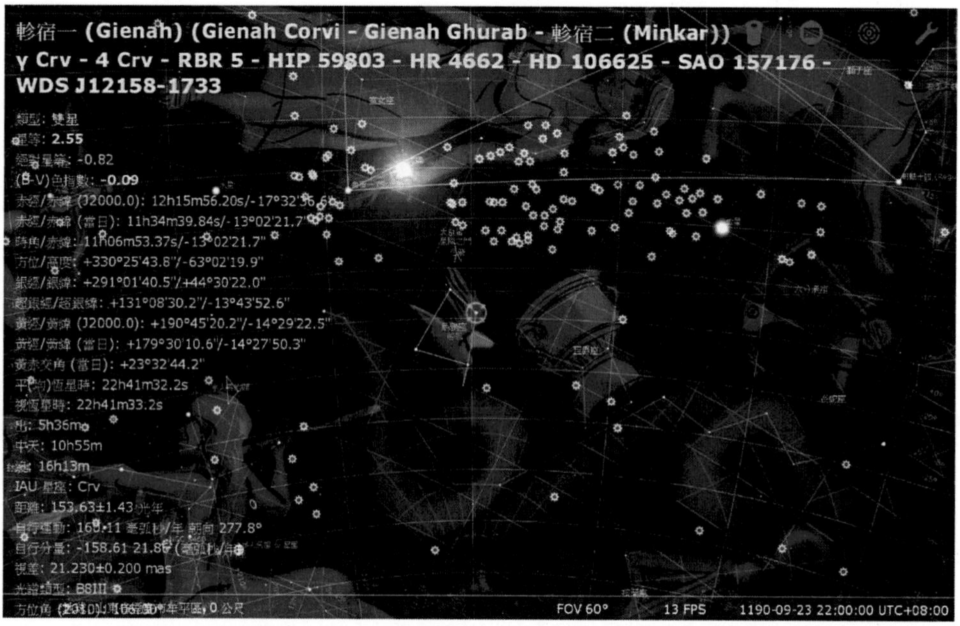

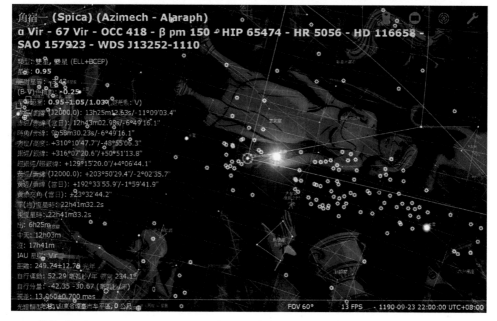

附圖 10：公元 1190 年 9 月 23 日「秋分」，日躔「角宿」

附圖說解：公元 1190 年 9 月 23 日「秋分」，日躔於「軫宿」而行至「角宿」。茲以「軫宿一」以及「角宿一」為例，「軫宿一」即今「烏鴉座 γ」（拉丁語：γ Corvi）、「角宿一」即今「室女座 α」（拉丁語：α Virginis）。

附圖 11：公元 2022 年 9 月 23 日「秋分」，日躔「張宿」

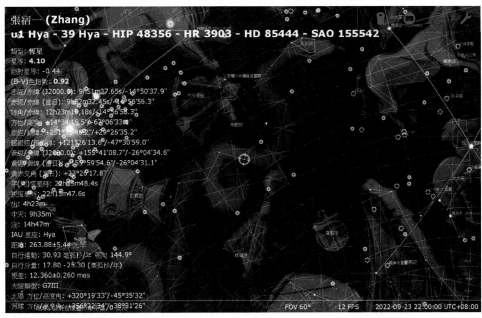

附圖 12：公元 2022 年 9 月 23 日「秋分」，日躔「翼宿」

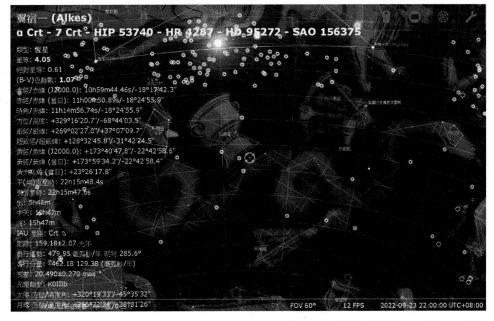

　　附圖說解：公元 2022 年 9 月 23 日「秋分」，日躔於「張宿」而行至「翼宿」。茲以「張宿一」以及「翼宿一」為例，「張宿一」即今「長蛇座 υ¹」（拉丁語：υ¹ Hydrae）、「翼宿一」即今「巨爵座 α」（拉丁語：α Crateris）。

附圖 13：公元 1190 年 12 月 21 日「冬至」，日躔「斗宿」

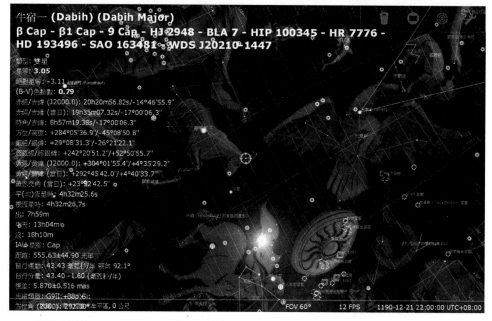

附圖 14：公元 1190 年 12 月 21 日「冬至」，日躔「牛宿」

　　附圖說解：公元 1190 年 12 月 21 日「冬至」，日躔於「斗宿」而行至「牛宿」。茲以「斗宿一」以及「牛宿一」為例，「斗宿一」即今「人馬座 φ」（拉丁語：φ Sagittarii）、「牛宿一」即今「摩羯座 β」（拉丁語：β Capricorni）。

附圖 15：公元 2022 年 12 月 21 日「冬至」，日躔「尾宿」

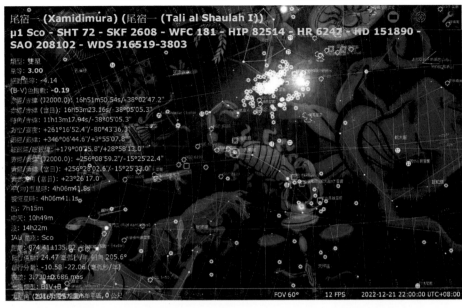

附圖 16：公元 2022 年 12 月 21 日「冬至」，日躔「箕宿」

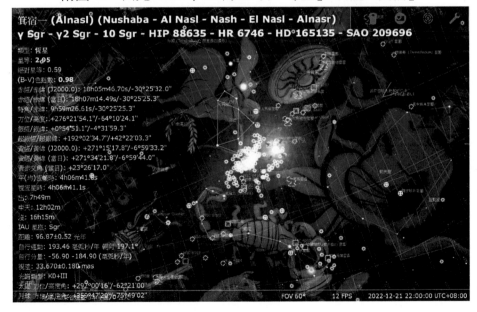

　　附圖說解：公元 2022 年 12 月 21 日「冬至」，日躔於「尾宿」而行至「箕宿」。茲以「尾宿一」以及「箕宿一」為例，「尾宿一」即今「天蠍座 μ」（拉丁語：μ¹ Scorpii）、「箕宿一」即今「人馬座 γ」（拉丁語：γ Sagittarii）。

　　郝大通所繪修真圖確為金代星宿天象，由茲再次得證。

第三節　丹術、丹法、丹道為宗恉

以下凡三幀修真圖，復論郝大通「《易》道」之與「丹道」之「大通」：

圖 4-3-1（原本圖）：〈三才象三壇之圖〉

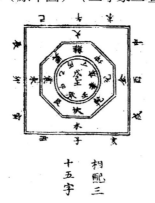

圖 4-3-1（還原圖）：〈三才象三壇之圖〉

夫三才者，天一、地二、人三也；今則不然，所謂天在上、地在下、人立乎中，以象三才，非取一、二、三，惟取上、中、下品是也。故知：上品類天之萬象，以明十干之類是也；中品類人有萬事，此者，皆自天之下、自地之上，而居於中，以明八卦、五行之屬是也；下品類地之萬物，以明十二支位是也。此具三品，以證三才。《易》曰：「有天道焉，有人道焉，有地道焉。」天道廣矣，地道大矣，人道備矣。天道雖廣，若不以人法之，而天道不能顯著；地道雖大，若不以人則之，而地道不能成就。惟人道獨能法則於天地，變化於萬有，興廢於萬事者，亦自此而然也。〔註96〕

〔註96〕金・郝大通：《太古集》，卷3，頁706～707。〔日〕蜂屋邦夫撰，金鐵成、張強、李素萍、金順英譯：《金元時代的道教——七真研究》，冊下，頁917。

圖 4-3-2（原本圖）：〈三才入爐造化圖〉

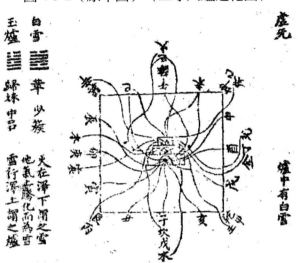

圖 4-3-2（還原圖）：〈三才入爐造化圖〉

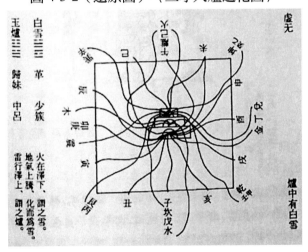

（筆者案：「太簇」以正「少簇」）夫三才之道者，天、地、人也。天
元有十干之屬，地元有十二支之屬，人元有五行、八卦之屬。此三
才而配于支、干、五行、卦象之屬，而入乎虛，而出乎無。虛、無之
間，而生、長、成、就萬物之功。不有怠倦者，因造作而必得所化。
化之與造為者，本無為之化也。爐有三層、十二門，火居於中，煉
乎三才之真氣，而合成道也。〔註97〕

〔註97〕金・郝大通：《太古集》，卷2，頁699。〔日〕蜂屋邦夫撰，金鐵成、張強、李
素萍、金順英譯：《金元時代的道教——七真研究》，冊下，頁903。

圖 4-3-3（原本圖）：〈八卦收鼎煉丹圖〉

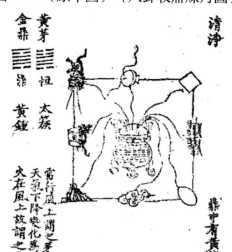

圖 4-3-3（還原圖）：〈八卦收鼎煉丹圖〉

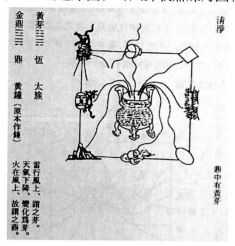

八卦收歸於鼎者，謂：乾象天、坤象地、震象龍，發乎雷、巽象虎，生乎風、坎象雲，降乎雨、離象電，閃乎光、艮象山，通乎氣、兌象澤，說乎物。因乾健而運，自坤順而動，得此三男、三女，妙乎大用而利於萬物。此則明雷、風、雲雨、電閃之屬，本自晴空而來，復歸晴空而去，故謂之鼎。鼎之為器，下存於火，中煉其天、地、雷、風、火、山、水、澤，而成大丹也。〔註98〕

〔註98〕金・郝大通：《太古集》，卷2，頁699。〔日〕蜂屋邦夫撰，金鐵成、張強、李素萍、金順英譯：《金元時代的道教──七真研究》，冊下，頁904。

凡三幀修真圖，合而察之以論：

〈三才象三壇之圖〉：

〈繫辭傳下〉：

　　《易》之為書也，廣大悉備。有天道焉，有人道焉，有地道焉。兼
　　三材而兩之，故六。六者，非它也，三材之道也。〔註99〕

〈說卦傳〉：

　　昔者聖人之作《易》也，將以順性命之理。是以立天之道，曰陰與
　　陽；立地之道，曰柔與剛；立人之道，曰仁與義。兼三才而兩之，
　　故《易》六畫而成卦。分陰分陽，迭用柔剛，故《易》六位而成章。

〔註100〕

《老子‧第二十五章》：

　　人法地，地法天，天法道，道法自然。〔註101〕

　　茲修真圖雖置於卷三之最後一幀，其卻是為三十三幀修真圖之立論根柢。

　　「三才」亦曰「三材」，郝大通本之於〈繫辭傳下〉和〈說卦傳〉。而其「三才」品類，雖與《老子》有異；但其對於「人」之重視，則與《老子》無異。「天」乃「上品」、「人」乃「中品」、「地」乃「下品」，茲品類誠是以「三才」所處位置而定，並非以效法之順序而論，又「人」既是「中品」，居乎「天」之與「地」之間，更不可忽視其重要性之所在。「天道」以及「地道」若無「人道」加以「法『天』則『地』」，其「道」便難呈顯，「人」之「主體性」（Subjectivity）及其「能動性」（Motility），由茲遂見之矣。

　　《周易參同契‧聖人不虛生章第十二～壬癸配甲乙章第十五》：

　　故《易》統天心：……三日出為爽，☳震庚受西方。八日☱兌受丁，
　　上弦平如繩。十五☰乾體就，盛滿甲東方。蟾蜍與兔魄，日月氣雙
　　明。蟾蜍視卦節，兔者吐生光。七八道已訖，屈折低下降。十六轉
　　受統，☴巽辛見平明。☶艮直於丙南，下弦二十三。☷坤乙三十日，
　　東北喪其朋。節盡相禪與，繼體復生龍。壬癸配甲乙，乾坤括始終。
　　七八數十五，九六亦相應。四者合三十，陽氣索滅藏。八卦布列曜，
　　運移不失中。〔註102〕

〔註99〕魏‧王弼、東晉‧韓康伯注，唐‧孔穎達等正義：《周易正義》，卷8，頁175。
〔註100〕魏‧王弼、東晉‧韓康伯注，唐‧孔穎達等正義：《周易正義》，卷9，頁183。
〔註101〕魏‧王弼注：《老子道德經注》，篇上，頁65。
〔註102〕後蜀‧彭曉注：《周易參同契分章通真義》，卷上，頁264～265。

　　茲修真圖以古時普遍宇宙觀架構，即「天圓」和「地方」：「天道」乃是「上品」，其居「內壇」，繪以「圓形」，配以「十干」，採用「月體納甲」；「人道」乃是「中品」，其居「中壇」，繪以「卦陣」，配以「八卦」，採用「後天方位」，以及「五行」，採用「土王四季」；「地道」乃是「下品」，其居「外壇」，繪以「方形」，配以「十二地支」，採用「納支」。「十」、「八」、「五」、「十二」，四數相加，總得「三十五」，故云「相配三十五字」。

　　無論「天道」、「人道」、「地道」，皆有一「形上」（Metaphysics）之「道」作為至高无上之準式。由茲「生生」之後，而有「形下」（Physics）所謂「天道」、「人道」、「地道」。遂知三「道」本有惟一本源，三「道」分殊之後，其理自足而且其理相通，即茲三「道」乃一體之三面，而「人」自然而然可以「法『天』則『地』」，體證宇宙萬物「生生」之理。郝大通之內丹修煉理論正是立足於茲，主張「人道」源於「形上」之「道」，故而可效法之，生而為「形下」者，又和「天道」、「地道」互通，故而可以「法『天』則『地』」，觀其「陰陽」、「剛柔」、「仁義」、「升降」、「消息」、「文武」、「動靜」、「變化」、「循環」等等「性命」和「體用」之道理，加以修煉內丹，進而於修真時，而與「道」相契也。故釋「惟人道獨能法則於天地，變化於萬有，興廢於萬事者，亦自此而然也」，遙呼〈《周易參同契》簡要釋義并序〉所敘。

　　〈三才入爐造化圖〉：

　　《老子・第五十一章》：

　　　　道生之，德畜之，物形之，勢成之。是以萬物莫不尊道而貴德。道之尊，德之貴，夫莫之命而常自然。故道生之，德畜之：長之、育之、亭之、毒之、養之、覆之。生而不有，為而不恃，長而不宰，是謂玄德。〔註103〕

　　承上而述，誠如《老子》之義，「道」者，既是「形而上」之「本體」（Noumenon），亦是「形而下」之「表現」（Phenomenon），其「生生」萬物時，「而入乎虛，而出乎無」，化「有功」為「無功」，化「有情」為「無情」，化「有為」為「無為」，故可於「虛無」間「生、長、成、就萬物之功」。

　　茲修真圖中間所示，「爐」之「三層」，由上而下，即「天」、「人」、「地」「三才」，「爐」之「十二門」，即是「十二地支」之位。於茲之時，「人」已準備「法『天』」之道、「則『地』」之理，以行內丹修煉，遂將「十干」、「八卦」、

─────────────────────

〔註103〕魏・王弼注：《老子道德經注》，篇下，頁136～137。

「五行」、「十二地支」入「爐」，「後天八卦」、「四正卦」之「五行」、「十二地支」，加上「巳」、「未」因居上，而又多入上層，故凡二十六線入「爐」。

〈革・彖傳〉：

　天地革而四時成。湯、武革命，順乎天而應乎人。革之時大矣哉！

〔註104〕

〈歸妹・彖傳〉：

　歸妹，天地之大義也。天地不交，而萬物不興。歸妹，人之終始也。
　說以動，所歸妹也。〔註105〕

《鍾呂傳道集・論水火》：

　鍾曰：「……神水生於氣中，金波降於天上。赤龍住處，自有瓊液玉
　泉；凡胎換後，方見白雪陽酥。澆灌有時，以沃炎盛，先曰玉液，
　次曰金液，皆可以還丹；油添有度，以應沐浴，先曰中田，次曰下
　田，皆可以鍊形。玉藥、金花變就黃白之體，醍醐、甘露煉成奇異
　之香。若此，水之功效。及夫民火上昇，助腎氣以生真水；腎水上
　昇，交心液而生真氣。小則降魔、除病，大則鍊質、燒丹。用周天，
　則火起焚身；勒陽關，則還元鍊藥。別九州之勢，以養陽神；燒三
　尸之累，以除陰鬼。上行，則一撞三關；下運，則消磨七魄。鍊形
　成氣，而輕舉如飛；鍊氣成神，而脫胎如蛻。若此，皆火之功效也。」

〔註106〕

　　修真圖左：「革」乃「離下兌上」、「澤上火下」，日常之時，「離」、「火」、「心」居「上」，「坎」、「水」、「腎」居「下」，修煉之時，「離」、「火」、「心」往「下」，「坎」、「水」、「腎」往「上」，即指「坎離顛倒」之功，且因「取『坎』填『離』」之始，遂而凝結（Condensation）進而凝固（Solidification）甚至凝華（Deposition），而有「白雪」、「陽中真陰」化生，即為內煉丹藥；「歸妹」乃「兌下震上」、「雷上澤下」，「雷」打入「澤」，宛若太古宙（Archean Eon）時閃電促成生命之有機物（Organic Matter）生成，即如「玉爐」煉丹之動態象（Dynamicity）。而各配以「太簇」以及「中呂」，即火候之「寅時」、「雨水」、「建寅」、「正月」、「三陽息陰」之「泰」以及「巳時」、「小滿」、「建巳」、「四

〔註104〕魏・王弼、東晉・韓康伯注，唐・孔穎達等正義：《周易正義》，卷5，頁111。
〔註105〕魏・王弼、東晉・韓康伯注，唐・孔穎達等正義：《周易正義》，卷5，頁118。
〔註106〕鍾離權述，呂嵒集，唐・施肩吾傳：《鍾呂傳道集》，收入《正統道藏・洞真
　　　　部・方法類》，冊7，卷15，頁471～472。

月」、「六陽息陰」之「乾」，其已「陽生」乃至「陽進」節度，而有「『革』故」準備「『歸』返」之義。修真圖右：「爐」中「白雪」於「虛无」〔註107〕中修煉，「煉」成、「丹」（Elixir）就。故釋「化之與造為者，本無為之化也」，遙呼〈《周易參同契》簡要釋義并序〉乾坤所云。

〈八卦收鼎煉丹圖〉：

《老子·第四十八章》：

為學日益，為道日損。損之又損，以至於無為，無為而無不為。

〔註108〕

承上而述，誠如《老子》之義，「道」者，「損」其「有為」，至於「無為」，化「有為」為「無為」，因於「乾」之「天行至健」而「運」，自乎「坤」之「地勢至順」而「動」，遂有「先天」（拉丁語：A Priori）之象，亦得「後天」（拉丁語：A Posteriori）之人，萬物萬事皆依其「本來真性」之自然，故可「妙乎大用」而且「利於萬物」。

茲修真圖中間所示，乃本之於〈說卦傳〉之卦象，遂有八個取象，布列於「後天八卦」方位中，「乾象天」另以「圓」示之，「坤象地」則以「方」表之。於茲之時，自「『三才』入『爐』」至「『八卦』收『鼎』」，不僅「人道」中之「八卦」顯見，「三層之『爐』」亦呈顯為「三足之『鼎』」，「鼎」於外現，「丹」於內成。

〈雜卦傳〉：

〈恆〉，久也。〔註109〕

〈雜卦傳〉：

〈鼎〉，取新也。〔註110〕

《鍾呂傳道集·論五行》：

鍾曰：「……腎，水也，水中有火，升之為氣，因氣上升，以朝於心；心，陽也，以陽合陽，太極生陰，乃積氣生液，液自心降，因液下降，以還於腎。肝，本心之母、腎之子，傳導其腎氣，以至於心矣；肺，

〔註107〕《悟真篇》：「道自虛無生一氣，便從一氣產陰陽。陰陽再合成三體，三體重生萬物昌。」北宋·張伯端撰，南宋·翁葆光注，南宋·陳達靈傳，元·戴起宗疏：《紫陽真人悟真篇註疏》，收入《正統道藏·洞真部·玉訣類》，冊4，卷5，〈絕句 六十四首以按六十四卦〉，頁326。

〔註108〕魏·王弼注：《老子道德經注》，篇下，頁127～128。

〔註109〕魏·王弼、東晉·韓康伯注，唐·孔穎達等正義：《周易正義》，卷9，頁189。

〔註110〕魏·王弼、東晉·韓康伯注，唐·孔穎達等正義：《周易正義》，卷9，頁189。

本心之妻、腎之母，傳導其心液，以至於腎矣。氣液升降，如天地之陰陽；肝肺傳導，若日月之往復。五行，名之數也。論其交合生成，乃元陽一氣為本。氣中生液，液中生氣。腎，為氣之根；心，為液之源。靈根堅固，恍恍惚惚，氣中自生真水；心源清潔，杳杳冥冥，液中自有真火。火中識取真龍，水中認取真虎。龍虎相交而變黃芽，合就黃芽而結成大藥，乃曰金丹。金丹既就，乃曰神仙。」〔註111〕

修真圖左：「恆」乃「巽下震上」、「雷上風下」，與「歸妹」之「上卦」皆是為「震」，故皆有其煉丹之動態象，「下卦」之「巽」又有「陰爻」初交，「上卦」之「震」則有「陽爻」初交，自「革」乃是「坎離顛倒」之功，至「恆」便為「陰陽相交」之效，且是「取『坎』填『離』」之終，遂自「白雪」、「陽中真陰」化生，而至「黃芽」、「陰中真陽」生出，煉養有始有終，皆是內煉丹藥；「鼎」乃「巽下離上」、「火上風下」，其是為「革」之「反對卦」，「鼎」本已明「金鼎」，又有「『革』故『鼎』新」之義。而各配以「太簇」以及「黃鍾」，即火候之「寅時」、「雨水」、「建寅」、「正月」、「三陽息陰」之「泰」以及「子時」、「冬至」、「建子」、「十一月」、「一陽息陰」之「復」，其已「陽進」乃至「陰退」節度，又復歸於「復」之一陽復始，而有「『恆』久」持續「『鼎』新」之義，「丹」成、「偓」就。修真圖右：「心」、「性」、「命」之為「體」，「精」、「炁」、「神」之為「用」，「煉己」、「築基」、「調藥」、「產藥」、「採藥」、「封爐」、「進火」、「退符」、「沐浴」、「搬運」，〔註112〕行經「小還丹」〔註113〕乃至「大還丹」〔註114〕，「五氣朝元」、「三花聚頂」，〔註115〕塗經「周天」而至「正陽」、

〔註111〕 鍾離權述，呂嵒集，唐・施肩吾傳：《鍾呂傳道集》，卷14，頁470～471。

〔註112〕 詳細關於內丹修煉之功法和步驟，請參：馬濟人：《道教與煉丹》（臺北：文津出版社，1997年），頁179～236。

〔註113〕 《鍾呂傳道集・論還丹》：「氣液轉行，周而復始。自子至午，陰陽當生；自卯至酉，陰陽當停。凡一晝一夜，復還下丹，巡還一次，而曰小還丹也。」鍾離權述，呂嵒集，唐・施肩吾傳：《鍾呂傳道集》，卷16，頁483。

〔註114〕 《鍾呂傳道集・論還丹》：「自下田入上田，自上田復下田，後起前來，循環已滿，而曰大還丹也。」鍾離權述，呂嵒集，唐・施肩吾傳：《鍾呂傳道集》，卷16，頁484。

〔註115〕 《鍾呂傳道集・論朝元》：「金液還丹，以鍊金砂。而五氣朝元，三陽聚頂，乃鍊氣成神，非止於鍊形、住世而已。……日、月之間：一陽始生，而五藏之氣朝於中元；一陰始生，而五藏之液朝於下元。陰中之陽、陽中之陽、陰陽中之陽，三陽上朝內院，心神以返天宮，是皆朝元者也。」鍾離權述，呂嵒集，唐・施肩吾傳：《鍾呂傳道集》，卷16，頁488～489。

「純陽」、「重陽」,「七返九還」,〔註116〕「煉精化炁」、「煉炁化神」、「煉神還虛」、「煉虛合道」,〔註117〕儒學(Confucianism)所謂「洗心退藏」〔註118〕,道學(Taoism)所謂「三家相見」〔註119〕,佛學(Buddhology)所謂「本性清淨」〔註120〕,皆以「清淨」為要。故釋「本自晴空而來,復歸晴空而去」,遙呼〈《周易參同契》簡要釋義并序〉敘後所云。

　　整體觀之,承上一節:先有「三才」,「天道」之與「十干」、「人道」之與「八卦」以及「五行」、「地道」之與「十二地支」;納入「爐鼎」,「歸妹」之與「玉爐」、「鼎」之與「金鼎」;煉就「丹藥」,「革」之與「白雪」、「恆」之與「黃芽」。而修真圖〈三才象三壇之圖〉所示涵蘊,再明「法『天』則『地』」之道,再論人軀小宇宙以及自然大宇宙相應,可謂之集前述修真圖之精萃。

〔註116〕　《金丹四百字并序》:「七返九還,金液大丹者,七乃火數,九乃金數,以火煉金,返本還源,謂之金丹也。」北宋・張伯端撰,南宋・黃自如注:《金丹四百字并序》,收入《正統道藏・太玄部》,冊40,頁652。

〔註117〕　《西山群仙會真記》分之「煉法入道」、「煉形化炁」、「煉炁成神」、「煉神合道」、「煉道入聖」。陳摶(871～989)〈无極圖〉分之「煉精化氣」、「煉氣化神」、「煉神還虛」。《金丹四百字并序》分之「以精化為氣」、「以氣化為神」、「以神化為虛」。唐・施肩吾撰,唐・李竦編:《西山群仙會真記》,收入《正統道藏・洞真部・方法類》,冊7,卷5,頁119～125。清・黃宗炎:《圖學辨惑》,收入《景印文淵閣四庫全書・經部一・易類》,冊40,頁31～32。北宋・張伯端撰,南宋・黃自如注:《金丹四百字并序》,頁652。詳細關於「三一」義中「精」、「炁」、「神」之意涵,請參:徐明生:《道教「三一」義研究》(蘇州:蘇州大學中國哲學博士學位論文,2014年),頁64～139。

〔註118〕　〈繫辭傳上〉:「是故蓍之德圓而神,卦之德方以知,六爻之義易以貢。聖人以此洗心,退藏於密,吉凶與民同患。神以知來,知以藏往。其孰能與此哉?古之聰明叡知、神武而不殺者夫!」魏・王弼、東晉・韓康伯注,唐・孔穎達等正義:《周易正義》,卷7,頁155～156。

〔註119〕　《悟真篇》:「三五一都三箇字,古今明者實然稀。東三南二同成五,北一西方四共之。戊己自歸生數五,三家相見結嬰兒。是知太一含真氣,十月胎圓入聖基。」北宋・張伯端撰,南宋・翁葆光注,南宋・陳達靈傳,元・戴起宗疏:《紫陽真人悟真篇註疏》,卷3,〈七言四韻　一十六首以表一斤二八之數〉,頁304。

〔註120〕　《六祖大師法寶壇經・坐禪第五》:「善知識!外離相即禪,內不亂即定。外禪內定,是為禪定。《菩薩戒經》云:『我本元自性清淨。』善知識!於念念中,自見本性清淨,自修自行,自成佛道。」元・宗寶編:《六祖大師法寶壇經》,收入《大正新脩大藏經》(東京:大藏出版株式會社,1988年),冊48,號2008,頁353中。

小結

　　郝大通之象數《易》學思惟，及其圖書《易》學圖式，集中於《太古集》卷二以及卷三之三十三幀「修真圖」，其中多數之修真圖乃是「援《易》立說」，以論修性煉命所務「子午」、「火候」、「周天」乃至「三才」、「爐鼎」、「丹藥」，更可謂茲二卷和下卷「金丹詩」乃相互照應也。

　　筆者於本章解析了郝大通《太古集》卷二以及卷三之三十三幀「修真圖」，而奠基於前人之重要學術研究成果上，筆者經由以上論證其中涵蘊，所得結論有三：

　　其一，第一類「修真圖」以「卜筮」、「象數」、「圖書」為承傳，主要承傳孟喜之「卦氣說」以及京房之「八宮卦」，對於律學理論則僅是以《易》學視角釋之，其中尤以〈二十四氣加臨乾坤二象陰陽損益圖〉洞貫諸圖。

　　其二，第二類「修真圖」以「中醫」、「曆法」、「星占」為開展，主要開展《黃帝內經・素問》之中醫學理論，以及觀金代之天象以論曆學和星占學學說，其中尤以〈二十四氣日行躔度加臨九道圖〉集成諸圖。

　　其三，第三類「修真圖」以「丹術」、「丹法」、「丹道」為宗恉，其以「《易》道」為「體」且以「丹道」為「用」，建立圖式化之內丹修煉理論，其中尤以〈三才象三壇之圖〉薈萃諸圖。

第五章　金丹詩之破譯

　　本章凡分三節：第一節闡說「小乘（梵語：Hīnayāna）安樂延年法門（梵語：Dharma-paryāya）——人僊」，承上一章解析，分論〈其四〉、〈其十二〉、〈其六〉、〈其二〉、〈其五〉、〈其十四〉、〈其十五〉、〈其十七〉、〈其二十二〉、〈其七〉、〈其八〉、〈其九〉、〈其十一〉、〈其十三〉、〈其二十六〉、〈其二十九〉十六首「金丹詩」，遞次注重「匹配陰陽」、「聚散水火」、「交媾龍虎」、「燒煉丹藥」之法。第二節闡論「中乘長生不死法門——地僊」，承上一節之法，續述〈其三〉、〈其十〉、〈其二十〉、〈其二十八〉、〈其一〉五首「金丹詩」，按次著重「肘後飛金晶」、「玉液還丹」、「金液還丹」之徑。第三節闡揚「大乘（梵語：Mahāyāna）超凡入聖法門——天僊」，承上一節之徑，終道〈其二十一〉、〈其二十五〉、〈其十六〉、〈其二十三〉、〈其二十四〉、〈其二十七〉、〈其十八〉、〈其十九〉、〈其三十〉九首「金丹詩」，依序闡發「朝元」、「內觀」、「超脫」之妙。其後〈小結〉郝大通（1140～1212）融《祕傳正陽真人靈寶畢法》和《悟真篇》丹法之原則、開「北宗」與「南宗」匯流之權輿、自「後天（拉丁語：A Posteriori）象數（Phenomenon-Number）」至「先天（拉丁語：A Priori）超象數」合道之「全真丹道《易》學」（*Yi*-ology Applied to Internal Alchemy of the Quanzhen Taoism）也。〔註1〕

〔註 1〕本章多數內容，曾經予以發表，承蒙謝聰輝教授（1963～）與匿名審查教授不吝惠賜寶貴建議，筆者後又採納部分審查意見以增修之，如是論文，特致謝忱，請參：吳韋諒：〈郝大通《太古集》中金丹詩隱訣及與修真圖關係探驪〉，收入《《中國文學研究》第四十二屆論文發表會會議論文集》（臺北：國立臺灣大學中國文學系，2021 年 5 月），頁 29～61。

另於三十首金丹詩之前，郝大通以近於「四言駢賦」之體撰〈序〉：

> 虛無之神，統御萬靈。先天地祖，運日月精。
>
> 列光垂象，造物變形。推遷歲紀，應用生成。
>
> 旁通恍惚，鼓盪杳冥。乾坤布化，導引群情。
>
> 幽玄奧妙，賢劫聖因。〔註2〕

郝大通《太古集・自序》亦云及：

> 大道恍惚，從無而入有；乾坤造化，自有以歸無。夫有入於無，故
> 無出乎有。元之一氣，先天地生，既著三才，浸成萬物。萬物之動：
> 有生、有剋，有利、有害，有順、有逆，有好、有惡，有是、有非。
> 方而類聚，物以群分。〔註3〕

「道」即「虛無」，「教」化「萬靈」。先「天」「地」生，運「日」「月」行。〔註4〕茲四句者，遙呼〈變化圖〉（圖4-1-7）所示。

列物之「象」，造物之「形」。紀元「推遷」，事物「生成」。茲四句者，遙呼〈河圖〉（圖4-1-20）所示。

「道」於萬事之間，「旁通」陰陽，「恍恍惚惚」，而為「無狀之狀」；「道」在萬物之中，「鼓盪」動靜，「杳杳冥冥」〔註5〕，而為「無物之象」〔註6〕。「乾」於「天」之「健行」，通「導」萬事之「性」；「坤」於「地」之「順勢」，扶「引」萬物之「情」。茲四句者，遙呼《〈周易參同契〉簡要釋義并序》乾坤所云。

〔註2〕金・郝大通：《太古集》，收入《正統道藏・太平部》（臺北：新文豐出版公司，1985年），冊43，卷4，頁708。

〔註3〕金・郝大通：《太古集》，頁689。

〔註4〕《太上老君說常清靜妙經》：「老君曰：『大道無形，生育天地；大道無情，運行日月；大道無名，長養萬物。吾不知其名，強名曰道。』」佚名：《太上老君說常清靜妙經》，收入《正統道藏・洞神部・本文類》，冊19，頁1。

〔註5〕《老子・第二十一章》：「孔德之容，惟道是從。道之為物，惟恍惟惚。惚兮恍兮，其中有象；恍兮惚兮，其中有物。窈兮冥兮，其中有精；其精甚真，其中有信。自古及今，其名不去，以閱眾甫。吾何以知眾甫之狀哉？以此。」魏・王弼注：《老子道德經注》，收入魏・王弼撰，樓宇烈校釋：《王弼集校釋》（北京：中華書局，2009年），冊上，篇上，頁52～53。

〔註6〕《老子・第十四章》：「視之不見名曰夷，聽之不聞名曰希，搏之不得名曰微。此三者不可致詰，故混而為一。其上不皦，其下不昧，繩繩不可名，復歸於無物，是謂無狀之狀，無物之象。是謂惚恍。迎之不見其首，隨之不見其後。執古之道，以御今之有，能知古始，是謂道紀。」魏・王弼注：《老子道德經注》，篇上，頁31～32。

茲時，「道」之「幽玄」，是謂「賢劫」〔註7〕（梵語：Bhadra-kalpa），乃「現在」之「住劫」（梵語：Vivarta-sthāyin-kalpa），而有「千佛（梵語：Buddha）」出世，自應以「遣之又遣」、「玄之又玄」，乃成「佛」果；茲刻，「道」之「奧妙」，是謂「聖因」，乃「聖人」之「因緣」（梵語：Hetupratyaya），且有「丹法」現世，自當以「法『天』則『地』」、「尊『乾』貴『坤』」，遂就「道」果。茲四句者，遙呼〈《周易參同契》簡要釋義并序〉佛學（Buddhology）所云。

茲簡短之五十六字〈序〉文，蓋以「道」之虛无造化，以及「道」之玄妙導引，上繫〈《周易參同契》簡要釋義并序〉、三十三幀修真圖，下接三十首金丹詩，可謂辭微旨遠。

另又以《平水韻》而言，除末字「因」，押「下平聲九青」韻——「靈」、「形」、「冥」，押「下平聲八庚」韻——「精」、「成」、「情」，鄰韻互押，韻字交替。

第一節　小乘安樂延年法門——人儸

一、匹配陰陽

《祕傳正陽真人靈寶畢法・小乘安樂延年法四門・匹配陰陽第一》：

比喻曰：「……子時腎中氣生，卯時氣到肝，肝為陽，其氣旺，陽升以入陽位，其春分之比也。午時氣到心，積氣生液，夏至陽升到天，而陰生之比也。午時心中液生，酉時液到肺，肺為陰，其液盛，陰降以入陰位，其秋分之比也。子時液到腎，積液生氣，冬至陰降到地，而陽生之比也。周而復始，日月循環，無損無虧，自可延年。」

〔註7〕《賢劫經（梵語：Bhadrakalpika-sūtra）・千佛名號品第二十》：「佛告喜王菩薩：『當歎頌斯諸菩薩等於賢劫中當成佛者，所有名號：……是賢劫中有斯千佛興現出世，度脫十方一切眾生。是千佛等各有名號，皆如是像。若有人聞，受持諷誦，執學心懷，專精了識，行無放逸，和同供養，棄眾惡趣，勤苦之患，長得安隱，住于禁戒，諸所將信，順喜經道，應行清淨，值具足果，此深妙忍，根元法忍，護一切世，若干億劫。犯諸惡行，不知罪福，果之報應，聞諸佛名，除一切罪，無復眾患。假使有持，是諸佛名，一切尊號，致得神足，一心定意。若有凡庶，逮得見聞，自在值此，斯眾導師，御行經典，懷來億載，無量功祚，所解說義，暢達音慧，因得值見，斯三昧定，性行清淨，心無猶豫，所興發慧，不著三界，以逮總持，存在心懷，是等當行，此三昧定。』」西晉・竺法護譯：《賢劫經》，收入《大正新脩大藏經》（東京：大藏出版株式會社，1988年），冊14，號425，卷6，頁46上～50上。

真訣曰:「……當其氣旺之時,日用卯卦,而於氣也,多入少出,強留在腹。當時,自下而升者不出,自外而入者暫住,二氣相合,積而生五臟之液。還元愈多,積日累功,見驗方止。」〔註8〕

所謂「匹配陰陽」:「子」、「冬至」乃是「一陽息陰」之「復」,「卯」、「春分」乃是「四陽息陰」之「大壯」;「午」、「夏至」乃是「一陰消陽」之「姤」,「酉」、「秋分」乃是「四陰消陽」之「觀」。「卯」之「大壯」即為「化陽」之「陽息卦」,「陽氣」主勢,屬於「陽火」,當需「進火」。於茲之時,「卯時聚氣」,滋養內氣,汲取外氣,二氣和合,聚氣延年。〔註9〕

可對照修真圖:〈五行圖〉(圖 4-1-10)、〈二十四氣加臨乾坤二象陰陽損益圖〉(圖 4-1-13)、〈二十四氣加臨卦象圖〉(圖 4-1-14)、〈二十四氣加臨七十二候圖〉(圖 4-1-15)、〈六子加臨二十四氣陰陽損益圖〉(圖 4-1-17)、〈十二律呂之圖〉(圖 4-1-19)、〈五運圖〉(圖 4-2-2)、〈六氣圖〉(圖 4-2-3)、〈三才象三壇之圖〉(圖 4-3-1)。

郝大通凡有二首金丹詩,注重「匹配陰陽」涵蘊:

金丹詩〈其四〉:

> 黃羊化作白猿猴,猛虎留蹤待赤牛。
>
> 兔在穴中狸在火,玄通妙處道根由。
>
> 誕靈降跡推遷運,十二春還六十秋。
>
> 道氣歸身逢至友,蓬萊會上約瀛洲。〔註10〕

「羊」即為「未」、「大暑」、「二陰消陽」之「遯」,「猴」即為「申」、「處暑」、「三陰消陽」之「否」,「未」和「申」於「午」後,火候正在「變陰」、「退符」;「虎」即為「寅」、「雨水」、「三陽息陰」之「泰」,「牛」即為「丑」、「大寒」、「二陽息陰」之「臨」,「丑」和「寅」於「子」後,火候正在「化陽」、「進火」。「兔」即為「卯」、「春分」、「四陽息陰」之「大壯」,正是「大壯」之時,即是「陽氣」主勢,「卯時聚氣」,茲時乃一整體火候節度循環,於「聚氣」上最重要之根本時間。

〔註8〕鍾離權撰,呂嵒傳:《祕傳正陽真人靈寶畢法》,收入《正統道藏·太清部》,冊47,卷上,頁915~916。

〔註9〕詳細關於《祕傳正陽真人靈寶畢法》之功法內容和象數運用,請參:賴錫三:《丹道與易道:內丹的性命修煉與先天易學》(臺北:新文豐出版公司,2010年),頁249~324。

〔註10〕金·郝大通:《太古集》,卷4,頁708。

「十二春還六十秋」，相加為「七十二」，既可以指「七十二候」，郝大通又預言自身壽年實歲「七十二歲」。「蓬萊會上約瀛洲」，遙呼《金蓮正宗記・廣寧郝真人》所載「語門人曰：『師真有蓬萊之約，吾將歸矣。』」〔註11〕。

金丹詩〈其十二〉：

八卦相乘定主賓，五行生剋驗君臣。

青鸞撞入火龍窟，赤鳳飛吞金虎身。

夫婦相交調律呂，父男和順得中純。

皆因神氣能常守，一息沖融一寸真。〔註12〕

化用《悟真篇》：「不識陽陰及主賓，知他那箇是疏親？」〔註13〕

「主」和「君」乃「坎」、「鉛」（Pb）之異名，「賓」和「臣」乃「離」、「汞」（Hg）之異名。「青鸞撞入火龍窟」，即「木生火」，對應「卯」、「春分」、「四陽息陰」之「大壯」至於「午」、「夏至」、「一陰消陽」之「姤」，火候正在「化陽」、「進火」；「赤鳳飛吞金虎身」，即「火剋金」，對應「午」、「夏至」、「一陰消陽」之「姤」至於「酉」、「秋分」、「四陰消陽」之「觀」，火候正在「變陰」、「退符」。如上所論，「卯時聚氣」。

全詩而言，「八卦（Trigram）相乘」、「五行生剋」之道，「陽息陰消」、「陰陽和合」之理，皆本據於「神氣」、「真息」自然而然，遂能「木生火」而火煉，進而「火剋金」而丹生。遙呼〈《周易參同契》簡要釋義并序〉坤卦所云「至理無窮」，及其所釋「居中得正，任其自然」。

二、聚散水火

《祕傳正陽真人靈寶畢法・小乘安樂延年法四門・聚散水火第二》：

比喻曰：「……一年之中，立春比一日之時，艮卦也，腎氣下傳膀胱，在液中微弱，難升也；一年之中，立冬比一日之時，乾卦也，乾卦心液下入，將欲還元，復入腎中，乃陰盛陽絕之時也。人之致病者，陰陽不和，陽微陰多，故病多。」

〔註11〕金・秦志安編：《金蓮正宗記》，收入《正統道藏・洞真部・譜錄類》，冊5，卷5，頁158。

〔註12〕金・郝大通：《太古集》，卷4，頁709。

〔註13〕北宋・張伯端撰，南宋・翁葆光注，南宋・陳達靈傳，元・戴起宗疏：《紫陽真人悟真篇註疏》，收入《正統道藏・洞真部・玉訣類》，冊4，卷5，〈絕句六十四首以按六十四卦〉，頁325。

真訣曰:「……是以日出,當用艮卦之時,以養元氣。……又於日入,用乾卦之時,以聚元氣。」〔註14〕

所謂「聚散水火」:「艮」處「丑」至「寅」和「立春」,即「二陽息陰」之「臨」至「三陽息陰」之「泰」,「陽」之初生,「陰液」仍舊主勢;「乾」處「戌」至「亥」和「立冬」,即「五陰消陽」之「剝」至「六陰消陽」之「坤」,「陽」之盡失,「陰液」完全主勢。因「陽微陰多」、「火少水多」,故「養元氣」和「聚元氣」。「艮」將至「卯」即「春分」、「四陽息陰」之「大壯」,故需「艮卦養氣」;「乾」將至「子」即「冬至」、「一陽息陰」之「復」,故需「乾卦聚氣」。

可對照修真圖:〈二十四氣加臨乾坤二象陰陽損益圖〉、〈二十四氣加臨卦象圖〉、〈二十四氣加臨七十二候圖〉、〈八卦反復圖〉(圖 4-1-18)、〈三才象三壇之圖〉、〈三才入爐造化圖〉(圖 4-3-2)、〈八卦收鼎煉丹圖〉(圖 4-3-3)。

郝大通凡有一首金丹詩,注重「聚散水火」涵蘊:

金丹詩〈其六〉:

恆星不現即如來,靜止安恬別立階。

四變艮宮成妙體,返形革命達真胎。

學人悟此通心印,覺者知之理性才。

解得簡中弧矢意,千經萬論一齊開。〔註15〕

據京房(77 B.C.E.～37 B.C.E.)「八宮卦」,「艮宮」屬於「本宮卦」、「天易」,「四變艮宮」屬於「四世卦」、「人易」,即「睽」。「睽」者,相乖離也,「火」之與「澤」本不相容,其「九四爻」與「初九爻」亦不相應,其於「人」雖相睽,惟「人」「法『天』則『地』」以及「尊『乾』貴『坤』」,「艮卦養氣」,進而可「兩象易」為「革」,以煉「坎離顛倒」,化生「白雪」,以修「取『坎』填『離』」,煉達「真胎」。

又「心」乃「性命雙修」之主體,修性煉命之時,「心」要「如如」,「心」需「清靜」,「學人」以及「覺者」(梵語:Buddha)悟知「本來真性」,「千經萬論」遂皆是為「心」之注腳。遙呼《周易參同契》簡要釋義并序〉乾卦所云「性端命輔」,及其所釋「情去,性存,命自歸,而輔之」。

〔註14〕鍾離權撰,呂嵒傳:《祕傳正陽真人靈寶畢法》,卷上,頁 916～917。
〔註15〕金‧郝大通:《太古集》,卷 4,頁 708。

三、交媾龍虎

《祕傳正陽真人靈寶畢法・小乘安樂延年法四門・交媾龍虎第三》：

比喻曰：「……子時乃曰坎卦，腎中氣生；午時乃曰離卦，〔心中液生。〕」

真訣曰：「……當離卦腎氣到心，神識內定，鼻息少入遲出，綿綿若存，而津滿口，勿吐勿咽，自然腎氣與心氣相合，太極生液；〔及坎卦心液到腎，接著腎水，自然心液與腎氣相合，太極生氣。〕以液與真水相合，真氣戀液，真水戀氣，本不相合，蓋液中有真氣，氣中有真水，互相交合，相戀而下，名曰交姤（筆者案：「媾」或作「姤」）龍虎。」〔註16〕

所謂「交媾龍虎」：至「午」，「坎」之「腎氣」中之「真水」即為「真虎」，合於「離」之「心液」中之「真氣」即為「真龍」，「真氣」轉為「真液」，即為「太極生液」；至「子」，「離」之「心液」中之「真氣」即為「真龍」，合於「坎」之「腎氣」中之「真水」即為「真虎」，「真液」轉為「真氣」，即為「太極生氣」。「坎離顛倒」、「龍虎交媾」、「取『坎』填『離』」、「抽『鉛』添『汞』」，以茲「築基」而成「精華」。

可對照修真圖：〈乾象圖〉（圖 4-1-1）、〈坤象圖〉（圖 4-1-2）、〈天地交泰圖〉（圖 4-1-3）、〈日象圖〉（圖 4-1-4）、〈月象圖〉（圖 4-1-5）、〈日月會合圖〉（圖 4-1-6）、〈乾坤生六子圖〉（圖 4-1-8）、〈四象圖〉（圖 4-1-9）、〈五行圖〉、〈天元十干圖〉（圖 4-1-11）、〈二十四氣加臨乾坤二象陰陽損益圖〉、〈二十四氣加臨卦象圖〉、〈二十四氣加臨七十二候圖〉、〈六十甲子加臨卦象圖〉（圖 4-1-16）、〈河圖〉、〈天數奇象圖〉（圖 4-1-21）、〈地數偶象圖〉（圖 4-1-22）、〈天地生數圖〉（圖 4-1-23）、〈天地成數圖〉（圖 4-1-24）、〈八卦數爻成歲圖〉（圖 4-2-1）、〈五運圖〉、〈六氣圖〉、〈二十八宿加臨四象圖〉（圖 4-2-4）、〈北斗加臨月將圖〉（圖 4-2-5）、〈二十四氣日行躔度加臨九道圖〉（圖 4-2-6）、〈三才象三壇之圖〉、〈三才入爐造化圖〉、〈八卦收鼎煉丹圖〉。

郝大通凡有六首金丹詩，注重「交媾龍虎」涵蘊：

〔註16〕方括號內乃《正統道藏》本佚文，據《重刊道藏輯要》本補佚。鍾離權撰，呂嵒傳：《祕傳正陽真人靈寶畢法》，卷上，頁 918～919。鍾離權撰，呂嵒傳：《靈寶畢法》，收入《重刊道藏輯要・危集一》（清光緒三十二年丙午（1906）成都二仙菴重刊本），冊 106，頁 7～8。

金丹詩〈其二〉：

五五純陽足有功，大圓乾象以為宗。

降形直入滄溟窟，混體攸躋窈漠中。

有遇坎男騎白鹿，無為離女跨青龍。

當期一遘三千日，鶴化烏龜石化松。〔註17〕

化用《悟真篇》：「日居離位反為女，坎配蟾宮卻是男。不會箇中顛倒意，休將管見事高談。」〔註18〕

「坎」、「水」、「月」、「鉛」、「金」、「北」、「戊」、「子」、「土」、「腎氣」、「真水」、「真虎」、「嬰兒」〔註19〕等等以及「離」、「火」、「日」、「汞」、「銀」、「南」、「己」、「午」、「土」、「心液」、「真氣」、「真龍」、「姹女」〔註20〕等等，前「騎白鹿」，後「跨青龍」，即「坎離顛倒」、「龍虎交媾」。

而茲修煉化「有為」為「無為」，且是以「五五純陽」為標的，其數「二十有五」，即為「天數」之合，且「純陽」之「大圓乾象」，需於「虛无」修煉，遂可自然而然待一定時日後，如「鶴」、「烏龜」、「石」、「松」般長壽。

金丹詩〈其五〉：

一七元中九六年，始知我命不由天。

炎風鼎內消紅雪，偃月爐中煉瑞蓮。

斜枕曲江方睡覺，海經三度變桑田。

南柯昔日黃粱夢，說與崑崙太古仙。〔註21〕

化用《悟真篇》：「藥逢氣類方成象，道在虛無合自然。一粒靈丹吞入腹，始知我命不由天。」「偃月爐中玉藥生，朱砂鼎內水銀平。只因火力調和候，種得黃芽漸長成。」〔註22〕

〔註17〕 金・郝大通：《太古集》，卷4，頁708。

〔註18〕 北宋・張伯端撰，南宋・翁葆光注，南宋・陳達靈傳，元・戴起宗疏：《紫陽真人悟真篇註疏》，卷4，〈絕句　六十四首以按六十四卦〉，頁309。

〔註19〕 《周易參同契・升熬於甑山章第八十一》：「嗷嗷聲甚悲兮，嬰兒之慕母。顛倒就湯鑊兮，摧折傷毛羽。」後蜀・彭曉注：《周易參同契分章通真義》，收入《正統道藏・太玄部》，冊34，卷下，頁292。

〔註20〕 《周易參同契・河上姹女章第七十二》：「河上姹女，靈而最神。得火則飛，不見埃塵。鬼隱龍匿，莫知所存。將欲制之，黃芽為根。」後蜀・彭曉注：《周易參同契分章通真義》，卷中，頁288。

〔註21〕 金・郝大通：《太古集》，卷4，頁708。

〔註22〕 北宋・張伯端撰，南宋・翁葆光注，南宋・陳達靈傳，元・戴起宗疏：《紫陽真人悟真篇註疏》，卷4，〈絕句　六十四首以按六十四卦〉，頁312、315。

「天一」為「水」、「坎」，「天七」為「火」、「離」。「九」乃「老陽」，「六」
乃「老陰」。「炎風鼎」示「離」、「龍」，「偃月爐」示「坎」、「虎」。「炎風鼎內
消紅雪」，「陽中有陰」之「離」將返「先天」之「乾」；「偃月爐中煉瑞蓮」，
「陰中有陽」之「坎」將還「先天」之「坤」。「雪」另表「革」，即「坎離顛
倒」、「龍虎交媾」、「取『坎』填『離』」、「抽『鉛』添『汞』」。

而塵凡之種種，不過「滄海桑田」、「南柯一夢」、「黃粱一夢」罷了，不如
修煉內丹（Internal Alchemy），乃至躋身僊班，如張伯端（987〜1082）知「我
命不由天」，而郝大通為「崑崙太古仙」。

金丹詩〈其十四〉：

> 鉛汞須分陽與陰，半斤銀合半斤金。
>
> 火雲飛入牛郎鼻，霜月穿開織女心。
>
> 神水貯藏金井滿，道源澄照玉泉深。
>
> 昇沉顛倒明離坎，未悟之人何處尋？〔註23〕

化用《悟真篇》：「藥重一斤須二八，調停火候託陰陽。」「取將坎內中心
實，點化離宮腹裏陰。從此變成乾健體，潛藏飛躍總由心。」「牛女情緣道本，
龜蛇類稟天然。蟾烏遇朔合嬋娟，二氣相資運轉。」「自知顛倒由離坎，誰識
浮沉定主賓？」〔註24〕

「坎」、「鉛」乃屬「陽」，「金」即「坎」中之「陽」；「離」、「汞」乃屬「陰」，
「銀」即「離」中之「陰」。「鉛」之與「汞」或曰「金」之與「銀」，各取「半
斤」。「火雲飛入牛郎鼻」，「離」中之「陰」「飛入」「坎」中之「陽」，而返「先
天」之「坤」；「霜月穿開織女心」，「坎」中之「陽」「穿開」「離」中之「陰」，
而還「先天」之「乾」。「火雲飛入牛郎鼻，霜月穿開織女心」，「牛郎星」即為
「河鼓二」即今「天鷹座α」（拉丁語：α Aquilae），「織女星」即為「織女一」
即今「天琴座α」（拉丁語：α Lyrae），二星皆屬「牛宿」，於金代（1115〜1234）
時，「冬至」日躔於「斗宿」而行至「牛宿」，「小寒」日躔於「牛宿」而行至
「女宿」，合「丑」，居「南」，「牽牛」有星「聚火」，〔註25〕「織女」屬天「水

〔註23〕金・郝大通：《太古集》，卷4，頁709。

〔註24〕北宋・張伯端撰，南宋・翁葆光注，南宋・陳達靈傳，元・戴起宗疏：《紫陽
真人悟真篇註疏》，卷2，〈七言四韻　一十六首以表一斤二八之數〉，頁293，
卷3，〈七言四韻　一十六首以表一斤二八之數〉，頁302，卷5，〈絕句　六十
四首以按六十四卦〉，頁324，卷7，〈西江月　一十二首以周歲律〉，頁344。

〔註25〕《晉書・志第一・天文上・二十八舍》：「牽牛六星，天之關梁，主犧牲事。其

官」，〔註26〕即「坎離顛倒」、「龍虎交媾」、「取『坎』填『離』」、「抽『鉛』添『汞』」。

而於「坎離顛倒」、「龍虎交媾」、「取『坎』填『離』」、「抽『鉛』添『汞』」過程，需有明師指點。

金丹詩〈其十五〉：

日精東畔月華西，正是丹天壯盛時。

二八佳人呈雅態，九三君子騁容儀。

水晶簾掛珍珠砌，碼碯幢懸翡翠帷。

試問本來歸甚處？七星樓上不曾離。〔註27〕

化用《悟真篇》：「八月十五翫蟾輝，正是金精壯盛時。」「二八誰家姹女？九三何處郎君？」〔註28〕

「日精」居「東」有「龍」，「月華」居「西」有「虎」，或曰「日精」即指「離」中之「陰」，以及「月華」即指「坎」中之「陽」。「二八」之義，乃指「陰中有陽」之「坎」或曰「金」者，以及「陽中有陰」之「離」或曰「銀」者，各用「半斤」即為「八兩」。〔註29〕「佳人」之義，乃指「坎」中之「陽」為「戊」即「土」，以及「離」中之「陰」為「己」即「土」，合成「一圭」。〔註30〕「二八佳人」之義，乃指「坎」中之「陽」之與「離」中之「陰」本是「未濟」，繼而「坎」中之「陽」之與「離」中之「陰」變為「既濟」，交得「先

北二星，一曰即路，一曰聚火。」唐・房玄齡等撰：《晉書》（北京：中華書局，1974 年），冊 2，卷 11，志 1，〈天文上〉，頁 301。

〔註26〕《唐開元占經・石氏中官占上一・織女占十二》：「巫咸曰：『織女，天水官也。』」唐・瞿曇悉達：《唐開元占經》，收入《景印文淵閣四庫全書・子部七・術數類二・占候之屬》（臺北：臺灣商務印書館，1986 年），冊 807，卷 65，頁 13。

〔註27〕金・郝大通：《太古集》，卷 4，頁 709～710。

〔註28〕北宋・張伯端撰，南宋・翁葆光注，南宋・陳達靈傳，元・戴起宗疏：《紫陽真人悟真篇註疏》，卷 5，〈絕句　六十四首以按六十四卦〉，頁 329，卷 7，〈西江月　一十二首以周歲律〉，頁 343。

〔註29〕《周易參同契・火記不虛作章第二十九》：「偃月法鼎爐，白虎為熬樞。汞日為流珠，青龍與之俱。舉東以合西，魂魄自相拘。上弦兌數八，下弦艮亦八。兩弦合其精，乾坤體乃成。二八應一斤，《易》道正不傾。銖有三百八十四，亦應卦爻之數。」後蜀・彭曉注：《周易參同契分章通真義》，卷上，頁 271。

〔註30〕《玉谿子丹經指要・一曰刀圭》：「宥真人曰：『大藥不離真戊己，仙家故曰一刀圭。』刀者，金之喻。圭者，二土之喻。飲刀圭者，流戊就己也。」南宋・李簡易纂集：《玉谿子丹經指要》，收入《正統道藏・洞真部・方法類》，冊 4，卷上，頁 71。

天」之「乾」。〔註31〕「九三君子」之義，乃指「終日乾乾」。〔註32〕「二八佳人」以及「九三君子」之義，即「坎離顛倒」、「龍虎交媾」、「取『坎』填『離』」、「抽『鉛』添『汞』」。〔註33〕意即好好在內丹修煉上下足功夫，遙呼《金蓮正宗仙源像傳・廣寧子》所載「後玉陽以師不立苦志，忠告而勸激之，師遂西訪四師」〔註34〕。

乃若所謂「本來真性」，觀夫「北斗七星」（The Big Dipper），省乎自身內心，誠於內丹修煉前後皆呈顯之。

金丹詩〈其十七〉：

問云何是最相宜？奪得神功造化時。

虎踞碧潭風颼颼，龍蟠朱洞雨黎黎。

雲英散卻雷霆息，露滴成須星斗移。

直待東方橫素練，彩霞捧出一輪曦。〔註35〕

化用《悟真篇》：「女子著青衣，郎君披素練。見之不可用，用之不可見。恍惚裏相逢，杳冥中有變。一靈火焰飛，真人自出現。」〔註36〕

「虎踞碧潭」，指「虎」自「西」至「北」，乃「金生水」，即「坎」，而「風從虎」；「龍蟠朱洞」，指「龍」自「東」至「南」，乃「木生火」，即「離」，而「雲從龍」〔註37〕。「直待東方橫素練」，又「東」至「西」；「彩霞捧出一輪曦」，

〔註31〕《洞元子內丹訣・未濟篇第五・訣曰》：「玄宮門戶深關鎖，二八佳人矜嬝娜。長怨良媒不到門，支頤獨守妝樓坐。不教父母知端的，潛出閨門衒顏色。信步尋房到太陽，直入龍官無氣力。便得陽郎駕火輪，非時結佩旋成親。一陰一陽遞相制，長生之道必終濟。」北宋・洞元子：《洞元子內丹訣》，收入《正統道藏・太玄部》，冊40，卷上，頁774。

〔註32〕《周易・乾・九三》：「君子終日乾乾，夕惕若，厲，无咎。」魏・王弼、東晉・韓康伯注，唐・孔穎達等正義：《周易正義》，收入清・阮元校勘：《十三經注疏（附校勘記）》（臺北：藝文印書館，2001年），冊1，卷1，頁9。

〔註33〕《重陽全真集・歌詞詩・達達歌》：「修持便要發佳謨，會做搜尋廣擺鋪。二八佳人安手腳，六分公子下功夫。娉婷秀貌知金礦，俊俏烏顏看玉壺。自飲自湉醒復醉，任歌任舞笑還愉。」金・王嘉：《重陽全真集》，收入《正統道藏・太平部》，冊43，卷9，〈歌詞詩〉，頁486。

〔註34〕元・劉志玄、元・謝西蟾：《金蓮正宗仙源像傳》，收入《正統道藏・洞真部・譜籙類》，冊5，頁180。

〔註35〕金・郝大通：《太古集》，卷4，頁710。

〔註36〕北宋・張伯端撰，南宋・翁葆光注，南宋・陳達靈傳，元・戴起宗疏：《紫陽真人悟真篇註疏》，卷3，〈五言四韻一首　以象太一之奇〉，頁305。

〔註37〕《周易・乾・文言傳》：「〈九五〉曰：『飛龍在天，利見大人。』何謂也？子曰：『同聲相應，同氣相求。水流濕，火就燥；雲從龍，風從虎。聖人作而萬物睹。

則「西」至「東」。「直待東方橫素練，彩霞捧出一輪曦」，「坎」中之「陽」和合「離」中之「陰」而得「先天」之「乾」。四句之義，即「坎離顛倒」、「龍虎交媾」、「取『坎』填『離』」、「抽『鉛』添『汞』」。

內丹修煉，斗轉星移，往復循環，「生生」不息。

金丹詩〈其二十二〉：

> 如何得得飲刀圭？無血羊兒是可刲。
>
> 山澤氣通雲出谷，地天交泰木生梯。
>
> 坎離匹配知顛倒，龍虎回還顯悟迷。
>
> 解得於中消息理，管教平地踏雲霄。〔註38〕

化用《悟真篇》：「敲竹喚龜吞玉芝，鼓琴招鳳飲刀圭。近來透體金光現，不與凡人話此規。」〔註39〕

「飲」者，「宴」也；「刀」者，「坎」中「陽」也；「圭」者，「戊己土」也；「飲刀圭」者，「取『坎』填『離』」、「抽『鉛』添『汞』」之方法也。〔註40〕「歸妹」之「上六爻」，陰爻處極位而「承筐无實」，六三爻無應而「刲羊无血」〔註41〕，惟需「法『天』則『地』」、「尊『乾』貴『坤』」，「雷」打入「澤」，即「坎離顛倒」、「龍虎交媾」。

「山澤通氣」，〔註42〕「天地交泰」，〔註43〕「順以生人」，「逆以成僊」，

本乎天者親上，本乎地者親下，則各從其類也。」魏・王弼、東晉・韓康伯注，唐・孔穎達等正義：《周易正義》，卷1，頁15。

〔註38〕金・郝大通：《太古集》，卷4，頁710。

〔註39〕北宋・張伯端撰，南宋・翁葆光注，南宋・陳達靈傳，元・戴起宗疏：《紫陽真人悟真篇註疏》，卷8，〈絕句〉，頁358。

〔註40〕王道淵（？～？）號混然子注「飲刀圭，窺天巧。辨朔望，知昏曉」：「飲者，宴也；刀者，水中金也；圭者，戊己真土也。言作丹、採藥之時，必採水中之金。金不得自昇，必假戊土化火，逼逐金行，度上泥九。金至此化為真液，如瓊漿、甘露，一滴落于黃庭，宴之，味之，津液甘美。故曰『飲刀圭』也。」元・混然子（王道淵）注：《崔公入藥鏡註解》，收入《正統道藏・洞真部・玉訣類》，冊4，頁233～234。

〔註41〕《周易・歸妹・上六》：「女承筐无實，士刲羊无血，无攸利。」魏・王弼、東晉・韓康伯注，唐・孔穎達等正義：《周易正義》，卷5，頁119。

〔註42〕《周易・說卦傳》：「天地定位，山澤通氣，雷風相薄，水火不相射，八卦相錯。數往者順，知來者逆，是故《易》逆數也。」魏・王弼、東晉・韓康伯注，唐・孔穎達等正義：《周易正義》，卷9，頁183。

〔註43〕《周易・泰・大象傳》：「天地交，泰。」魏・王弼、東晉・韓康伯注，唐・孔穎達等正義：《周易正義》，卷2，頁42。

由「後天」之「坎」之與「離」，返「先天」之「乾」之與「坤」，解得「陽息陰消」之理，飄飄然如真偓。

四、燒煉丹藥

《祕傳正陽真人靈寶畢法·小乘安樂延年法四門·燒煉丹藥第四》：

> 真訣曰：「離卦龍虎交媾，名曰採藥。時到乾卦，氣液將欲還元，……而採合必於此時。神識內守，鼻息綿綿。以肚腹微脅，臍腎覺熱太甚，微放輕勒；腹臍未熱，緊勒，漸熱即守常。任意放志以滿乾坤，乃曰勒陽關而鍊丹藥。使氣不上行，以同真水，經脾宮，隨呼吸而搬運於命府黃庭之中。氣、液造化時，變而為精，精變而為珠，珠變而為汞，汞變而為砂，砂變而為金，乃曰金丹，其功不小矣。」
> 〔註44〕

所謂「燒煉丹藥」：先是「離卦採藥」，於「午」、「夏至」、「一陰消陽」之「媾」，自「腎」至「心」，即「下丹田」至「中丹田」；繼而「乾卦進火」，於「戌」、「霜降」、「五陰消陽」之「剝」至「亥」、「小雪」、「六陰消陽」之「坤」，自「心」、經「脾臟」、經「黃庭」、至「腎」，即「中丹田」至「下丹田」。行「小河車」〔註45〕，而成「元精」。

可對照修真圖：〈日象圖〉、〈月象圖〉、〈日月會合圖〉、〈乾坤生六子圖〉、〈五行圖〉、〈天元十干圖〉、〈二十四氣加臨乾坤二象陰陽損益圖〉、〈二十四氣加臨卦象圖〉、〈二十四氣加臨七十二候圖〉、〈八卦反復圖〉、〈河圖〉、〈天數奇象圖〉、〈地數偶象圖〉、〈天地生數圖〉、〈天地成數圖〉、〈八卦數爻成歲圖〉、〈五運圖〉、〈六氣圖〉、〈三才象三壇之圖〉、〈三才入爐造化圖〉、〈八卦收鼎煉丹圖〉。

郝大通凡有七首金丹詩，注重「燒煉丹藥」涵蘊：

金丹詩〈其七〉：

> 三月雷轟一二聲，始知天下鬼神驚。
> 風乘雲勢三千里，虎假龍威九萬程。
> 萬化門中為主宰，八紘境裏作經營。

〔註44〕鍾離權撰，呂嵒傳：《祕傳正陽真人靈寶畢法》，卷上，頁920。

〔註45〕《鍾呂傳道集·論河車》：「五行巡還，周而復始，默契顛倒之術，以龍虎相交而變黃芽者，小河車也。」鍾離權述，呂嵒集，唐·施肩吾傳：《鍾呂傳道集》，收入《正統道藏·洞真部·方法類》，冊7，卷15，頁482。

震之內象爻俱動，上德皇君具姓名。〔註46〕

「三月」即「辰」、「穀雨」、「五陽息陰」之「夬」，「雷」即為「震」，「三月雷轟」之時，「進火」之候。「震之內象爻俱動」，以六十四卦（Hexagram）言，「震宮」之「三世卦」為「恆」即為「黃芽」，「恆」久「生生」。

自「子」至「巳」，自「冬至」至「芒種」，自「復」至「乾」，正值「進火」之候，「萬化門中」、「八紘境裏」之「人道」如是修煉內丹，而可名列儇冊。

金丹詩〈其八〉：

鼎器從來六有三，一敧一側一安鐶。

金鉉玉質通嘉致，供聖養賢煉瑞丹。

風火家人能返照，變形易體改容顏。

須知烹飪成新法，傳得鍾離道不難。〔註47〕

「鼎器」之「六有三」對應「一敧一側一安鐶」，即指「鼎」之「初六」「鼎顛趾」、「九三」「鼎耳革」、「九四」「鼎折足」，「金鉉玉質通嘉致」，即指「六五」「鼎黃耳，金鉉」、「上九」「鼎玉鉉」〔註48〕。而「鼎器」喻「人體」，「離卦採藥」，「乾卦進火」，一爻、一爻升至極位，「陽」居「陰」位，「溫養」陽性，如「家人」之灶下有「火」、灶中有「風」，「鼎」之與「家人」又互為「兩象易」，遂為「鼎」之鼎下有「風」、鼎中有「火」，以「進火」煉內丹。

如是「烹飪新法」，傳自「鍾呂丹法」。

金丹詩〈其九〉：

兌家有卦號歸魂，返老延齡別有門。

少女聘時須待命，長男交日見重孫。

口中安口如何說？身外有身豈可論？

休道神仙無覓處，蛻形忘跡道常存。〔註49〕

〔註46〕金・郝大通：《太古集》，卷4，頁708～709。

〔註47〕金・郝大通：《太古集》，卷4，頁709。

〔註48〕《周易・鼎・初六》：「鼎顛趾，利出否，得妾以其子，无咎。」〈九三〉：「鼎耳革，其行塞，雉膏不食，方雨虧悔，終吉。」〈九四〉：「鼎折足，覆公餗，其形渥，凶。」〈六五〉：「鼎黃耳，金鉉，利貞。」〈上九〉：「鼎玉鉉，大吉，无不利。」魏・王弼、東晉・韓康伯注，唐・孔穎達等正義：《周易正義》，卷5，頁113～114。

〔註49〕金・郝大通：《太古集》，卷4，頁709。

化用《悟真篇》：「長男乍飲西方酒，少女初開北苑花。若使青娥相見後，一時關鎖在黃家。」〔註50〕

「兌宮」之「歸魂卦」即為「歸妹」，下卦「兌」即「少女」居「西」，上卦「震」即「長男」居「東」，「雷」打入「澤」，如「玉爐」煉丹時之動態象（Dynamicity），即「坎離顛倒」、「龍虎交媾」、「取『坎』填『離』」、「抽『鉛』添『汞』」而生「精華」。「震」後有「離」，「離卦採藥」；「兌」後有「乾」，「乾卦進火」。經茲，而成「元精」。

口中有「玉液」而「如何說」之？身外有「陽神」而「豈可論」之？「性命雙修」，「返老延齡」，「蛻形忘跡」，「與道合真」。「不語」之止，遙呼《甘水仙源錄・廣寧通玄太古真人郝宗師道行碑》所載「十五年，坐於沃州石橋之下，緘口不語。……如是者六年」〔註51〕。

金丹詩〈其十一〉：

　　蒼龍鬪虎不曾閑，少女驅回六長男。

　　會向黃庭頻俯仰，寧知玉戶默包含。

　　寶瓶頻綻紅蓮朵，獅子潛行黑玉潭。

　　力士擒將歸洞府，萬神羅列競來參。〔註52〕

「少女」之與「長男」，如上「歸妹」所論。「會向黃庭頻俯仰」，乃行「小河車」功法，自「下丹田」至「中丹田」又「中丹田」至「下丹田」，即於「黃庭」反復。而「寶瓶」喻「人軀」，且「獅子」喻「丹藥」。「紅蓮朵」即指「離」，「黑玉潭」則指「坎」。「力士擒將歸洞府」，即「坎離顛倒」、「龍虎交媾」，乃至「進火」以取「坎」中之「陽」而填「離」中之「陰」，遂歸「戊己真土」之「圭」。或曰「寶瓶頻綻紅蓮朵」，「寶瓶」（梵語：Kalaśa）綻放「紅蓮」（梵語：Padma），以喻「清淨」；以及「獅子潛行黑玉潭」，「獅子」（梵語：Simha）潛行「黑潭」，以喻「勇猛」。

煉至於茲境地，「萬神」皆來參看。

金丹詩〈其十三〉：

　　欲識丹砂分兩齊，西南北位配三奇。

〔註50〕北宋・張伯端撰，南宋・翁葆光注，南宋・陳達靈傳，元・戴起宗疏：《紫陽真人悟真篇註疏》，卷6，〈絕句　六十四首以按六十四卦〉，頁332。

〔註51〕元・李道謙集：《甘水仙源錄》，收入《正統道藏・洞神部・記傳類》，冊33，卷2，頁143～144。

〔註52〕金・郝大通：《太古集》，卷4，頁709。

九陽宮裏開金戶，陰六堂前攪玉池。

銖別三百八十四，斤分十六兩須知。

午前子後隨時用，萬道霞光罩玉輝。〔註53〕

化用《悟真篇》：「陰陽得類方交感，二八相當自合親。」〔註54〕

「坎」、「鉛」用「八兩」，「離」、「汞」用「八兩」。「西」配「兌」、「金」、「丁」、「酉」、「秋分」、「四陰消陽」之「觀」、「天九」、「魄生『氣』」，「南」配「離」、「火」、「己」、「午」、「夏至」、「一陰消陽」之「姤」、「天七」、「性生『神』」，「北」配「坎」、「水」、「戊」、「子」、「冬至」、「一陽息陰」之「復」、「天一」、「命生『精』」，「三奇」之義，即茲三位煉丹時機，尤以「精」、「炁」、「神」為要。「午前子後隨時用」，又所謂「活子時」、「坎離顛倒」、「龍虎交媾」、「取『坎』填『離』」、「抽『鉛』添『汞』」，「離卦採藥」、「乾卦進火」、「一日之內，十二時中，無晝無夜，念茲在茲」〔註55〕。

知曉六十四卦、三百八十四爻之陰陽損益、火候節度，煉成「元精」，可以「九陽宮裏開金戶」，即為「金液還丹」，能夠「陰六堂前攪玉池」，即為「玉液還丹」，更是「萬道霞光罩玉輝」，大放光明。

金丹詩〈其二十六〉：

出家稟意望求仙，必在真師口訣傳。

爐內飛鉛常固濟，鼎中結汞永新鮮。

流金作屑銷龍骨，滴露為霜長玉涎。

心鏡一磨明照徹，本來面目自然圓。〔註56〕

「爐」即「歸妹」所表「玉爐」，「鼎」即「鼎」所表「金鼎」。以「命功」言，「爐內飛鉛常固濟，鼎中結汞永新鮮」，即指「燒煉丹藥」；以「性功」言，「心鏡一磨明照徹，本來面目自然圓」，需顯「本來真性」。〔註57〕

〔註53〕金·郝大通：《太古集》，卷4，頁709。

〔註54〕北宋·張伯端撰，南宋·翁葆光注，南宋·陳達靈傳，元·戴起宗疏：《紫陽真人悟真篇註疏》，卷3，〈七言四韻　一十六首以表一斤二八之數〉，頁300。

〔註55〕王道淵號混然子注「一日內，十二時。意所到，皆可為」：「一陽來復，身中子時也；一陰生姤，身中午時也。且夫水、火間于南、北，木、金隔於東、西。此四象何由而合？必假意以通消息。是以天地造化，一刻可奪。一日之內，十二時中，無晝無夜，念茲在茲。常惺惺地，動念以行火，息念以溫養火。此所以『意所到，皆可為』也。」元·混然子（王道淵）注：《崔公入藥鏡註解》，頁233。

〔註56〕金·郝大通：《太古集》，卷4，頁711。

〔註57〕《重陽全真集·七言絕句·金丹》：「本來真性喚金丹，四假為鑪鍊作團。不染

「性」者,「漸」者乃是「時時勤拂拭,勿使惹塵埃」,「頓」者則是「本來無一物,何處惹塵埃」〔註58〕,各皆有成;「命」者,「流金作屑銷龍骨」喻指「金液還丹」,「滴露為霜長玉涎」喻指「玉液還丹」,皆需「真師」、「口訣」傳授。「性命雙修」,「先『性』後『命』」、「『性』先於『命』」,「本來面目自然圓」,遙呼《歷世真仙體道通鑑續編・郝大通》所載「祖師別賜之,題頌於其上,云:『撲碎真灰罐,卻得害風觀。真待悟殘餘,有箇人人喚。』」〔註59〕

金丹詩〈其二十九〉:

> 元氣混成清淨體,彩雲突出五方霞。
>
> 金丹結就純陽子,玉液澆開不夜花。
>
> 無相門中堆白雪,虛空藏裏產黃芽。
>
> 長生路上行人少,秪是仙家與道家。〔註60〕

化用《悟真篇》:「黃芽白雪不難尋,達者須憑德行深。」〔註61〕

達於「無相」(梵語:Animitta),「法體清淨」〔註62〕,而生「白雪」即「鉛」,以及「離」、「汞」之異稱;至於「虛空」(梵語:Ākāśa),「佛性常

不思除妄想,自然袞出入仙壇。」〈詩・五月十五〉:「闔家安樂吉祥先,次後心頭用火然。燒見本來真面目,望中觀喜看團圓。」〈詞・望遠行〉:「晴空日照,逢澄夜,月吐銀輝星瑩。運三光處,五彩騰明,做作靜中瞻聽。察見真修,真鍊氣神攢聚,便許密遊良遄。這盈盈,功行於斯已定。 端正,應是細搜細刷,現出箇,本來元性。葉葉皆靈,枝枝總秀,精瑩永成清淨。雲外青童,持詔傳言,授取天皇宣命。謝十洲三島,神仙來聘。」〈詞・虞美人〉:「四郎須是安爐竈,莫把身心鬧。玲瓏便是本來真,氣精養住便得好精神。 汞鉛得得知顛倒,方見無名道。今宵飲酒是何人,認取清風明月日相親。」金・王嚞:《重陽全真集》,卷2,〈七言絕句〉,頁429,卷10,〈詩〉,頁499,卷11,〈詞〉,頁503~504,卷13,〈詞〉,頁530。

〔註58〕《六祖大師法寶壇經・行由第一》:「(筆者案:神秀)偈曰:『身是菩提樹,心如明鏡臺,時時勤拂拭,勿使惹塵埃。』……惠能偈曰:『菩提本無樹,明鏡亦非臺;本來無一物,何處惹塵埃?』」元・宗寶編:《六祖大師法寶壇經》,收入《大正新脩大藏經》,冊48,號2008,頁348中~349上。

〔註59〕元・趙道一編修:《歷世真仙體道通鑑續編》,收入《正統道藏・洞真部・記傳類》,冊8,卷3,頁814。

〔註60〕金・郝大通:《太古集》,卷4,頁711。

〔註61〕北宋・張伯端撰,南宋・翁葆光注,南宋・陳達靈傳,元・戴起宗疏:《紫陽真人悟真篇註疏》,卷3,〈七言四韻 一十六首以表一斤二八之數〉,頁298。

〔註62〕《六祖大師法寶壇經・定慧第四》:「師示眾云:『……善知識!我此法門,從上以來,先立無念為宗,無相為體,無住為本。無相者,於相而離相。……善知識!外離一切相,名為無相。能離於相,即法體清淨。此是以無相為體。』」元・宗寶編:《六祖大師法寶壇經》,頁353上。

故」〔註63〕，而成「黃芽」即「恆」，以及「坎」、「鉛」之異稱。即「坎離顛倒」、「龍虎交媾」、「取『坎』填『離』」、「抽『鉛』添『汞』」，乃至「進火」以自「精華」遂就「元精」。

「金丹結就純陽子」喻指「金液還丹」，「玉液澆開不夜花」喻指「玉液還丹」。道教（Taoism）「虛无」、「清淨」之修煉以及佛教（Buddhism）「無相」、「虛空」之修行，而至如詩之境，遙呼《金蓮正宗記・廣寧郝真人》所載「重陽答曰：『口愛郝公通上古，口談心甲神仙路。足聞翠霧接來時，日要先生清靜句。』」〔註64〕遙呼〈《周易參同契》簡要釋義并序〉佛學所云「實相非相，真空不空」及其所釋。

第二節　中乘長生不死法門——地僊

一、肘後飛金晶

《祕傳正陽真人靈寶畢法・中乘長生不死法三門・肘後飛金晶第五》：

真訣曰：「坎卦陽生，當正子時，非始非終。……須臾升身，前出胸而微偃頭於後。後閉夾脊雙關，肘後微扇一二，伸腰。自尾閭穴，如火相似。自腰而起，擁在夾脊，慎勿開關。即時甚熱氣壯，漸次開夾脊關，而放氣過關。仍仰面腦後緊偃，以閉上關，慎勿開之。即覺熱極氣壯，漸次入頂，以補泥丸髓海。」〔註65〕

所謂「肘後飛金晶」：「坎卦還精」，於「子」、「冬至」、「一陽息陰」之「復」，「腎氣」中之「真水」即為「真虎」萌動，「元精」順勢運至「督脈」（Governing Vessel），而撞「下關」「尾閭關」、「中關」「夾脊關」、「上關」「玉枕關」茲「三關」，至「上丹田」即「泥丸穴」。行「大河車」〔註66〕，「三關一撞」。

〔註63〕《大般涅槃經（梵語：*Mahā-parinirvāṇa-sūtra*）・迦葉菩薩品第十二之五》：「善男子！虛空之性，非過去、非未來、非現在，佛性亦爾。……善男子！虛空無故，非內、非外；佛性常故，非內、非外；故說佛性猶如虛空。善男子！如世間中無罣礙處，名為虛空。如來得阿耨多羅三藐三菩提，已於一切佛法無有罣礙，故言佛性猶如虛空。以是因緣，我說佛性猶如虛空。」北涼・曇無讖譯：《大般涅槃經》，收入《大正新脩大藏經》，冊12，號374，卷37，頁580下～581上。

〔註64〕金・秦志安編：《金蓮正宗記》，卷5，頁157。

〔註65〕鍾離權撰，呂嵒傳：《祕傳正陽真人靈寶畢法》，卷中，頁922。

〔註66〕《鍾呂傳道集・論河車》：「肘後飛金精，還精入泥丸，抽鉛添汞而成大藥者，大河車也。」鍾離權述，呂嵒集，唐・施肩吾傳：《鍾呂傳道集》，卷15，頁482。

可對照修真圖：〈二十四氣加臨乾坤二象陰陽損益圖〉、〈二十四氣加臨卦象圖〉、〈二十四氣加臨七十二候圖〉、〈三才象三壇之圖〉、〈三才入爐造化圖〉、〈八卦收鼎煉丹圖〉。

郝大通凡有一首金丹詩，著重「肘後飛金晶」涵蘊：

金丹詩〈其三〉：

> 紅鼠黑蛇越世奇，神仙此際泄天機。
>
> 雷聲一震三山裂，日出同光四海知。
>
> 見說老人呈皓首，又聞赤子掛青衣。
>
> 先生謂彼數真理，報道郎君來得遲。〔註67〕

化用《悟真篇》：「莫怪天機都泄漏，只緣學者自愚蒙。若人了得詩中意，立見三清太上翁。」「坎電烹轟金水方，火教崑崙陰與陽。二物若還和合了，自然丹熟遍身香。」〔註68〕

「紅」屬「離」、「南」，「黑」屬「坎」、「北」，即「坎離顛倒」、「龍虎交媾」、「取『坎』填『離』」、「抽『鉛』添『汞』」。「鼠」配以「子」、「冬至」、「一陽息陰」之「復」，「蛇」配以「巳」、「小滿」、「六陽息陰」之「乾」，續「進火」以「坎卦還精」。「雷聲一震」即煉丹動態象，「三山裂」即為「撞三關」。

「老人」指「陰」，「赤子」指「陽」。「皓首」喻「西」，「青衣」喻「東」。「報道郎君來得遲」，即「取『坎』填『離』」、「抽『鉛』添『汞』」。以上「陰陽和合」之理，纔是「真理」。

二、玉液還丹

《祕傳正陽真人靈寶畢法・中乘長生不死法三門・金液還丹第七》區別「玉液」以及「金液」：

> 比喻曰：「……所謂玉液者，本自腎氣上升而到於心，以合心氣，二氣相交而過重樓，閉口不出，而津滿玉池。咽之，而曰玉液還丹；升之，而曰玉液煉形。」〔註69〕

〔註67〕金・郝大通：《太古集》，卷4，頁708。

〔註68〕北宋・張伯端撰，南宋・翁葆光注，南宋・陳達靈傳，元・戴起宗疏：《紫陽真人悟真篇註疏》，卷3，〈七言四韻　一十六首以表一斤二八之數〉，頁304，卷6，〈絕句　六十四首以按六十四卦〉，頁331。

〔註69〕鍾離權撰，呂嵒傳：《祕傳正陽真人靈寶畢法》，卷中，頁927。

　　所謂「玉液還丹」：基於「坎離顛倒」、「龍虎交媾」之「精華」，順著「肺臟」、「氣管」上升，而令口中津滿，閉口。「咽之」至「中丹田」，降之至「下丹田」，其乃「玉液還丹」；「咽之」至「中丹田」，「升之」至潤周身，其乃「玉液煉形」。往復範圍較小，屬「小還丹」〔註70〕。

　　可對照修真圖：〈五行圖〉、〈天元十干圖〉、〈二十四氣加臨乾坤二象陰陽損益圖〉、〈二十四氣加臨卦象圖〉、〈二十四氣加臨七十二候圖〉、〈五運圖〉、〈六氣圖〉、〈三才象三壇之圖〉、〈三才入爐造化圖〉、〈八卦收鼎煉丹圖〉。

　　郝大通凡有三首金丹詩，著重「玉液還丹」涵蘊：

　　金丹詩〈其十〉：

　　　　三千甲子一仙人，天地之根造化神。

　　　　把握陰陽都一指，斡旋萬象統微塵。

　　　　多應父少兒還老，料想邪魔卻是真。

　　　　解得神機顛倒理，壺中長是笑欣欣。〔註71〕

　　基於「坎離顛倒」、「龍虎交媾」之「精華」，以行「玉液還丹」，「壺」即為「口」，而可常「笑欣欣」。更行「玉液煉形」，「父少兒」即返老還童。

　　「三千甲子一仙人」，僊人「法『天』則『地』」、「尊『乾』貴『坤』」，以及「把握陰陽」，茲成效遂顯現。

　　金丹詩〈其二十〉：

　　　　學仙須是枉金丹，鉛汞將來鼎內安。

　　　　用火周天依次敘，添功歲月莫盤桓。

　　　　存神先使心頭靜，養氣休令舌下乾。

　　　　十二時中無懈怠，自然性命保全完。〔註72〕

　　化用《悟真篇》：「學仙須是學天仙，惟有金丹最的端。二物會時情性合，五行全處龍虎蟠。」〔註73〕

　　「卯時聚氣」，「艮卦養氣」，「乾卦聚氣」，「坎離顛倒」，「龍虎交媾」，「取『坎』填『離』」，「抽『鉛』添『汞』」，「離卦採藥」，「乾卦進火」，「坎卦還精」，

〔註70〕《鍾呂傳道集・論還丹》：「氣液轉行，周而復始。自子至午，陰陽當生；自卯至酉，陰陽當停。凡一晝一夜，復還下丹，巡還一次，而曰小還丹也。」鍾離權述，呂嵒集，唐・施肩吾傳：《鍾呂傳道集》，卷16，頁483。

〔註71〕金・郝大通：《太古集》，卷4，頁709。

〔註72〕金・郝大通：《太古集》，卷4，頁710。

〔註73〕北宋・張伯端撰，南宋・翁葆光注，南宋・陳達靈傳，元・戴起宗疏：《紫陽真人悟真篇註疏》，卷2，〈七言四韻　一十六首以表一斤二八之數〉，頁290。

皆必須依照呼吸火候節度以「養氣」，至若「玉液還丹」，「休令舌下乾」，口中津滿，毋使之乾，時時、日日、月月、歲歲進行內丹修煉而無懈怠。

且「命功」前，於「性功」上，「存神」之前，「靜心」為先，更要保有「本來真性」，「性命」方能「自然」「保全」。

金丹詩〈其二十八〉：

　　三一壺中景異常，長眉翁坐看松篁。

　　六銖絳彩裝金相，十二重樓飲玉漿。

　　白鶴樹邊頻俯仰，烏龜池畔任低昂。

　　靈童欸步前來立，獻與先生續命湯。〔註74〕

化用《悟真篇》：「壺內旋添留命酒，鼎中收取返魂漿。」〔註75〕

「三一」意指「精」、「炁」、「神」三合一，乃若「玉液還丹」之時，則將「精華」順著「十二重樓」即為「氣管」，遂使口中津滿，進而咽回丹田，如「飲玉漿」和「續命湯」。

茲時，已經可如「白鶴」、「烏龜」般之長壽。

三、金液還丹

《祕傳正陽真人靈寶畢法·中乘長生不死法三門·金液還丹第七》區別「玉液」以及「金液」：

　　比喻曰：「……所謂金液者，腎氣合心氣而不上升，薰蒸於肺。肺為華蓋，下罩二氣，即日而取肺液。在下田，自尾閭穴升之，乃曰飛金晶入腦中，以補泥丸。補足，自上復下降，而入下田，乃曰金液還丹；既還下田復升，遍滿四體，前後上升，乃曰金液煉形。」〔註76〕

所謂「金液還丹」：基於「坎離顛倒」、「龍虎交媾」之「精華」，首先「薰蒸於肺」，接著經「脾臟」、經「黃庭」燒煉，入「下丹田」，而成「元精」，進而順著「肘後飛金晶」經於「督脈」入「泥丸穴」，最後行乎「任脈」（Controlling Vessel）自「上丹田」至「下丹田」，其乃「金液還丹」；若又升之而潤周身，其乃「金液煉形」。循環範圍較大，屬「大還丹」〔註77〕。

〔註74〕金·郝大通：《太古集》，卷4，頁711。
〔註75〕北宋·張伯端撰，南宋·翁葆光注，南宋·陳達靈傳，元·戴起宗疏：《紫陽真人悟真篇註疏》，卷8，〈絕句〉，頁357。
〔註76〕鍾離權撰，呂嵒傳：《祕傳正陽真人靈寶畢法》，卷中，頁927。
〔註77〕《鍾呂傳道集·論還丹》：「自下田入上田，自上田復下田，後起前來，循環已

可對照修真圖：〈二十四氣加臨乾坤二象陰陽損益圖〉、〈二十四氣加臨卦象圖〉、〈二十四氣加臨七十二候圖〉、〈三才象三壇之圖〉、〈三才入爐造化圖〉、〈八卦收鼎煉丹圖〉。

郝大通凡有一首金丹詩，著重「金液還丹」涵蘊：

金丹詩〈其一〉：

> 宇宙之中幾丈夫？惟神惟聖法規模。
>
> 無為善入群生性，獨立能開造化爐。
>
> 不逐東風吹柳絮，休教秋月照冰壺。
>
> 金丹運至泥丸穴，名姓元來記玉都。〔註78〕

化用《悟真篇》：「不求大道出迷途，縱負賢才豈丈夫？百歲光陰石火爍，一生身世水泡浮。」「始於有作人爭覓，及至無為眾始知。但見無為為道體，不知有作是根基。」〔註79〕

「肘後飛金晶」以及「金液還丹」，皆有行經「督脈」而運之至「泥丸穴」，然則「金液還丹」首經「肺臟」，且將「精華」轉為「元精」，再行「大還丹」功法，已經煉成「金丹」，二者相對而言，後者更精一層，故該詩乃「金液還丹」之效，進而「金液煉形」。

而「人道」乃本具「本來真性」，故不嚮往「東風」、「柳絮」、「秋月」、「冰壺」，而是「惟神惟聖法規模」，即「法『天』則『地』」、「尊『乾』貴『坤』」，乃以「無為」之心，而行「性命雙修」，遂能神契「道」體，遂可名記僊境。

第三節　大乘超凡入聖法門——天僊

一、朝元

《祕傳正陽真人靈寶畢法・大乘超凡入聖法三門・朝元第八》：

> 比喻曰：「天地有五帝，比人之有五臟也：青帝，甲、乙、木，甲為陽、乙為陰，比肝之氣與液也；黑帝，壬、癸，水，壬為陽、癸為

滿，而曰大還丹也。」鍾離權述，呂嵒集，唐・施肩吾傳：《鍾呂傳道集》，卷16，頁484。

〔註78〕金・郝大通：《太古集》，卷4，頁708。

〔註79〕北宋・張伯端撰，南宋・翁葆光注，南宋・陳達靈傳，元・戴起宗疏：《紫陽真人悟真篇註疏》，卷1，〈七言四韻　一十六首以表一斤二八之數〉，頁282，卷4，〈絕句　六十四首以按六十四卦〉，頁316。

陰，比腎之氣與液也；黃帝，戊、己，土，戊為陽、己為陰，比脾之氣與液也；赤帝，丙、丁，火，丙為陽、丁為陰，比心之氣與液也；白帝，庚、辛，金，庚為陽、辛為陰，比肺之氣與液也。凡春、夏、秋、冬之時不同，而心、肺、肝、腎之旺有月。」〔註80〕

所謂「朝元」：「土王四季」之於「五臟」，各有其相異之內丹修煉方法，惟皆煉至「正陽」、「純陽」、「重陽」，譬「五帝」之「純陽」，而朝聚「上丹田」，其乃「五氣朝元」；進而將「腎氣」之「陰中之陽」、「心液」之「陽中之陽」、「金丹」之「陰陽中之陽」，「精」、「炁」、「神」三合一，而朝聚「上丹田」，其乃「三花聚頂」〔註81〕。

可對照修真圖：〈五行圖〉、〈天元十干圖〉、〈五行悉備圖〉（圖4-1-12）、〈二十四氣加臨乾坤二象陰陽損益圖〉、〈二十四氣加臨卦象圖〉、〈二十四氣加臨七十二候圖〉、〈五運圖〉、〈六氣圖〉、〈三才象三壇之圖〉、〈三才入爐造化圖〉、〈八卦收鼎煉丹圖〉。

郝大通凡有二首金丹詩，闡發「朝元」涵蘊：

金丹詩〈其二十一〉：

> 五氣同宮共一家，相資運幹務生涯。
>
> 河車不離長安道，寶貨常留桂月華。
>
> 鉛汞混融成上瑞，氣神靈慧結丹砂。
>
> 全真妙用符玄用，爛飲流霞潁彩霞。〔註82〕

為煉至於「純陽」，遂運轉「大河車」行「大還丹」，而「五氣朝元」和「三花聚頂」，「鉛汞混融」以及「氣神靈慧」皆聚於「上丹田」。

內丹修煉至於「純陽」之境，已悟「全真」之「玄用」之「體」（Substance）和「妙用」之「用」（Function），可飲自然之「流霞」之「質」（Noumenon）與「彩霞」之「現」（Phenomenon），遙呼〈《周易參同契》簡要釋義并序〉重玄（Twofold Mystery）所云「全其眾妙，器與玄同」及其所釋。

〔註80〕鍾離權撰，呂嵒傳：《祕傳正陽真人靈寶畢法》，卷下，頁930。

〔註81〕《鍾呂傳道集‧論朝元》：「金液還丹，以煉金砂。而五氣朝元，三陽聚頂，乃煉氣成神，非止於煉形、住世而已。……日、月之間：一陽始生，而五藏之氣朝於中元；一陰始生，而五藏之液朝於下元。陰中之陽、陽中之陽、陰陽中之陽，三陽上朝內院，心神以返天宮，是皆朝元者也。」鍾離權述，呂嵒集，唐‧施肩吾傳：《鍾呂傳道集》，卷16，頁488～489。

〔註82〕金‧郝大通：《太古集》，卷4，頁710。

金丹詩〈其二十五〉：

學道先須絕外華，修真養素屬仙家。

忘情蓋為烹金液，息慮都緣柱紫砂。

一性朝元攢五氣，萬神聚頂放三花。

從茲得達長生路，永向清霄混彩霞。〔註83〕

「烹金液」以及「柱紫砂」，指煉「金丹」，且為煉至「純陽」，而「五氣朝元」和「三花聚頂」。

除「命功」外，於「性功」上，要「絕外華」，與「忘情」和「息慮」，「性功」至於「清淨」，「命功」至於「朝元」，遂可「達長生路」，乃至「永向清霄」。

二、內觀

《祕傳正陽真人靈寶畢法・大乘超凡入聖法三門・內觀第九》：

比喻曰：「……至虛真性，恬淡無為，神合乎道，歸於自然。當此之際，以無心為心。如何謂之應物？以無物為物。如何謂之用法？真樂熙熙，不知己之有身，漸入無為之道，以入希夷之域，斯為入聖超凡之客。」

真訣曰：「此法合道，有如常說存想之理。又如禪僧入定之時，當擇福地置室，跪禮焚香，正坐盤膝，散髮披衣，握固存神，冥心閉目。午時前，微以升身，起火煉氣；午後，微以斂身，聚火燒丹。不拘晝夜，神清氣和，自然喜坐。坐中，或聞聲，莫聽，見境，勿認，物境自散；若認物境，轉加魔軍，不退，急急前。以身微斂，斂而伸腰，後以胸微偃，偃不伸腰，少待前後，火起高升，其身勿動，名曰焚身。火起，魔軍自散於軀外，陰邪不入於殼中，如此三兩次已。當想遍天地之間，皆是炎炎之火。畢，清涼，了無一物。但見車馬歌舞，軒蓋綺羅，富貴繁華，人物歡娛，成隊成行，五色雲升，如登天界。及到彼中，又見樓臺聳翠，院宇徘徊，珠珍金玉，滿池不收，花果池亭，莫知其數。須臾異香四起，妓樂之音，嘈嘈雜雜，賓朋滿坐，水陸俱陳，且笑且語，共賀太平，珍玩之物，互相獻受。當此之際，雖然不是陰鬼魔軍，亦不得認為好事。蓋修真之士，棄絕外事，甘受寂寞，或潛迹江湖之地，或遁身隱僻之隅，絕念忘情，

〔註83〕金・郝大通：《太古集》，卷4，頁711。

舉動自戒，久受劬勞，而歷瀟灑。一旦功成法立，遍見如此繁華，又不謂是陰魔，將謂實到天宮；殊不知脫凡胎在頂中，自己天宮之內，因而貪戀，認為實境，不用超脫之法，止於身中，陽神不出，而胎仙不化，乃曰出昏衢之上，為陸地神仙，僅可長生不死而已，不能脫質升仙，而歸三島，以作人仙子也。當此可惜，學人自當慮超脫雖難，不可不行也。」〔註84〕

　　所謂「內觀」〔註85〕：「三乘十門」中以「內觀」較重「性功」層面，內證「鍾呂丹法」中之《祕傳正陽真人靈寶畢法》採用「先『命』後『性』」、「『命』先於『性』」之法。其如《老子》之義，化「有功」為「無功」，化「有情」為「無情」，化「有心」為「無心」，化「有物」為「無物」，化「有身」為「無身」，化「有為」為「無為」，〔註86〕乃可「入聖超凡」。若稍加以「命功」，便是「午時焚身」，以「大河車」起火，以「禪（梵語：Dhyāna）定」之「三昧（梵語：Samādhi）真火」散魔，以「紫河車」運神，〔註87〕遂可「清淨」，其中，無論「陰鬼魔軍」還是「富貴繁華」，無論「恐怖境相」還是「歡娛境相」，皆不可以「認為實境」，自當「超脫」，以作「仙子」。乃若「虛无」、「清淨」、「無為」之修，當躪滌「酒色財氣」、「攀緣愛念」、「憂愁思慮」〔註88〕之私曲，「修真達道之士」，又常以雲遊訪道而修之。

〔註84〕鍾離權撰，呂嵒傳：《祕傳正陽真人靈寶畢法》，卷下，頁932～933。

〔註85〕詳細關於「內觀」之再發現，請參：李豐楙：〈洞天與內景：西元二至五世紀江南道教的內向遊觀〉，收入劉苑如主編：《體現自然：意象與文化實踐》（臺北：中央研究院中國文哲研究所，2012年3月），頁37～80。

〔註86〕《老子·第五十一章》：「道生之，德畜之，物形之，勢成之。是以萬物莫不尊道而貴德。道之尊，德之貴，夫莫之命而常自然。故道生之，德畜之：長之、育之、亭之、毒之、養之、覆之。生而不有，為而不恃，長而不宰，是謂玄德。」魏·王弼注：《老子道德經注》，篇下，頁136～137。

〔註87〕《鍾呂傳道集·論河車》：「若以龍虎交而變黃芽，鉛汞交而成大藥。真氣生而五氣朝中元，陽神就而三神超內院。紫金丹成，常如玄鶴對飛；白玉汞就，鎮似火龍踴起。金光萬道，罩俗骨以光輝；琪樹一株，現鮮葩而燦爛。或出或入，出入自如；或去或來，往來無礙。般神入體，且混時流，化聖離俗，以為羽客，乃曰紫河車也。」〈論魔難〉：「內觀之時，若見如是，當審其虛實，辨其真偽，不可隨波逐浪，認賊為子。急起三昧真火以焚身，一揮群魔自散。用紫河車搬運自己之陽神，超內院而返天宮，然後以求超脫。」鍾離權述，呂嵒集，唐·施肩吾傳：《鍾呂傳道集》，卷15，頁482，卷16，頁495。

〔註88〕《重陽教化集·化丹陽》：「凡人修道，先須依此一十二簡字：斷『酒色財氣』、『攀緣愛念』、『憂愁思慮』。」金·王嚞：《重陽教化集》，收入《正統道藏·太平部》，冊43，卷2，頁552。

郝大通凡有四首金丹詩，闡發「內觀」涵蘊：

金丹詩〈其十六〉：

> 刀圭元屬甚人家？赤鳳端眸看落霞。
>
> 岸上草逢添瑞色，灘頭石遇結靈砂。
>
> 北溟幾度鋸犀角，南浦屢曾摘象牙。
>
> 更有一般堪賞處，天池裏面放金花。〔註89〕

「刀圭」之義，如上所論。「赤鳳端眸看落霞」即是「刀圭元屬甚人家」之答，「赤鳳」居「南」、屬「火」，「落霞」居「西」、屬「金」，「坎離顛倒」、「龍虎交媾」進而「取『坎』填『離』」、「抽『鉛』添『汞』」之後，「火」以散魔，「金」為生丹，「火剋金」者，煉成「金丹」。「北溟」之「犀」（梵語：Khaḍga）之「角」（梵語：Viṣāṇa），以喻「獨覺」；〔註90〕「南浦」之「象」（梵語：Gayā）之「牙」，以喻「無漏」（梵語：Anāsrava）。〔註91〕

修真之士，避世離俗。於「性功」上，斷情絕慮，以近於「道」；於「命功」上，「天池裏面放金花」，「三花聚頂」。

金丹詩〈其二十三〉：

> 常聽壺中金石聲，凡情除去道情生。
>
> 陽神全後渾無寐，陰魄消時更覺清。
>
> 火裏生蓮猶是可，水中搏塊決然成。
>
> 圓融二物常相會，穩駕雲車赴玉京。〔註92〕

化用《悟真篇》：「不識玄中顛倒顛，爭知火裏好栽蓮。」「寶符降後去朝天，穩駕瓊輿鳳輦。」〔註93〕

〔註89〕 金・郝大通：《太古集》，卷4，頁710。

〔註90〕 《大方等大集經（梵語：*Mahā-saṃnipāta-sūtra*）・月藏分第十四・諸惡鬼神得敬信品第八之二》：「其處無生無滅，非證非修，非有非無，非此岸非彼岸，非闇非明，非可測，非分別非不分別，是名佉伽毘沙拏劫辟支佛。」北涼・曇無讖譯：《大方等大集經》，收入《大正新脩大藏經》，冊13，號397，卷51，頁338上。

〔註91〕 《摩訶止觀》：「言六牙白象者，是菩薩無漏六神通。牙有利用如通之捷疾。象有大力，表法身荷負。無漏無染，稱之為白。」隋・智顗說：《摩訶止觀》，收入《大正新脩大藏經》，冊46，號1911，卷2，頁14上。

〔註92〕 金・郝大通：《太古集》，卷4，頁710～711。

〔註93〕 北宋・張伯端撰，南宋・翁葆光注，南宋・陳達靈傳，元・戴起宗疏：《紫陽真人悟真篇註疏》，卷3，〈七言四韻　一十六首以表一斤二八之數〉，頁301，卷7，〈西江月　一十二首以周歲律〉，頁350。

「陽神全」以及「陰魄消」、「純陽」化後，已無「睡魔」，已得「清淨」，「火裏生蓮」之與「水中搏塊」，即「坎離顛倒」、「龍虎交媾」、「取『坎』填『離』」、「抽『鉛』添『汞』」之後，其中若仍有魔，「火」為功法，「蓮」為淨物，令「魔軍」自「憒亂」，〔註94〕使身心自「清淨」，修煉無有所礙。

心「除凡情」，心「生道情」，而當內丹修煉至於魔不再生，遂可「穩駕雲車赴玉京」。

金丹詩〈其二十四〉：

閑引金烏宴月宮，偶然會合便圓融。

神光照徹靈空體，妙道衝開造化籠。

心識始知蝸舍客，慧眸方見主人翁。

從茲啟悟身為患，不執虛名是大通。〔註95〕

化用《悟真篇》：「群陰剝盡丹成熟，跳出樊籠壽萬年。」〔註96〕

以「火」散魔，便能「照徹靈空體」，呈顯「本來真性」；以「紫河車」運神，便可「衝開造化籠」，進而「超凡入聖」。由茲遂見，「身」乃圖圖修真之途之「患」，「及吾無身，吾有何患」，〔註97〕惟內心不執於「物境」、「虛名」而無有魔之時，方可如「郝大通」之謂「同於大通」〔註98〕。

「閑引金烏宴月宮，偶然會合便圓融」、「心識始知蝸舍客，慧眸方見主人翁」，即「坎離顛倒」、「龍虎交媾」、「取『坎』填『離』」、「抽『鉛』添『汞』」，

〔註94〕《維摩詰所說經（梵語：*Vimalakīrti-nirdeśa-sūtra*）‧佛道品第八》：「示受於五欲，亦復現行禪。令魔心憒亂，不能得其便。火中生蓮華，是可謂希有。在欲而行禪，希有亦如是。」姚秦‧鳩摩羅什譯：《維摩詰所說經》，收入《大正新脩大藏經》，冊14，號475，卷2，頁550中。

〔註95〕金‧郝大通：《太古集》，卷4，頁711。

〔註96〕北宋‧張伯端撰，南宋‧翁葆光注，南宋‧陳達靈傳，元‧戴起宗疏：《紫陽真人悟真篇註疏》，卷3，〈七言四韻　一十六首以表一斤二八之數〉，頁301。

〔註97〕《老子‧第十三章》：「寵辱若驚，貴大患若身。何謂寵辱若驚？寵，為下得之若驚，失之若驚，是謂寵辱若驚。何謂貴大患若身？吾所以有大患者，為吾有身，及吾無身，吾有何患！」魏‧王弼注：《老子道德經注》，篇上，頁29。

〔註98〕《莊子‧內篇‧大宗師第六》：「他日，復見，曰：『回益矣。』曰：『何謂也？』曰：『回坐忘矣。』仲尼蹴然曰：『何謂坐忘？』顏回曰：『墮肢體，黜聰明，離形去知，同於大通，此謂坐忘。』仲尼曰：『同則无好也，化則無常也。而果其賢乎！丘也請從而後也。』」西晉‧郭象注，唐‧陸德明釋文，唐‧成玄英疏，清‧郭慶藩集釋，王孝魚點校：《莊子集釋》（北京：中華書局，1985年），冊1，卷3上，頁284～285。

但是對其而言，「先『性』後『命』」、「『性』先於『命』」，故而該詩主要在於闡說「身」之為「患」。

金丹詩〈其二十七〉：

> 修行休彊做逍遙，莫向空房守寂寥。
>
> 紫府不令群虎鬪，丹宮能使萬神朝。
>
> 遊山每達青霄路，渡水常登刻木橋。
>
> 採得靈芝頻服餌，何須林下掛單瓢？〔註99〕

化用《悟真篇》：「房中空閉尾閭穴，誤殺閻浮多少人？」〔註100〕

「先『性』後『命』」、「『性』先於『命』」，「性功」講究自然而然，故而不可「彊做逍遙」、「莫向空房」、「莫守寂寥」。「遊山」、「達青霄路」、「渡水」、「登刻木橋」等，「無為」、「清淨」之修行，生活不必刻意過得過於刻苦，又可服偓藥以加強身心雙全，更可遇明師以指引「性命雙修」，茲才是真修真。

「性命雙修」皆全，遂是「丹宮能使萬神朝」。

三、超脫

《祕傳正陽真人靈寶畢法・大乘超凡入聖法三門・超脫第十》：

> 真訣曰：「超者，是超出凡軀而入聖品；脫者，是脫去俗胎而為仙子。是其神入氣胎，氣全真訣。須是：前功節節，見驗正當，方居清靜之室，以入希夷之境。內觀認陽神，次起火降魔，焚身聚氣，真氣升在天宮，殼中清淨，了無一物。當擇幽居，一依內觀。三禮既畢，平身不須高升，正坐不須斂伸，閉目冥心，靜極朝元之後，身軀如在空中，神氣飄然，難為制御。……或乃功驗未證，止事靜坐，欲求超脫；或乃陰靈不散，出而為鬼仙，人不見形，往來去住，終無所歸，止於投胎就舍，而奪人軀殼，復得為人仙；或出入不熟，往來無法，一去一來，無由再入本軀，神魂不知所在，乃釋子坐化，道流之尸解也。……既出而復入，入而不出，則形神俱妙，與天地齊年，而浩劫不死；既入而復出，出而不入，如蟬脫蛻，遷神入聖，是以超凡脫俗，以為真人仙子，而在風塵之外，寄居三島之洲者也。」〔註101〕

〔註99〕金・郝大通：《太古集》，卷4，頁711。

〔註100〕北宋・張伯端撰，南宋・翁葆光注，南宋・陳達靈傳，元・戴起宗疏：《紫陽真人悟真篇註疏》，卷5，〈絕句　六十四首以按六十四卦〉，頁325。

〔註101〕鍾離權撰，呂嵒傳：《祕傳正陽真人靈寶畢法》，卷下，頁933～935。

　　所謂「超脫」；自「內觀」至「超脫」，已由「後天象數」乃至「先天超象數」，〔註102〕而「超脫」前，「性功」已顯「本來真性」，「命功」已至凡胎「純陽」，換言之即「性命雙修」每一環節，皆需正確無誤，遂自然於「玄牝之門」〔註103〕、「玄關一竅」〔註104〕而「陽神」出。且可選擇「形神俱妙」，而能「長生久視」；亦可選擇「超凡脫俗」，而作「真人仙子」。

　　郝大通凡有三首金丹詩，闡發「超脫」涵蘊：

　　金丹詩〈其十八〉：

　　　　淳風高曠世非同，不達幽微止謂空。

　　　　得意詩情唯自樂，知心道話幾人通？

　　　　都緣執性迷真性，盡散淳風昧教風。

　　　　一粒金丹爐內有，料無仙骨卒難窮。〔註105〕

　　化用《悟真篇》：「欲向人間留祕訣，未逢一箇是知音。」〔註106〕

　　該詩可讀出郝大通於得道之後之體悟，而茲與俗世相異之境地，非「空」（梵語：Śūnya）所能概括，其僅能以「詩情」「自樂」，將內丹修煉之心得，寓於三十首金丹詩，但是畢竟只有極少數人，可臻於「形神俱妙」、「超凡脫俗」之境界，且「隱語」又甚多，故而確實較難通曉。又喟歎世人之「本來真性」，為「執性」所迷惑，「淳樸之風」、「道門之風」皆為人所「昧」，是以縱使「爐鼎」之中有一「金丹」，人若無「仙骨」、「丹道」之修煉，終究不明內丹修煉之理。

　　金丹詩〈其十九〉：

　　　　陽九宮中大覺僧，擎拳端坐誦《黃庭》。

　　　　神光射透虛空藏，瑞氣清凝聚寶瓶。

〔註102〕詳細關於「後天象數」、「先天超象數」之先後義和超越義（Transcendentalism），請參：賴錫三：《丹道與易道：內丹的性命修煉與先天易學》，頁195～247。

〔註103〕《老子・第六章》：「谷神不死，是謂玄牝，玄牝之門，是謂天地根。緜緜若存，用之不勤。」魏・王弼注：《老子道德經注》，篇上，頁16。

〔註104〕詳細關於「玄牝之門」、「玄關一竅」之意義，請參：戈國龍：〈論道教內丹學的「玄關一竅」〉，《世界宗教研究》2022年第5期（2022年5月），頁52～60。

〔註105〕金・郝大通：《太古集》，卷4，頁710。

〔註106〕北宋・張伯端撰，南宋・翁葆光注，南宋・陳達靈傳，元・戴起宗疏：《紫陽真人悟真篇註疏》，卷3，〈七言四韻　一十六首以表一斤二八之數〉，頁298。

遊宴洞天呈手段，遍資法界驅威靈。

從茲解得西來意，混沌之前豈有形？〔註107〕

郝大通於該詩表明無論道教還是佛教，「形神俱妙」、「超凡脫俗」之境域，其道理乃是相通的，皆是歸返於「不生（梵語：Utpāda）不滅（梵語：Nirodha）」、「不來（梵語：Āgama）不出（梵語：Nirgama）」，「不生不死」，乃「生生」之永恆，於茲之時，「虛空」之心中有「神光」熠耀，「寶瓶」如身中有「瑞氣」凝結，皆源自於「性命雙修」「全真」。得「道」之士能夠「遊宴洞天」，悟「空」之僧可以「遍資法界」，遂明「覺者」西來「慈（梵語：Maitrī）悲（梵語：Karuṇā）」傳教之意，亦明「道者」本來「清淨」修真之性。

金丹詩〈其三十〉：

天風吹綻洛陽花，六合同塗意不差。

閑採牡丹烹嫩藥，靜收芍藥柂英華。

調和二物清神氣，溉濟三田餌麥麻。

攜酒宴闌乘興逸，坐騎白鹿入雲霞。〔註108〕

該詩乃立足於郝大通已經完成「性功」之前提，接著進行「命功」，東、西、南、北、上、下，於「六合」之三維空間，有「牡丹」、「嫩藥」、「芍藥」、「英華」，皆指「金丹」已成。夫如茲乎，「精炁神」之「陰陽和合」，「三丹田」之上下貫通，而可逍遙自在，「形神俱妙」、「超凡脫俗」，遂「與道合真」哉！

小結

郝大通首先作為一位《易》學（Yi-ology）家，繼而入全真道（The Quanzhen Taoism）「北宗」之王重陽（1112～1170）門下，作為全真道第一代弟子而為「全真七子」（Seven Immortals of Quanzhen）之一，《易》學和全真道內丹學之融通，集中於《太古集》卷四之三十首「金丹詩」，更可謂乃首開「全真丹道《易》學」之建構貢獻也。

筆者於本章破譯了郝大通《太古集》卷四之三十首「金丹詩」，而奠基於前人之重要學術研究成果上，筆者經由以上論證其中涵蘊，所得結論有三：

〔註107〕 金・郝大通：《太古集》，卷4，頁710。
〔註108〕 金・郝大通：《太古集》，卷4，頁711。

其一，「北宗」重視「先『性』後『命』」、「『性』先於『命』」，「南宗」重視「先『命』後『性』」、「『命』先於『性』」，「鍾呂丹法」所傳《祕傳正陽真人靈寶畢法》以及「南宗」所奉《悟真篇》亦採後者次第，而郝大通本屬「北宗」，且詩明言傳得「鍾呂丹法」，又多化用《悟真篇》之詩詞而為自修，故乃融《祕傳正陽真人靈寶畢法》和《悟真篇》丹法之原則，而開「北宗」與「南宗」匯流之權輿。

其二，卷二以及卷三之三十三幀「修真圖」屬於「後天象數」，卷四之三十首「金丹詩」屬於「先天超象數」，而「金丹詩」雖是博採「後天象數」，然郝大通自已熟稔象數《易》學，「修真圖」不過是一種提供生疏之人之方便性修煉對照圖式（Schema），三十首「金丹詩」本皆已經「先天超象數」而超越「修真圖」，以「金丹詩」頌揚修性煉命之體悟和境域，故「修真圖」至「金丹詩」之整體體現乃涵融「後天象數」而至「先天超象數」。

其三，郝大通之「《易》道」以及「丹道」，上承《周易參同契》之《易》、道合流，中繼圖書（Diagram-Chart）《易》學之《易》、道具象，且傳承自「鍾呂丹法」而有變通，其「修真圖」和「金丹詩」亦皆以《易》學為塗徑、以內丹學為宗恉，而「金丹詩」雖然偶有多種寓意，但皆有其注重闡發之處，明其「性命雙修」之妙道和妙果。嘗，王重陽語之曰：「勿患無袖，汝當自成。」〔註109〕譚處端（1123～1185）激之曰：「隨人腳跟轉。」〔註110〕郝大通悉順之而自成「華山派」。是以於其人可謂王重陽至「全真七子」之「歧出」，於其論更可謂乃是首創「全真丹道《易》學」。

〔註109〕元・李道謙集：《甘水仙源錄》，卷2，頁143。元・劉志玄、元・謝西蟾：《金蓮正宗仙源像傳》，頁180。元・趙道一編修：《歷世真仙體道通鑑續編》，卷3，頁814。

〔註110〕元・李道謙集：《甘水仙源錄》，卷2，頁143。元・劉志玄、元・謝西蟾：《金蓮正宗仙源像傳》，頁180。元・趙道一編修：《歷世真仙體道通鑑續編》，卷3，頁815。

第六章　結論——郝大通《太古集》及其「全真丹道《易》學」

第一節　研究貢獻

　　本碩士學位論文以郝大通（1140～1212）《太古集》及其「全真丹道《易》學」（Yi-ology Applied to Internal Alchemy of the Quanzhen Taoism），作為主要研究對象以及論題。乃因消極層面而言：郝大通茲一人，雖長期經常為人所淡忘，其卻是早期全真道（The Quanzhen Taoism）之中，惟一精於《易》學（Yi-ology）和內丹學（Internal Alchemy）之「『易』士」與「『道』人」，而既易為人所忽略，自當窮理和盡心以探賾索隱；至若積極層面而言：郝大通上承「象數（Phenomenon-Number）《易》學」，而明《周易參同契》堂奧，中繼「圖書（Diagram-Chart）《易》學」，而繪凡三十三幀「修真圖」，下啟「全真丹道《易》學」，而創作凡三十首「金丹詩」，且汲取了全真道之「性命雙修」理論，更合魏伯陽（151～221）、張伯端（987～1082）、王重陽（1112～1170）之學，「北宗」和「南宗」之「《易》道」與「丹道」遂於其身心圓融，而成「華山派」之一家之學。職是之故，並且立足於前人研究之重要學術成果，筆者進而據茲提出基源問題（Fundamental Question）意識：郝大通《太古集》及其「全真丹道《易》學」涵蘊為何？

　　而為回應茲一基源問題意識，筆者便就郝大通其人以及《太古集》其書，一一分論「行誼」、「〈《周易參同契》簡要釋義并序〉」、「修真圖」、「金丹詩」凡四主題，以下遂總結之：

其一，郝大通之行誼：郝大通之生平事迹及其修道歷程，主要可以見於《金蓮正宗記》、《七真年譜》、《甘水仙源錄》、《金蓮正宗仙源像傳》、《歷世真仙體道通鑑續編》五本教內原典。郝大通，初名昇，無字，法名大通，道號廣寧，自稱太古道人，金代（1115～1234）山東寧海州人，「全真七子」（Seven Immortals of Quanzhen）之一，出生於金熙宗（1119～1150在世，1135～1150在位）天眷三年庚申（1140）農曆正月初三，入道於金世宗（1123～1189在世，1161～1189在位）大定八年戊子（1168）農曆三月，僊蛻於金衛紹王（？～1213在世，1208～1213在位）崇慶元年壬申（1212）農曆十二月三十日，享壽春秋七十三稔。乃若郝大通之「《易》道」師承，當以後四書之所載為正，蓋其於入道前便已精通《易》學，而王重陽則否，是以另有師承授受乃真，即通於《易》學之「神人」授其名、字、道號，以及《易》之『大』義乃至「大《易》『秘』義」，且有助於內丹修煉。至於郝大通之「丹道」師承，當與「鍾呂丹法」相繫，蓋王重陽僅指點其三次，是以只能自行揣摩鑽拏，其中「鍾呂丹法」所傳《祕傳正陽真人靈寶畢法》，以及「南宗」所奉《悟真篇》，受茲二書影響之可能性相對較大，且「金丹詩」皆可有所回應以及多有化用。而茲生命經歷，乃首開「全真丹道《易》學」之緣由。

其二，《太古集》之〈《周易參同契》簡要釋義并序〉：郝大通之儒家（Confucianism）、道教（Taoism）、佛學（Buddhology）思想，即三教會通之哲思主要集中於茲，乃全書之總綱，其〈序〉又可為「修真圖」以及「金丹詩」之綱領。其論「乾」之與「坤」，以「乾」為「體」（Substance），以「坤」為「用」（Function），乾卦重其卦辭、爻辭、〈彖傳〉、〈大象傳〉、〈文言傳〉，坤卦重其卦辭、〈彖傳〉、〈大象傳〉、〈六二〉爻辭、〈六五〉爻辭，亦重〈繫辭傳〉以及〈說卦傳〉，多化用孔穎達（574～648）《周易正義》之疏以作注釋，而合乎《周易參同契》之奧義，且常與《老子》相融攝，以明「天行至健」以及「地勢至順」之義。又論「道」之與「釋」，以「道」為「體」，以「釋」為「用」，佛學思想主要吸納「中觀學派」（梵語：Mādhyamika）之「中道」（梵語：Madhyamā-pratipad）義，以釋僧肇（384～414）〈不真空論〉為其中心，先論「真空不空」、「不真不空」、「不真即空」，再論「非無非有」、「亦無亦有」、「玄之又玄」，以「重玄」（Twofold Mystery）之思惟，闡發其「中道正觀」之佛理，以明「性功」上之「內觀」如何「超脫」。所謂「道」之與「教」，以及「乾」之與「坤」，至於「道」之與「釋」，「即體即用」，「體用一如」，前後呼應，首

尾貫通，三教圓融，宛如〈太極圖〉（Divination Design）之「生生」，及其「體用論」之「變易」（Change），以揭宗恉，楬櫫《易》理和丹法之法則「本體」，以發要義，發微《易》著和丹經之修煉「作用」，以繫下卷，繫接《易》道」和「丹道」之修真「圖式」（Schema）。

其三，《太古集》之「修真圖」：郝大通之象數《易》學思惟及其圖書《易》學圖式，主要集中於茲，以論修性煉命所務「子午」、「火候」、「周天」乃至「三才」、「爐鼎」、「丹藥」，且與下卷之「金丹詩」相互照應。〈乾象圖〉（圖 4-1-1）、〈坤象圖〉（圖 4-1-2）、〈天地交泰圖〉（圖 4-1-3）、〈日象圖〉（圖 4-1-4）、〈月象圖〉（圖 4-1-5）、〈日月會合圖〉（圖 4-1-6）、〈變化圖〉（圖 4-1-7）、〈乾坤生六子圖〉（圖 4-1-8）、〈四象圖〉（圖 4-1-9）、〈五行圖〉（圖 4-1-10）、〈天元十干圖〉（圖 4-1-11）、〈五行悉備圖〉（圖 4-1-12）、〈二十四氣加臨乾坤二象陰陽損益圖〉（圖 4-1-13）、〈二十四氣加臨卦象圖〉（圖 4-1-14）、〈二十四氣加臨七十二候圖〉（圖 4-1-15）、〈六十甲子加臨卦象圖〉（圖 4-1-16）、〈六子加臨二十四氣陰陽損益圖〉（圖 4-1-17）、〈八卦反復圖〉（圖 4-1-18）、〈十二律呂之圖〉（圖 4-1-19）、〈河圖〉（圖 4-1-20）、〈天數奇象圖〉（圖 4-1-21）、〈地數偶象圖〉（圖 4-1-22）、〈天地生數圖〉（圖 4-1-23）、〈天地成數圖〉（圖 4-1-24），乃是第一類「修真圖」，以「卜筮」（Divination）、「象數」、「圖書」為承傳，主要承傳孟喜（？～？）之「卦氣說」以及京房（77 B.C.E.～37 B.C.E.）之「八宮卦」，對於律學（Musical Temperament）理論則僅是以《易》學視角釋之，其中尤以〈二十四氣加臨乾坤二象陰陽損益圖〉洞貫諸圖。〈八卦數爻成歲圖〉（圖 4-2-1）、〈五運圖〉（圖 4-2-2）、〈六氣圖〉（圖 4-2-3）、〈二十八宿加臨四象圖〉（圖 4-2-4）、〈北斗加臨月將圖〉（圖 4-2-5）、〈二十四氣日行躔度加臨九道圖〉（圖 4-2-6），乃是第二類「修真圖」，以「中醫」、「曆法」、「星占」為開展，主要開展《黃帝內經・素問》之中醫學（Traditional Chinese Medicine）理論，以及觀金代之天象以論曆學（Hemerology）和星占學（Astrology）學說，其中尤以〈二十四氣日行躔度加臨九道圖〉集成諸圖。〈三才象三壇之圖〉（圖 4-3-1）、〈三才入爐造化圖〉（圖 4-3-2）、〈八卦收鼎煉丹圖〉（圖 4-3-3），乃是第三類「修真圖」，以「丹術」（Alchemy）、「丹法」、「丹道」為宗恉，其以《易》道」為「體」且以「丹道」為「用」，建立圖式化之內丹修煉理論，其中尤以〈三才象三壇之圖〉薈萃諸圖。

其四，《太古集》之「金丹詩」：郝大通首先作為一位《易》學家，繼而入全真道「北宗」之王重陽門下，《易》學和全真道內丹學之融通，主要集中於茲。其「北宗」乃重視「先『性』後『命』」、「『性』先於『命』」，而「南宗」則重視「先『命』後『性』」、「『命』先於『性』」，「鍾呂丹法」所傳《祕傳正陽真人靈寶畢法》以及「南宗」所奉《悟真篇》亦採後者次第，而郝大通本屬「北宗」，且詩明言傳得「鍾呂丹法」，又多化用《悟真篇》之詩詞而為自修，故乃融《祕傳正陽真人靈寶畢法》和《悟真篇》丹法之原則，而開「北宗」與「南宗」匯流之權輿。且於卷二以及卷三之三十三幀「修真圖」屬於「後天（拉丁語：A Posteriori）象數」，卷四之三十首「金丹詩」屬於「先天（拉丁語：A Priori）超象數」，而「金丹詩」雖是博採「後天象數」，然郝大通自已熟稔象數《易》學，「修真圖」不過是一種提供生疏之人之方便性修煉對照圖式，三十首「金丹詩」本皆已經「先天超象數」而超越「修真圖」，以「金丹詩」頌揚修性煉命之體悟和境域，故「修真圖」至「金丹詩」之整體體現乃涵融「後天象數」而至「先天超象數」。乃至郝大通之「《易》道」以及「丹道」，上承《周易參同契》之《易》、道合流，中繼圖書《易》學之《易》、道具象，且傳承自「鍾呂丹法」而有變通，其「修真圖」和「金丹詩」亦皆以《易》學為塗徑、以內丹學為宗恉，而「金丹詩」雖然偶有多種寓意，但皆有其注重闡發之處，明其「性命雙修」之玅道和玅果，而嘗，王重陽語之曰：「勿患無袖，汝當自成。」譚處端（1123～1185）激之曰：「隨人腳跟轉。」其悉順之而自成「華山派」，是以於其人可謂王重陽至「全真七子」之「歧出」，於其論更可謂乃是首創「全真丹道《易》學」。

《長春道教源流·王重陽事蹟彙紀·附馬、譚、劉、王、郝、孫紀略·廣寧子郝大通》：

> 蓋與魏伯陽、張伯端相出入。……則太古《易》學，實不出於重陽。……推其用意，實欲舉魏、張，合之於重陽之學。至其所論述學問、文詞，比諸真為獨優；然當時重陽弟子，首推邱、譚、劉、馬，而太古僅列七真者，豈以其流派稍別歟？要其所學，蓋南、北二宗合併為一之濫觴矣！〔註1〕

〔註1〕清·陳銘珪：《長春道教源流》（臺北：廣文書局，1975年），冊上，卷1，頁71～72。

　　陳銘珪（1824～1881）之見乃是慧眼識英雄，察前賢所未察，發先哲所
未發，明於郝大通《太古集》之論，筆者所研究之成果亦是如是，蓋以魏伯
陽、張伯端之學，合於王重陽之說，遂成為「北宗」以及「南宗」合一之嚆
矢，而進一步推之，學界所稱「南宗」白玉蟾（1194～1229）之再傳弟子，
即李道純（？～？）所立「中派」，其源誠可上溯至於郝大通及其《太古集》
之涵蘊也。

　　《中和集·論·卦象論》：

> 海瓊真人云：「上品丹法無卦爻。諸丹書皆用卦爻者，何也？此聖人
> 設教而顯道也。」古云：「大道無言，無言不顯其道。」即此義也。
> 所謂卦者，掛也，如掛物於空懸示人，猶天垂象，見吉凶，使人易
> 見也。象也者，像此者也；爻也者，傚此者也。卦有三爻，象三才，
> 即我之三元也；畫卦六爻，象六虛，即我之六合也。丹書用卦、用
> 爻者，蓋欲學者法象安爐，依爻進火，易為取則也。海瓊真人謂「無
> 卦爻」者，警拔後人不可泥於爻象，「即此用」而「離此用」也。……
> 雖然丹道用卦，火候用爻，皆是譬喻，卻不可執在卦爻上。當知過
> 河須用筏，到岸不需船，得魚忘筌，得兔忘蹄，可也。紫陽真人云：
> 「此中得意休求象，若究群爻謾役情。」又云：「不刻時中分子午，
> 無爻卦內定乾坤。」皆謂此也。予謂「生而知之者」，不求自得，不
> 勉而中，又豈在誘喻！故上品丹法，不用卦爻也。中、下之士，不
> 能直下了達，須從漸入。故諸丹書皆以卦爻為法則也。達者味之而
> 自得之矣。〔註2〕

　　白玉蟾乃至李道純之說，實早已體現於郝大通其人以及《太古集》其書。
郝大通之「全真丹道《易》學」，乃以「《易》道」為「體」且以「丹道」為「用」：
而其〈《周易參同契》簡要釋義并序〉，先乃開宗明義《周易參同契》之「丹道
《易》學」（ *Yi*-ology Applied to Internal Alchemy ）；再其三十三幀「修真圖」，
則是解疑釋結「子午」、「火候」、「周天」、「三才」、「爐鼎」、「丹藥」之《易》
道」理論；後其三十首「金丹詩」，終遂融會貫通「陰陽和合」、「性命雙修」
之「丹道」修煉。筆者所研究之成果更是如是，三十三幀「修真圖」乃是「後
天象數」，三十首「金丹詩」乃是「先天超象數」，自「修真圖」至「金丹詩」

〔註2〕元·李道純撰，元·蔡志頤編：《中和集》，收入《正統道藏·洞真部·方法類》
　　　（臺北：新文豐出版公司，1985年），冊7，卷4，〈論〉，頁221～222。

即是自「後天象數」至「先天超象數」:「生而知之者」,可逕「頓修」以「金丹詩」即「先天超象數」;「學而知之者」以及「困而學之者」,則先「漸修」以「修真圖」即「後天象數」。而無論是郝大通之「全真丹道《易》學」,還是「上」、「中」、「下」之「修真達道之士」,皆是「超越」以求「超脫」,「即此用,離此用」、「離此用,即此用」,「即體即用」、「即用即體」、「體用一源」、「體用一如」。故筆者謂李道純之「中派」,其「道」誠可上推至於郝大通《太古集》及其「全真丹道《易》學」,即以《易》道」為「體」而以「丹道」為「用」,蓋「知其不虛為者也」。

胡孚琛(1945~)〈丹道法訣十二講(連載)〉:

> 目前,內丹學的研究才剛剛步入現代學術的殿堂,真正的學者不能輕易將自己名列仙班,制造個人迷信,要不斷有新人超越舊人,學生超過老師,最終揭開內丹之秘,從而認識人體生命和心靈的本質及其中的客觀規律。〔註3〕

《周易》(*Book of Changes*)、《易》學自古及今之開展,不僅所圓融之研究範疇愈趨廣博,而且所流傳之國家地區漸趨廣遠,不再只是讀懂經、傳原文僅茲而已,若是如是,則似遠遠不足道之,「跨領域」(Interdisciplinary)之研究、「國際化」(Internationalization)之視界,實是時勢使然。

內丹學之發展亦是淵遠流長,至東漢(25~220)魏伯陽《周易參同契》開「丹道《易》學」之先河,自是「萬古丹經王」之後,「援《易》立說」之內丹學著作日滋月益、充棟汗牛,如何破解其中所潛藏之堂奧,尤為費心勞力,有潛力、有能力、有實力可融通《易》學和內丹學之前輩、學者、專家、同儕,更是鳳毛麟角。

當於撰寫碩士學位論文之時,蓋以茲言自勉。廣而論之,筆者之所以以茲言自勵,乃在於「丹道《易》學」之研究,仍經常陷落於「異名同實」和「同名異實」之坎窞,即若是與另一讀者(Patron)有相異之比喻判斷,遂遭武斷否定。然本論題並不在於百分之百完完全全正確考證所有「隱語」,而是客觀看待郝大通《太古集》及其「全真丹道《易》學」,謹慎詳實楬櫫其中涵

〔註 3〕胡孚琛:〈丹道法訣十二講(連載)〉,收入賴宗賢統籌,詹石窗主編:《道韻(第十一輯)——三玄與丹道養生(乙)》(臺北:中華大道文化事業公司,2002 年8 月),頁 14。詳細關於內丹道之種種修煉要義,請參:胡孚琛:《丹道法訣十二講》(北京:社會科學文獻出版社,2009 年),卷上,卷中。

蘊，進而「反身而誠」乃至「樂莫大焉」〔註4〕，其更貴屬以「《易》道」為「體」、以「丹道」為「用」之正宗「丹道《易》學」體系，夫誠必有其價值性乎哉！

　　筆者於本碩士學位論文之最大學術研究貢獻者，即是在於敘行誼時確立主張，進而運用前人所未參考過之古籍「材料」，以層層深入疏論《《周易參同契》簡要釋義并序〉之三教會通思想，與更加仔細解析三十三幀「修真圖」之結構和義涵，且是應用前人所未採用過之論證「方法」，全面而詳實破譯三十首「金丹詩」之妙境，更於文末再次揭示已潛藏甚久之「觀點」，以及提出一自郝大通《太古集》後之專用術語——「全真丹道《易》學」。要之，即於「材料」、「方法」、「觀點」三者有所創見：一乃能描繪郝大通之「聲名」至「清淨」，二乃可貫通《太古集》之「《易》道」和「丹道」，三乃闡揚郝大通《太古集》及其「全真丹道《易》學」之學術價值哉！

第二節　研究限制

　　《太古集‧自序》：

> 今舉其大綱，開諸異號，所謂同歸而殊途，名多而理一。示之可以
> 益於後學，能使道心堅固，真正無私。若執志待終，則位標仙籍，
> 永作真人，神通萬變，羽化飛昇矣。如是則非我門而不入，非我道
> 而不然，然而然，然於不然而然也。〔註5〕

　　筆者天生罹患「罕見疾病」（Rare Disease）——「脊髓性肌肉萎縮症」（Spinal Muscular Atrophy, SMA），既不便於入道拜教，亦不便於田野調查（Field Research），不過，順其自然，「然而然也」，「不然而然也」。遂就力所能及之處，自本行即《易》學，盡心盡力再三查閱經、史、子、集、道、佛等相關極厚重之文獻，以明於郝大通《太古集》及其「全真丹道《易》學」於上六類之典據，無一字無來處，無一圖無來處，而發微涵蘊矣！

〔註4〕《孟子‧盡心上》：「孟子曰：『萬物皆備於我矣。反身而誠，樂莫大焉！強恕而行，求仁莫近焉！』」東漢‧趙岐注，北宋‧孫奭疏：《孟子注疏》，收入清‧阮元校勘：《十三經注疏（附校勘記）》（臺北：藝文印書館，2001年），冊8，卷13上，頁229。

〔註5〕金‧郝大通：《太古集》，收入《正統道藏‧太平部》，冊43，頁690。

第三節　研究展望

《清微宏範道門功課・午壇功課・太古真人郝祖誥》：

> 至心皈命禮：「靜穆修真，澄虛悟道。少精《周易》，隱跡卜筮之中；
> 長遇重陽，猛省回頭之示。窮年靜坐以為功，而水火之顛倒早就；
> 對人不語以為養，而虎龍之會合已成。緣秘語之能參，乃累功之克
> 證。高風自在，遺範無邊。大悲大願，大聖大慈。全真翼教，廣寧
> 恬然上仙，太古澄悟天尊。」〔註6〕

亟觀想「太古」之生平事迹，又閱讀「恬然」之詩文圖畫，遂存思「廣寧」
之性命體用，以撰述「大通」之內涵義蘊。若能夠進一步田野調查，遍訪郝大
通及其「華山派」後代傳人，並且廣而細閱王重陽和其餘六子之傳世著作與近
人研究，更以實修參贊人軀小宇宙和自然大宇宙之相應內煉外養，筆者相信定
能深化郝大通《太古集》及其「全真丹道《易》學」，再述其得失乃至影響矣！

〔註6〕清・柳守元：《清微宏範道門功課》，收入《重刊道藏輯要・張集一》（清光緒
　　　三十二年丙午（1906）成都二仙菴重刊本），冊222，頁32。

參考文獻

壹、古籍原典（年代先後為序）

一、經部

（一）《周易》類

1. 東漢・鄭玄注，南宋・王應麟輯，清・惠棟考補：《增補鄭氏周易》，收入《景印文淵閣四庫全書・經部一・易類》第 7 冊，臺北：臺灣商務印書館，1986 年。

2. 東漢・鄭玄注，林忠軍校點：《易緯》，收入林忠軍：《《易緯》導讀》，濟南：齊魯書社，2002 年。

3. 魏・王弼、東晉・韓康伯注，唐・孔穎達等正義：《周易正義》，收入清・阮元校勘：《十三經注疏（附校勘記）》第 1 冊，臺北：藝文印書館，2001 年。

4. 魏・王弼：《周易略例》，收入魏・王弼撰，樓宇烈校釋：《王弼集校釋》下冊，北京：中華書局，2009 年。

5. 唐・李鼎祚集解，陳德述整理：《周易集解》，成都：巴蜀書社，1991 年。

6. 唐・李鼎祚集解，清・李道平纂疏，潘雨廷點校：《周易集解纂疏》，北京：中華書局，2019 年。

7. 北宋・胡瑗注，北宋・倪天隱述：《周易口義》，收入《景印文淵閣四庫全書・經部一・易類》第 8 冊，臺北：臺灣商務印書館，1986 年。

8. 北宋・劉牧：《易數鉤隱圖》，收入《景印文淵閣四庫全書・經部一・易類》第 8 冊，臺北：臺灣商務印書館，1986 年。

9. 北宋・劉牧：《易數鉤隱圖》，收入《正統道藏・洞真部・靈圖類》第 4 冊，臺北：新文豐出版公司，1985 年。

10. 北宋・邵雍：《皇極經世》，收入北宋・邵雍撰，郭彧、于天寶點校：《邵雍全集》第 1～3 冊，上海：上海古籍出版社，2015 年。

11. 北宋・程頤注，王孝魚點校：《周易程氏傳》，北京：中華書局，2021 年。

12. 北宋・朱震注，種方點校：《漢上易傳》，北京：中華書局，2022 年。

13. 北宋・李光注：《讀易詳說》，收入《景印文淵閣四庫全書・經部一・易類》第 10 冊，臺北：臺灣商務印書館，1986 年。

14. 南宋・李衡：《周易義海撮要》，收入《景印文淵閣四庫全書・經部一・易類》第 13 冊，臺北：臺灣商務印書館，1986 年。

15. 南宋・楊萬里注：《誠齋易傳》，收入《景印文淵閣四庫全書・經部一・易類》第 14 冊，臺北：臺灣商務印書館，1986 年。

16. 南宋・朱熹注：《周易本義》，臺北：國立臺灣大學出版中心，2017 年。

17. 南宋・呂祖謙編：《古周易》，收入《景印文淵閣四庫全書・經部一・易類》第 15 冊，臺北：臺灣商務印書館，1986 年。

18. 南宋・胡方平通釋，元・胡一桂撰，谷繼明點校：《易學啟蒙通釋・周易本義啟蒙翼傳》，北京：中華書局，2021 年。

19. 元・王申子注：《大易緝說》，收入《景印文淵閣四庫全書・經部一・易類》第 24 冊，臺北：臺灣商務印書館，1986 年。

20. 元・雷思齊：《易圖通變》，收入《景印文淵閣四庫全書・經部一・易類》第 21 冊，臺北：臺灣商務印書館，1986 年。

21. 元・雷思齊學：《易圖通變》，收入《正統道藏・太玄部》第 34 冊，臺北：新文豐出版公司，1985 年。

22. 元・雷思齊：《易筮通變》，收入《景印文淵閣四庫全書・經部一・易類》第 21 冊，臺北：臺灣商務印書館，1986 年。

23. 元・雷思齊學：《易筮通變》，收入《正統道藏・太玄部》第 34 冊，臺北：新文豐出版公司，1985 年。

24. 元・保巴注，陳少彤點校：《周易原旨・易源奧義》，北京：中華書局，2009 年。

25. 元・俞琰：《易外別傳》，收入《正統道藏・太玄部》第 34 冊，臺北：新文豐出版公司，1985 年。

26. 元・張理述:《易象圖說內篇》,收入《正統道藏・洞真部・靈圖類》第 4 冊,臺北:新文豐出版公司,1985 年。

27. 元・張理述:《易象圖說外篇》,收入《正統道藏・洞真部・靈圖類》第 4 冊,臺北:新文豐出版公司,1985 年。

28. 明・胡廣等奉敕撰:《周易傳義大全》,收入《景印文淵閣四庫全書・經部一・易類》第 28 冊,臺北:臺灣商務印書館,1986 年。

29. 明・來知德注,王豐先點校:《周易集注》,北京:中華書局,2019 年。

30. 明・黃道周注,翟奎鳳整理:《易象正》,北京:中華書局,2011 年。

31. 明・黃道周撰,翟奎鳳整理:《三易洞璣》,北京:中華書局,2014 年。

32. 明・方孔炤、明・方以智注,鄭萬耕點校:《周易時論合編》,北京:中華書局,2019 年。

33. 清・黃宗羲:《易學象數論》,收入沈善洪主編,吳光執行主編:《黃宗羲全集》第 9 冊,杭州:浙江古籍出版社,2005 年。

34. 清・黃宗炎:《圖學辨惑》,收入《景印文淵閣四庫全書・經部一・易類》第 40 冊,臺北:臺灣商務印書館,1986 年。

35. 清・毛奇齡撰,鄭萬耕點校:《毛奇齡易著四種》,北京:中華書局,2021 年。

36. 清・胡渭:《易圖明辨》,收入《景印文淵閣四庫全書・經部一・易類》第 44 冊,臺北:臺灣商務印書館,1986 年。

37. 清・李光地等奉敕纂,楊軍點校:《周易折中》,北京:中華書局,2022 年。

38. 清・李光地:《周易通論》,收入《景印文淵閣四庫全書・經部一・易類》第 42 冊,臺北:臺灣商務印書館,1986 年。

39. 清・李光地撰,梅軍校注:《周易通論校注》,北京:中華書局,2022 年。

40. 清・李光地注:《周易觀象》,收入《景印文淵閣四庫全書・經部一・易類》第 42 冊,臺北:臺灣商務印書館,1986 年。

41. 清・李光地注,梅軍校箋:《周易觀象校箋》,北京:中華書局,2021 年。

42. 清・查慎行注,范道濟點校:《周易玩辭集解》,北京:中華書局,2020 年。

43. 清・納喇性德編:《合訂刪補大易集義粹言》,收入《景印文淵閣四庫全書・經部一・易類》第 45～46 冊,臺北:臺灣商務印書館,1986 年。

44. 清‧胡煦撰，程林點校：《周易函書（附：卜法詳考等四種）》，北京：中華書局，2008 年。

45. 清‧惠棟撰，鄭萬耕點校：《周易述（附：易漢學、易例）》，北京：中華書局，2018 年。

46. 清‧傅恆等奉敕纂：《御纂周易述義》，收入《景印文淵閣四庫全書‧經部一‧易類》第 38 冊，臺北：臺灣商務印書館，1986 年。

47. 清‧孫星衍集解，黃冕點校：《孫氏周易集解》，北京：中華書局，2021 年。

48. 清‧張惠言撰，廣文編譯所編輯：《張惠言易學十書》，臺北：廣文書局，1970 年。

49. 清‧焦循撰，陳居淵校點：《雕菰樓易學》，北京：北京大學出版社，2012 年。

50. 清‧朱駿聲注：《六十四卦經解》，北京：中華書局，2020 年。

（二）《尚書》類

1. 西漢‧孔安國傳，唐‧孔穎達等正義：《尚書正義》，收入清‧阮元校勘：《十三經注疏（附校勘記）》第 1 冊，臺北：藝文印書館，2001 年。

（三）《詩經》類

1. 西漢‧毛亨傳，東漢‧鄭玄箋，唐‧孔穎達等正義：《毛詩正義》，收入清‧阮元校勘：《十三經注疏（附校勘記）》第 2 冊，臺北：藝文印書館，2001 年。

（四）《三禮》類

1. 東漢‧鄭玄注，唐‧賈公彥疏：《周禮注疏》，收入清‧阮元校勘：《十三經注疏（附校勘記）》第 3 冊，臺北：藝文印書館，2001 年。

2. 東漢‧鄭玄注，唐‧賈公彥疏：《儀禮注疏》，收入清‧阮元校勘：《十三經注疏（附校勘記）》第 4 冊，臺北：藝文印書館，2001 年。

3. 東漢‧鄭玄注，唐‧孔穎達等正義：《禮記正義》，收入清‧阮元校勘：《十三經注疏（附校勘記）》第 5 冊，臺北：藝文印書館，2001 年。

4. 北周‧盧辯注，清‧王聘珍解詁，王文錦點校：《大戴禮記解詁》，北京：中華書局，1983 年。

（五）《春秋》類

1. 東漢‧何休注，唐‧徐彥疏：《春秋公羊傳注疏》，收入清‧阮元校勘：《十三經注疏（附校勘記）》第 7 冊，臺北：藝文印書館，2001 年。

2. 西晉・杜預注，唐・孔穎達等正義：《春秋左傳正義》，收入清・阮元校勘：《十三經注疏（附校勘記）》第 6 冊，臺北：藝文印書館，2001 年。

3. 東晉・范甯注，唐・楊士勛疏：《春秋穀梁傳注疏》，收入清・阮元校勘：《十三經注疏（附校勘記）》第 7 冊，臺北：藝文印書館，2001 年。

（六）《孝經》類

1. 唐・玄宗明皇帝御注，北宋・邢昺疏：《孝經注疏》，收入清・阮元校勘：《十三經注疏（附校勘記）》第 8 冊，臺北：藝文印書館，2001 年。

（七）《四書》類

1. 東漢・趙岐注，北宋・孫奭疏：《孟子注疏》，收入清・阮元校勘：《十三經注疏（附校勘記）》第 8 冊，臺北：藝文印書館，2001 年。

2. 魏・何晏等注，北宋・邢昺疏：《論語注疏》，收入清・阮元校勘：《十三經注疏（附校勘記）》第 8 冊，臺北：藝文印書館，2001 年。

3. 南宋・朱熹注，徐德明校點：《四書章句集注》，上海：上海古籍出版社、合肥：安徽教育出版社，2001 年。

（八）《樂經》類

1. 明・朱載堉：《樂律全書》，收入《景印文淵閣四庫全書・經部九・樂類》第 213～214 冊，臺北：臺灣商務印書館，1986 年。

（九）《小學》類

1. 西晉・郭璞注，北宋・邢昺疏：《爾雅注疏》，收入清・阮元校勘：《十三經注疏（附校勘記）》第 8 冊，臺北：藝文印書館，2001 年。

二、史部

1. 西漢・司馬遷撰，南朝・宋・裴駰集解，唐・司馬貞索隱，唐・張守節正義：《史記》，北京：中華書局，1963 年。

2. 東漢・班固撰，唐・顏師古注：《漢書》，北京：中華書局，1964 年。

3. 南朝・宋・范曄撰，唐・李賢等注：《後漢書》，北京：中華書局，1973 年。

4. 唐・房玄齡等撰：《晉書》，北京：中華書局，1974 年。

5. 北宋・歐陽修、北宋・宋祁：《新唐書》，北京：中華書局，1975 年。

6. 南宋・鄭樵：《通志》，收入《景印文淵閣四庫全書・史部四・別史類》第 372～381 冊，臺北：臺灣商務印書館，1986 年。

7. 元・脫脫等撰：《金史》，北京：中華書局，1975 年。

8. 元・脫脫等撰：《宋史》，北京：中華書局，1977 年。

9. 明・宋濂等撰：《元史》，北京：中華書局，1976 年。

10. 清・永瑢等撰：《四庫全書總目》，北京：中華書局，1987 年。

11. 柯劭忞：《新元史》，上海：開明書店，1935 年。

三、子部

1. 戰國・秦・呂不韋撰，東漢・高誘注：《呂氏春秋》，收入《景印文淵閣四庫全書・子部十・雜家類一・雜學之屬》第 848 冊，臺北：臺灣商務印書館，1986 年。

2. 西漢・劉安撰，東漢・高誘注，劉文典集解，馮逸、喬華點校：《淮南鴻烈集解》，北京：中華書局，1989 年。

3. 西漢・京房撰，吳・陸績注：《京氏易傳》，收入《景印文淵閣四庫全書・子部七・術數類四・占卜之屬》第 808 冊，臺北：臺灣商務印書館，1986 年。

4. 東漢・班固撰，清・陳立疏證，吳則虞點校：《白虎通疏證》，北京：中華書局，1994 年。

5. 東漢・徐岳撰，北周・甄鸞注：《數術記遺注》，收入錢寶琮點校：《算經十書》，北京：中華書局，2021 年。

6. 魏・王弼注：《老子道德經注》，收入魏・王弼撰，樓宇烈校釋：《王弼集校釋》上冊，北京：中華書局，2009 年。

7. 西晉・郭象注，唐・陸德明釋文，唐・成玄英疏，清・郭慶藩集釋，王孝魚點校：《莊子集釋》，北京：中華書局，1985 年。

8. 唐・瞿曇悉達：《唐開元占經》，收入《景印文淵閣四庫全書・子部七・術數類二・占候之屬》第 807 冊，臺北：臺灣商務印書館，1986 年。

9. 唐・王冰次注，北宋・林億等校正：《黃帝內經素問》，收入《景印文淵閣四庫全書・子部五・醫家類》第 733 冊，臺北：臺灣商務印書館，1986 年。

10. 唐・王冰注，南宋・史崧音釋：《靈樞經》，收入《景印文淵閣四庫全書・子部五・醫家類》第 733 冊，臺北：臺灣商務印書館，1986 年。

11. 北宋・沈括：《夢溪筆談》，收入《景印文淵閣四庫全書・子部十・雜家類三・雜說之屬》第 862 冊，臺北：臺灣商務印書館，1986 年。

四、道教類

1. 東漢・河上公注，王卡點校：《老子道德經河上公章句》，北京：中華書局，1997 年。

2. 東漢・張陵注，饒宗頤校證：《老子想爾注校證》，上海：上海古籍出版社，1991 年。

3. 佚名：《靈寶元始无量度人上品妙經》，收入《正統道藏・洞真部・本文類》第 1 冊，臺北：新文豐出版公司，1985 年。

4. 佚名：《太上老君說常清靜妙經》，收入《正統道藏・洞神部・本文類》第 19 冊，臺北：新文豐出版公司，1985 年。

5. 唐・成玄英疏：《老子義疏》，收入胡道靜、陳耀庭、段文桂、林萬清主編：《藏外道書・經典類、老莊注釋類》第 22 冊，成都：巴蜀書社，1992～1994 年。

6. 唐・施肩吾撰，唐・李竦編：《西山群仙會真記》，收入《正統道藏・洞真部・方法類》第 7 冊，臺北：新文豐出版公司，1985 年。

7. 唐・杜光庭注：《太上老君說常清靜經註》，收入《正統道藏・洞神部・玉訣類》第 28 冊，臺北：新文豐出版公司，1985 年。

8. 唐・崔希範撰，元・混然子（王道淵）注：《崔公入藥鏡註解》，收入《正統道藏・洞真部・玉訣類》第 4 冊，臺北：新文豐出版公司，1985 年。

9. 鍾離權述，呂嵓集，唐・施肩吾傳：《鍾呂傳道集》，收入《正統道藏・洞真部・方法類》第 7 冊，臺北：新文豐出版公司，1985 年。

10. 鍾離權述：《破迷正道歌》，收入《正統道藏・洞真部・眾術類》第 8 冊，臺北：新文豐出版公司，1985 年。

11. 鍾離權撰，呂嵓傳：《祕傳正陽真人靈寶畢法》，收入《正統道藏・太清部》第 47 冊，臺北：新文豐出版公司，1985 年。

12. 鍾離權撰，呂嵓傳：《靈寶畢法》，收入《重刊道藏輯要・危集一》第 106 冊，清光緒三十二年丙午（1906）成都二仙菴重刊本。

13. 後蜀・彭曉注：《周易參同契分章通真義》，收入《正統道藏・太玄部》第 34 冊，臺北：新文豐出版公司，1985 年。

14. 後蜀・彭曉注：《周易參同契鼎器歌明鏡圖》，收入《正統道藏・太玄部》第 34 冊，臺北：新文豐出版公司，1985 年。

15. 張果老述:《太上九要心印妙經》,收入《正統道藏‧洞真部‧方法類》第
6 冊,臺北:新文豐出版公司,1985 年。

16. 佚名:《太上玄靈斗姆大聖元君本命延生心經》,收入《正統道藏‧洞神
部‧本文類》第 19 冊,臺北:新文豐出版公司,1985 年。

17. 佚名:《太上玄靈北斗本命延生真經》,收入《正統道藏‧洞神部‧本文
類》第 19 冊,臺北:新文豐出版公司,1985 年。

18. 北宋‧張伯端撰,南宋‧翁葆光注,南宋‧陳達靈傳,元‧戴起宗疏:《紫
陽真人悟真篇註疏》,收入《正統道藏‧洞真部‧玉訣類》第 4 冊,臺北:
新文豐出版公司,1985 年。

19. 北宋‧張伯端:《悟真篇并序》,收入《正統道藏‧洞真部‧方法類》第 7
冊,臺北:新文豐出版公司,1985 年。

20. 北宋‧張伯端撰,南宋‧黃自如注:《金丹四百字并序》,收入《正統道
藏‧太玄部》第 40 冊,臺北:新文豐出版公司,1985 年。

21. 北宋‧紫陽真人張伯端撰,清‧朱元育闡幽:《悟真篇闡幽》,收入《重刊
道藏輯要‧奎集三》第 129 冊,清光緒三十二年丙午(1906)成都二仙
菴重刊本。

22. 北宋‧張君房集進:《雲笈七籤》,收入《正統道藏‧太玄部》第 37 冊,
臺北:新文豐出版公司,1985 年。

23. 北宋‧高先:《真人高象先金丹歌》,收入《正統道藏‧太玄部》第 40 冊,
臺北:新文豐出版公司,1985 年。

24. 北宋‧洞元子:《洞元子內丹訣》,收入《正統道藏‧太玄部》第 40 冊,
臺北:新文豐出版公司,1985 年。

25. 南宋‧路時中、南宋‧翟汝文編撰:《無上玄元三天玉堂大法》,收入《正
統道藏‧洞真部‧方法類》第 6 冊,臺北:新文豐出版公司,1985 年。

26. 南宋‧鄒訢(朱熹)注:《周易參同契》,收入《正統道藏‧太玄部》第 34
冊,臺北:新文豐出版公司,1985 年。

27. 南宋‧白玉蟾注:《太上老君說常清靜經註》,收入《正統道藏‧洞神部‧
玉訣類》第 28 冊,臺北:新文豐出版公司,1985 年。

28. 南宋‧白玉蟾:《瓊琯白真人集》,收入《重刊道藏輯要‧婁集一～六》第
131～136 冊,清光緒三十二年丙午(1906)成都二仙菴重刊本。

29. 南宋・白玉蟾注：《道德寶章》，收入龔鵬程、陳廖安主編：《中華續道藏・初輯・經典教義（一）》第 7 冊，臺北：新文豐出版公司，1999 年。

30. 南宋・白玉蟾撰，周偉民、唐玲玲、安華濤點校：《白玉蟾集》，海口：海南出版社，2006 年。

31. 南宋・蕭應叟注：《元始無量度人上品妙經內義》，收入《正統道藏・洞真部・玉訣類》第 3 冊，臺北：新文豐出版公司，1985 年。

32. 南宋・翁葆光述：《紫陽真人悟真直指詳說三乘秘要》，收入《正統道藏・洞真部・玉訣類》第 4 冊，臺北：新文豐出版公司，1985 年。

33. 南宋・李簡易纂集：《玉谿子丹經指要》，收入《正統道藏・洞真部・方法類》第 4 冊，臺北：新文豐出版公司，1985 年。

34. 南宋・蕭廷芝述：《金丹大成集》，收入《正統道藏・洞真部・方法類》第 7 冊，臺北：新文豐出版公司，1985 年。

35. 南宋・陳朴傳，後晉・煙蘿子（燕真人），佚名，林屋逸人述，唐・崔希範述，南宋・曾慥，何鉏翁等：《雜著捷徑》，收入《正統道藏・洞真部・方法類》第 7 冊，臺北：新文豐出版公司，1985 年。

36. 南宋・王慶升述：《三極至命筌蹄》，收入《正統道藏・洞真部・眾術類》第 8 冊，臺北：新文豐出版公司，1985 年。

37. 金・王嚞：《重陽祖師修仙了性秘訣》，收入《正統道藏・太玄部》第 40 冊，臺北：新文豐出版公司，1985 年。

38. 金・王嚞：《重陽全真集》，收入《正統道藏・太平部》第 43 冊，臺北：新文豐出版公司，1985 年。

39. 金・王嚞：《重陽全真集》，收入《重刊道藏輯要・胃集一》第 138 冊，清光緒三十二年丙午（1906）成都二仙菴重刊本。

40. 金・王嚞：《重陽教化集》，收入《正統道藏・太平部》第 43 冊，臺北：新文豐出版公司，1985 年。

41. 金・王嚞：《重陽分梨十化集》，收入《正統道藏・太平部》第 43 冊，臺北：新文豐出版公司，1985 年。

42. 金・王嚞：《重陽真人金關玉鎖訣》，收入《正統道藏・太平部》第 43 冊，臺北：新文豐出版公司，1985 年。

43. 金・王嚞：《重陽真人授丹陽二十四訣》，收入《正統道藏・太平部》第 43 冊，臺北：新文豐出版公司，1985 年。

44. 金‧王嚞：《重陽立教十五論》，收入《正統道藏‧正一部》第 54 冊，臺北：新文豐出版公司，1985 年。

45. 金‧王嚞：《重陽祖師論打坐》，收入《正統道藏‧正一部》第 54 冊，臺北：新文豐出版公司，1985 年。

46. 金‧重陽祖師注，清虛道人錄：《五篇靈文注》，收入胡道靜、陳耀庭、段文桂、林萬清主編：《藏外道書‧攝養類》第 25 冊，成都：巴蜀書社，1992～1994 年。

47. 金‧王重陽撰，白如祥輯校：《王重陽集》，濟南：齊魯書社，2005 年。

48. 金‧清淨散人：《孫不二元君法語》，收入《重刊道藏輯要‧胃集七》第 144 冊，清光緒三十二年丙午（1906）成都二仙菴重刊本。

49. 金‧譚處端述：《水雲集》，收入《正統道藏‧太平部》第 43 冊，臺北：新文豐出版公司，1985 年。

50. 金‧馬鈺述：《洞玄金玉集》，收入《正統道藏‧太平部》第 43 冊，臺北：新文豐出版公司，1985 年。

51. 金‧馬鈺撰，趙衛東輯校：《馬鈺集》，濟南：齊魯書社，2005 年。

52. 金‧郝大通：《太古集》，收入《正統道藏‧太平部》第 43 冊，臺北：新文豐出版公司，1985 年。

53. 金‧廣寧子郝大通：《太古集》，收入《重刊道藏輯要‧胃集八》第 145 冊，清光緒三十二年丙午（1906）成都二仙菴重刊本。

54. 金‧王處一：《雲光集》，收入《正統道藏‧太平部》第 43 冊，臺北：新文豐出版公司，1985 年。

55. 金‧劉處玄造：《仙樂集》，收入《正統道藏‧太平部》第 43 冊，臺北：新文豐出版公司，1985 年。

56. 金‧譚處端、劉處玄、王處一、郝大通、孫不二撰，白如祥輯校：《譚處端‧劉處玄‧王處一‧郝大通‧孫不二集》，濟南：齊魯書社，2005 年。

57. 金‧丘處機述：《大丹直指》，收入《正統道藏‧洞真部‧方法類》第 7 冊，臺北：新文豐出版公司，1985 年。

58. 金‧丘處機撰，趙衛東輯校：《丘處機集》，濟南：齊魯書社，2005 年。

59. 金‧尹志平述，金‧段志堅編：《清和真人北遊語錄》，收入《正統道藏‧正一部》第 55 冊，臺北：新文豐出版公司，1985 年。

60. 金·王志謹撰，金·論志煥編：《盤山棲雲王真人語錄》，收入《正統道藏·太玄部》第 40 冊，臺北：新文豐出版公司，1985 年。

61. 金·秦志安編：《金蓮正宗記》，收入《正統道藏·洞真部·譜錄類》第 5 冊，臺北：新文豐出版公司，1985 年。

62. 金·姬志真：《雲山集》，收入《正統道藏·太平度》第 42 冊，臺北：新文豐出版公司，1985 年。

63. 金·李志常述：《長春真人西遊記》，收入《正統道藏·正一部》第 57 冊，臺北：新文豐出版公司，1985 年。

64. 金·圓明老人：《上乘修真三要》，收入《正統道藏·洞真部·方法類》第 7 冊，臺北：新文豐出版公司，1985 年。

65. 金·玄全子集：《真仙直指語錄》，收入《正統道藏·正一部》第 54 冊，臺北：新文豐出版公司，1985 年。

66. 元·李道純撰，元·蔡志頤編：《中和集》，收入《正統道藏·洞真部·方法類》第 7 冊，臺北：新文豐出版公司，1985 年。

67. 元·李道純注：《太上老君說常清靜經註》，收入《正統道藏·洞神部·玉訣類》第 28 冊，臺北：新文豐出版公司，1985 年。

68. 元·李道謙編：《七真年譜》，收入《正統道藏·洞真部·譜錄類》第 5 冊，臺北：新文豐出版公司，1985 年。

69. 元·李道謙編：《終南山祖庭仙真內傳》，收入《正統道藏·洞神部·記傳類》第 32 冊，臺北：新文豐出版公司，1985 年。

70. 元·李道謙集：《甘水仙源錄》，收入《正統道藏·洞神部·記傳類》第 33 冊，臺北：新文豐出版公司，1985 年。

71. 元·俞琰述：《周易參同契發揮》，收入《正統道藏·太玄部》第 34 冊，臺北：新文豐出版公司，1985 年。

72. 元·金月岩編，元·黃公望傳：《抱一函三祕訣》，收入《正統道藏·洞玄部·眾術類》第 18 冊，臺北：新文豐出版公司，1985 年。

73. 元·陳致虛：《上陽子金丹大要圖》，收入《正統道藏·太玄部》第 40 冊，臺北：新文豐出版公司，1985 年。

74. 元·劉志玄、元·謝西蟾：《金蓮正宗仙源像傳》，收入《正統道藏·洞真部·譜錄類》第 5 冊，臺北：新文豐出版公司，1985 年。

75. 元・彭致中集:《鳴鶴餘音》,收入《正統道藏・太玄部》第 40 冊,臺北:新文豐出版公司,1985 年。

76. 元・趙道一編修:《歷世真仙體道通鑑續編》,收入《正統道藏・洞真部・記傳類》第 8 冊,臺北:新文豐出版公司,1985 年。

77. 元・陸道和編集:《全真清規》,收入《正統道藏・正一部》第 54 冊,臺北:新文豐出版公司,1985 年。

78. 元・王道淵注:《太上老君說常清靜妙經纂圖解註》,收入《正統道藏・洞神部・玉訣類》第 28 冊,臺北:新文豐出版公司,1985 年。

79. 明・張正常撰,明・張宇初刪定,明・張國祥續補校梓:《漢天師世家》,收入《正統道藏・萬曆續道藏》第 58 冊,臺北:新文豐出版公司,1985 年。

80. 明・王世貞輯次,明・汪雲鵬校梓:《有象列仙全傳》,收入胡道靜、陳耀庭、段文桂、林萬清主編:《藏外道書・傳記神仙類》第 31 冊,成都:巴蜀書社,1992～1994 年。

81. 明・尹貞人高弟子:《性命圭旨》,收入胡道靜、陳耀庭、段文桂、林萬清主編:《藏外道書・攝養類》第 9 冊,成都:巴蜀書社,1992～1994 年。

82. 明・徐道編著,闞民、劉禎校注:《中國神仙大演義》,北京:中國文聯出版公司,1998 年。

83. 清・劉一明:《道書十二種》,收入胡道靜、陳耀庭、段文桂、林萬清主編:《藏外道書・教義教理類》第 8 冊,成都:巴蜀書社,1992～1994 年。

84. 清・劉體恕彙輯,清・黃誠恕參訂,清・羅圓喆續編:《呂祖全書》,收入龔鵬程、陳廖安主編:《中華續道藏・初輯・經典教義(十三)》第 19 冊,臺北:新文豐出版公司,1999 年。

85. 清・李西月撰,陳攖寧校訂:《三車祕旨》,收入胡道靜、陳耀庭、段文桂、林萬清主編:《藏外道書・攝養類》第 26 冊,成都:巴蜀書社,1992～1994 年。

86. 清・完顏崇實:《白雲僊表》,收入胡道靜、陳耀庭、段文桂、林萬清主編:《藏外道書・傳記神仙類》第 31 冊,成都:巴蜀書社,1992～1994 年。

87. 清・陳銘珪:《長春道教源流》,臺北:廣文書局,1975 年。

88. 清・朱元育闡幽:《參同契闡幽》,收入《重刊道藏輯要・虛集一～二》第 95 冊,清光緒三十二年丙午(1906)成都二仙菴重刊本。

89. 清‧柳守元：《清微宏範道門功課》，收入《重刊道藏輯要‧張集一》第222 冊，清光緒三十二年丙午（1906）成都二仙菴重刊本。

90. 清‧顏澤寰纂述，清‧賀為烈參校：《男女丹工異同辨》，收入胡道靜、陳耀庭、段文桂、林萬清主編：《藏外道書‧攝養類》第 26 冊，成都：巴蜀書社，1992～1994 年。

91. 高麗楊集校：《鍾呂傳道集‧西山群仙會真記》，北京：中華書局，2015 年。

92. 高麗楊集校：《全真史傳五種集校》，北京：中華書局，2020 年。

五、佛教類

1. 龍樹菩薩造，梵志青目釋，姚秦‧鳩摩羅什譯：《中論》，收入《大正新脩大藏經》第 30 冊，第 1564 號，東京：大藏出版株式會社，1988 年。

2. 西晉‧竺法護譯：《賢劫經》，收入《大正新脩大藏經》第 14 冊，第 425 號，東京：大藏出版株式會社，1988 年。

3. 姚秦‧鳩摩羅什譯：《金剛般若波羅蜜經》，收入《大正新脩大藏經》第 8 冊，第 235 號，東京：大藏出版株式會社，1988 年。

4. 姚秦‧鳩摩羅什譯：《摩訶般若波羅蜜大明咒經》，收入《大正新脩大藏經》第 8 冊，第 250 號，東京：大藏出版株式會社，1988 年。

5. 姚秦‧鳩摩羅什譯：《妙法蓮華經》，收入《大正新脩大藏經》第 9 冊，第 262 號，東京：大藏出版株式會社，1988 年。

6. 姚秦‧鳩摩羅什譯：《維摩詰所說經》，收入《大正新脩大藏經》第 14 冊，第 475 號，東京：大藏出版株式會社，1988 年。

7. 姚秦‧僧肇：《肇論》，收入《大正新脩大藏經》第 45 冊，第 1858 號，東京：大藏出版株式會社，1988 年。

8. 北涼‧曇無讖譯：《大般涅槃經》，收入《大正新脩大藏經》第 12 冊，第 374 號，東京：大藏出版株式會社，1988 年。

9. 北涼‧曇無讖譯：《大方等大集經》，收入《大正新脩大藏經》第 13 冊，第 397 號，東京：大藏出版株式會社，1988 年。

10. 南朝‧宋‧慧嚴等依《泥洹經》加之：《大般涅槃經》，收入《大正新脩大藏經》第 12 冊，第 375 號，東京：大藏出版株式會社，1988 年。

11. 隋‧智顗說：《摩訶止觀》，收入《大正新脩大藏經》第 46 冊，第 1911 號，東京：大藏出版株式會社，1988 年。

12. 唐・玄奘譯：《般若波羅蜜多心經》，收入《大正新脩大藏經》第 8 冊，第 251 號，東京：大藏出版株式會社，1988 年。

13. 唐・宗密述：《禪源諸詮集都序》，收入《大正新脩大藏經》第 48 冊，第 2015 號，東京：大藏出版株式會社，1988 年。

14. 北宋・施護譯：《佛說帝釋般若波羅蜜多新經》，收入《大正新脩大藏經》第 8 冊，第 249 號，東京：大藏出版株式會社，1988 年。

15. 北宋・道原纂：《景德傳燈錄》，收入《大正新脩大藏經》第 51 冊，第 2076 號，東京：大藏出版株式會社，1988 年。

16. 南宋・普濟集：《五燈會元》，收入《卍新纂大日本續藏經》第 80 冊，第 1565 號，東京：株式會社國書刊行會，1975～1989 年。

17. 元・宗寶編：《六祖大師法寶壇經》，收入《大正新脩大藏經》第 48 冊，第 2008 號，東京：大藏出版株式會社，1988 年。

六、集部

1. 金・元好問：《遺山集》，收入《景印文淵閣四庫全書・集部五・別集類四・金》第 1191 冊，臺北：臺灣商務印書館，1986 年。

貳、近人專著（姓名筆畫為序）

1. 丁原明、白如祥、李延倉：《早期全真道教哲學思想論綱》，濟南：齊魯書社，2011 年。

2. 王邦雄、岑溢成、楊祖漢、高柏園：《中國哲學史（增訂本）》，臺北：里仁書局，2017 年。

3. 王宗昱編：《金元全真教石刻新編》，北京：北京大學出版社，2005 年。

4. 王國維：《觀堂集林》，收入王國維撰，謝維揚、房鑫亮主編，駱丹、盧錫銘、胡逢祥、鄔國義、李解民副主編，謝維揚、莊輝明、黃愛梅分卷主編：《王國維全集》第 8 卷，杭州：浙江教育出版社、廣州：廣東教育出版社，2010 年。

5. 戈國龍：《論性命雙修》，香港：青松出版社，2009 年。

6. 朱伯崑：《易學哲學史》，北京：華夏出版社，1995。

7. 牟宗三：《佛性與般若》，收入牟宗三撰，尤惠貞編校：《牟宗三先生全集》第 3～4 冊，臺北：聯經出版公司，2003 年。

8. 牟宗三:《心體與性體》,收入牟宗三撰,蔡仁厚、林月惠編校:《牟宗三先生全集》第 5～7 冊,臺北:聯經出版公司,2003 年。

9. 伍偉民、蔣見元:《道教文學三十談》,上海:上海社會科學院出版社,1993 年。

10. 朱越利:《道藏分類解題》,北京:華夏出版社,1996 年。

11. 牟鍾鑑、胡孚琛、王葆玹主編:《道教通論——兼論道家學說》,濟南:齊魯書社,1991 年。

12. 任繼愈主編:《中國道教史(增訂本)》,北京:中國社會科學出版社,2001 年。

13. 任繼愈主編,鍾肇鵬副主編:《道藏提要(第三次修訂本)》,北京:中國社會科學出版社,2005 年。

14. 吳光正:《八仙故事系統考論:內丹道宗教神話的建構及其流變》,北京:中華書局,2006 年。

15. 邢兆良:《朱載堉評傳》,南京:南京大學出版社,1998 年。

16. 吳守賢、全和鈞主編:《中國古代天體測量學及天文儀器》,北京:中國科學技術出版社,2008 年。

17. 何宗旺:《中華煉丹術》,臺北:文津出版社,1995 年。

18. 杜松柏:《詩與詩學》,臺北:洙泗出版社,1991 年。

19. 杜昇雲、崔振華、苗永寬、肖耐園主編:《中國古代天文學的轉軌與近代天文學》,北京:中國科學技術出版社,2008 年。

20. 吳亞魁:《呂洞賓學案》,濟南:齊魯書社,2016 年。

21. 李秋麗:《元代易學史》,濟南:齊魯書社,2013 年。

22. 李養正編著:《新編北京白雲觀志》,北京:宗教文化出版社,2002 年。

23. 李豐楙:《神化與變異:一個「常與非常」的文化思維》,北京:中華書局,2010 年。

24. 呂鵬志:《道教哲學》,臺北:文津出版社,2000 年。

25. 孟乃昌:《《周易參同契》考辯》,上海:上海古籍出版社,1993 年。

26. 林忠軍:《象數易學發展史》,濟南:齊魯書社,1998 年。

27. 竺家寧:《聲韻學》,臺北:五南圖書出版公司,2016 年。

28. 林朝成、郭朝順:《佛學概論(修訂二版)》,臺北:三民書局,2017 年。

29. 周裕鍇:《禪宗語言》,杭州:浙江人民出版社,1999 年。

30. 屈萬里：《先秦漢魏易例述評》，臺北：臺灣學生書局，1985 年。

31. 胡孚琛、呂錫琛：《道學通論——道家·道教·丹道》，北京：社會科學文獻出版社，2004 年。

32. 胡孚琛：《丹道法訣十二講》，北京：社會科學文獻出版社，2009 年。

33. 胡孚琛編著：《丹道實修真傳：三家四派丹法解讀》，北京：社會科學文獻出版社，2012 年。

34. 卿希泰主編：《中國道教史（修訂本）》，成都：四川人民出版社，1996 年。

35. 徐振韜主編：《中國古代天文學詞典》，北京：中國科學技術出版社，2009 年。

36. 馬濟人：《道教與煉丹》，臺北：文津出版社，1997 年。

37. 高懷民：《兩漢易學史》，臺北：文津出版社，1970 年。

38. 高懷民：《先秦易學史》，臺北：東吳大學中國學術著作獎助委員會，1975 年。

39. 高懷民：《大易哲學論》，臺北：成文出版社，1978 年。

40. 高懷民：《宋元明易學史》，臺北：自印本，1994 年。

41. 張世祿：《中國音韻學史》，上海：上海書店，1984 年。

42. 郭武：《王重陽學案》，濟南：齊魯書社，2016 年。

43. 常秉義：《周易與曆法》，北京：中央編譯出版社，2009 年。

44. 陳垣編纂，陳智超、曾慶瑛校補：《道家金石略》，北京：文物出版社，1988 年。

45. 陳垣：《南宋初河北新道教考》，收入陳垣撰，陳志超主編：《陳垣全集》第 18 冊，合肥：安徽大學出版社，2009 年。

46. 陳美東：《中國古代天文學思想》，北京：中國科學技術出版社，2008 年。

47. 莊威風主編：《中國古代天象記錄的研究與應用》，北京：中國科學技術出版社，2009 年。

48. 張美櫻：《尋道、修道、行道》，臺北：蘭臺出版社，2011 年。

49. 章偉文：《宋元道教易學初探》，成都：巴蜀書社，2005 年。

50. 章偉文：《郝大通學案》，濟南：齊魯書社，2010 年。

51. 章偉文：《鍾離權學案》，濟南：齊魯書社，2018 年。

52. 梁淑芳：《全真七子修行之道》，臺北：文津出版社，2019 年。

53. 張培瑜、陳美東、薄樹人、胡鐵珠：《中國古代曆法》，北京：中國科學技術出版社，2008 年。

54. 陳榮華：《萵達瑪詮釋學與中國哲學的詮釋》，臺北：明文書局，1998 年。

55. 張夢機：《古典詩的形式結構》，臺北：駱駝出版社，1997 年。

56. 張廣保：《金元全真道內丹心性學》，北京：生活・讀書・新知三聯書店，1995 年。

57. 張廣保：《唐宋內丹道教》，上海：上海文化出版社，2001 年。

58. 張廣保：《金元全真教史新研究》，香港：青松出版社，2008 年。

59. 黃永武：《中國詩學——設計篇》，臺北：巨流圖書公司，1976 年。

60. 黃永武：《中國詩學——鑑賞篇》，臺北：巨流圖書公司，1976 年。

61. 黃永武：《中國詩學——考據篇》，臺北：巨流圖書公司，1977 年。

62. 黃永武：《中國詩學——思想篇》，臺北：巨流圖書公司，1979 年。

63. 黃兆漢編：《道藏丹藥異名索引》，臺北：臺灣學生書局，1989 年。

64. 黃慶萱注譯：《新譯周易六十四卦經傳通釋》，臺北：三民書局，2022 年。

65. 詹石窗、連鎮標：《易學與道教文化》，福州：福建人民出版社，1995 年。

66. 詹石窗：《玄通之妙：易學與道教符號揭秘》，北京：中國書店，2005 年。

67. 楊自平：《元代《易》學類型研究》，臺北：國立臺灣大學出版中心，2021 年。

68. 楊軍：《宋元三教融合與道教發展研究》，成都：巴蜀書社，2009 年。

69. 廖名春、康學偉、梁韋弦：《周易研究史》，長沙：湖南出版社，1991 年。

70. 甄盡忠：《星占學與漢代社會研究》，北京：中國社會科學出版社，2018 年。

71. 劉大鈞：《周易概論》，濟南：齊魯書社，1986 年。

72. 鄭吉雄：《易圖象與易詮釋》，臺北：國立臺灣大學出版中心，2004 年。

73. 潘雨廷：《道藏書目提要》，上海：上海古籍出版社，2003 年。

74. 劉固盛：《道教老學史》，武漢：華中師範大學出版社，2008 年。

75. 劉國樑：《道教與周易》，北京：燕山出版社，1994 年。

76. 劉國樑、連遙注譯：《新譯悟真篇》，臺北：三民書局，2019 年。

77. 劉國樑注譯，黃沛榮校閱：《新譯周易參同契》，臺北：三民書局，2018 年。

78. 黎凱旋：《易數淺說》，臺北：名山出版社，1976 年。

79. 鄭燦山：《東晉唐初道教道德經學：關於道德經與重玄思想暨太玄部之討論》，臺北：臺灣學生書局，2009 年。

80. 蕭天石：《道家養生學概要》，鄭州：中州古籍出版社，1988 年。

81. 蕭天石：《道海玄微》，北京：華夏出版社，2007 年。

82. 盧央：《中國古代星占學》，北京：中國科學技術出版社，2008 年。

83. 蕭登福：《道教與佛教》，臺北：東大圖書公司，1995 年。

84. 蕭登福：《正統道藏總目提要》，臺北：文津出版社，2011 年。

85. 蕭登福：《太歲元辰與南北斗星神信仰》，臺北：新文豐出版公司，2017 年。

86. 蕭進銘：《反身體道——內丹密契主義研究》，臺北：新文豐出版公司，2009 年。

87. 蕭漢明、郭東升：《《周易參同契》研究》，上海：上海文化出版社，2001 年。

88. 賴錫三：《丹道與易道：內丹的性命修煉與先天易學》，臺北：新文豐出版公司，2010 年。

89. 戴璉璋：《易傳之形成及其思想》，臺北：文津出版社，1989 年。

90. 簡博賢：《魏晉四家易研究》，臺北：文史哲出版社，1986 年。

91. 譚其驤主編：《中國歷史地圖集》，北京：中國地圖出版社，1996 年。

92. 釋印順：《中觀論頌講記》，收入《印順法師佛學著作集》第 5 冊，第 5 號，臺北：正聞出版社，2003～2016 年。

叄、外文譯著（中譯筆畫為序）

1. 〔英〕史蒂芬‧霍金撰，郭兆林、周念縈譯：《圖解時間簡史》（*The Illustrated a Brief History of Time*），臺北：大塊文化，2012 年。

2. 〔瑞士〕卡爾‧榮格撰，楊儒賓譯：《黃金之花的秘密：道教內丹學引論》，臺北：商鼎數位出版公司，2012 年。

3. 〔日〕蜂屋邦夫撰，欽偉剛譯：《金代道教研究：王重陽與馬丹陽》，北京：中國社會科學出版社，2007 年。

4. 〔日〕蜂屋邦夫撰，金鐵成、張強、李素萍、金順英譯：《金元時代的道教——七真研究》（*Taoism during the Jin-Yuan Period*），濟南：齊魯書社，2014 年。

5. 〔法〕戴思博撰,李國強譯:《《修真圖》——道教與人體》(*Xiu Zhen Tu*),
濟南:齊魯書社,2013 年。

肆、專書論文(年月先後為序)

1. 詹石窗:〈《悟真篇》易學象數意蘊發秘〉,收入陳鼓應主編:《道家文化研
究(第十一輯):道教易專號》,北京:生活・讀書・新知三聯書店,1997
年 10 月,頁 258~264。

2. 陳廖安:〈論《易・坤》之「西南得朋東北喪朋」〉,收入賴貴三主編:《春
風煦學集——黃慶萱教授七秩華誕受業論集》,臺北:里仁書局,2001 年
4 月,頁 5~30。

3. 胡孚琛:〈丹道法訣十二講(連載)〉,收入賴宗賢統籌,詹石窗主編:《道
韻(第十一輯)——三玄與丹道養生(乙)》,臺北:中華大道文化事業公
司,2002 年 8 月,頁 2~37。

4. 張廣保:〈全真道性命雙修的內丹學〉,收入賴宗賢統籌,詹石窗主編:
《道韻(第十一輯)——三玄與丹道養生(乙)》,臺北:中華大道文化事
業公司,2002 年 8 月,頁 65~113。

5. 呂錫琛:〈論道教心性修煉的心理調治功能〉,收入陳鼓應主編:《道家文
化研究(第二十一輯):「道教與現代生活」專號》,北京:生活・讀書・
新知三聯書店,2006 年 3 月,頁 251~271。

6. 李豐楙:〈洞天與內景:西元二至五世紀江南道教的內向遊觀〉,收入劉
苑如主編:《體現自然:意象與文化實踐》,臺北:中央研究院中國文哲
研究所,2012 年 3 月,頁 37~80。

伍、期刊論文(年月先後為序)

1. 張應超:〈郝大通——全真華山派開派祖師〉,《中國道教》1993 年第 4 期,
1993 年 3 月,頁 45~46。

2. 胡孚琛:〈道教內丹學揭秘〉,《世界宗教研究》1997 年第 4 期,1997 年
12 月,頁 87~99。

3. 賴貴三:〈《周易》「命」觀初探〉,《國文學報》第 30 期,2001 年 6 月,
頁 1~35。

4. 李玉用:〈慧能禪與全真道之心性論比較〉,《五臺山研究》2007 年第 1 期,
2007 年 3 月,頁 37~41。

5. 戈國龍：〈《大丹直指》非丘處機作品考〉，《世界宗教研究》2008 年第 3 期，2008 年 9 月，頁 43～50。

6. 王瑩瑩、楊金生：〈論古代經絡學說的文化內涵〉，《醫學與哲學（人文社會醫學版）》2010 年第 2 期，2010 年 2 月，頁 63～65（下轉第 79 頁）。

7. 袁康就：〈《內景圖》與《修真圖》初探〉，《中國道教》2010 年第 1 期，2010 年 2 月，頁 25～32。

8. 章偉文、黃義華：〈全真「華山派」傳承譜系分析〉，《中國道教》2010 年第 2 期，2010 年 4 月，頁 39～44。

9. 陳伯适（陳睿宏）：〈郝大通《太古集》的天道觀──以其《易》圖中的宇宙時空圖式為主體（上）〉，《興大中文學報》第 27 期，2010 年 6 月，頁 129～156。

10. 鄭燦山：〈道教內丹的思想類型及其意義──以唐代鍾呂《靈寶畢法》為論述核心〉，《臺灣宗教研究》第 9 卷第 1 期，2010 年 6 月，頁 29～57。

11. 李延倉：〈郝大通的「易學天道」論〉，《周易研究》2010 年第 3 期，2010 年 6 月，頁 54～61。

12. 陳伯适（陳睿宏）：〈郝大通《太古集》的天道觀──以其《易》圖中的宇宙時空圖式為主體（下）〉，《興大中文學報》第 28 期，2010 年 12 月，頁 59～76。

13. 劉達科：〈金朝全真禪法及其文學體現〉，《忻州師範學院學報》2010 年第 6 期，2010 年 12 月，頁 1～3。

14. 李小青：〈內丹術與《黃帝內經》〉，《中醫藥文化》2011 年第 2 期，2011 年 4 月，頁 33～35。

15. 張曉芬：〈粹之以易象，廣之以禪悅──試論郝大通暨其弟子「全真心性論」的修養功夫〉，《國防大學通識教育學報》第 1 期，2011 年 6 月，頁 223～240。

16. 鄭燦山：〈唐初道士成玄英「重玄」的思維模式──以《老子義疏》為討論核心〉，《國文學報》第 50 期，2011 年 12 月，頁 29～55。

17. 李延倉：〈論全真道哲學的心性超越旨歸〉，《東嶽論叢》2012 年第 9 期，2012 年 9 月，頁 37～41。

18. 吳光正：〈苦行與試煉──全真七子的宗教修持與文學創作〉，《中國文哲研究通訊》第 23 卷第 1 期，2013 年 3 月，頁 39～67。

19. 郭樹群：〈京房六十律「律值日」理論律學思維闡微〉，《音樂研究》2013年第4期，2013年7月，頁38～57。

20. 江淑君：〈成玄英《道德經開題序訣義疏》中的心性論述〉，《中國學術年刊》第36期（秋季號），2014年9月，頁19～42。

21. 章偉文：〈太古真人郝大通及盤山派的全真內丹心性學〉，《世界宗教研究》2014年第6期，2014年12月，頁81～89。

22. 李康：〈華山派丹法源流及特點〉，《武當》2015年第6期，2015年6月，頁65～66。

23. 王旭陽：〈《太古集自序》所見郝大通易學思想概述〉，《今古文創》2020年第9期，2020年3月，頁21～22。

24. 邢玉瑞：〈二十八宿體系在中醫理論建構中的作用研究〉，《中華中醫藥雜誌》2020年第35卷第8期，2020年8月，頁3815～3818。

25. 魏耀武：〈郝大通內丹學本體論的易學建構〉，《武當》2022年第1期，2022年1月，頁54～56。

26. 馬金、孫小淳：〈三分損益模式下追求平均律的嘗試：京房推到六十律〉，《廣西民族大學學報（自然科學版）》2022年第1期，2022年2月，頁11～21（下轉第32頁）。

27. 戈國龍：〈論道教內丹學的「玄關一竅」〉，《世界宗教研究》2022年第5期，2022年5月，頁52～60。

28. 韓占剛：〈全真祖師的相關詩文集補考〉，《中國典籍與文化》2022年第3期，2022年7月，頁113～121。

陸、研討會論文（年月先後為序）

1. 陳廖安：〈道教太極圖的體用觀〉，收入郭武主編，香港道教學院主辦：《道教教義與現代社會國際學術研討會論文集》，上海：上海古籍出版社，2003年8月，頁151～168。

2. 李豐楙：〈順與逆：丹道修煉與現代生活〉，收入郭武主編，香港道教學院主辦：《道教教義與現代社會國際學術研討會論文集》，上海：上海古籍出版社，2003年8月，頁362～385。

3. 陳廖安：〈《全真道藏》芻議〉，收入盧國龍編：《全真弘道集：全真道──傳承與開創國際學術研討會論文集》，香港：青松出版社，2004年7月，頁395～419。

4. 賴貴三：〈兩漢易學「氣化宇宙論」思想探析〉，收入《「第二屆儒道國際學術研討會——兩漢」論文集》，臺北：國立臺灣師範大學國文學系，2005年8月，頁463～491。

5. 謝聰輝：〈四隅方位：漢代式盤與道教科儀的運用析論〉，收入《「第二屆儒道國際學術研討會——兩漢」論文集》，臺北：國立臺灣師範大學國文學系，2005年8月，頁645～676。

6. 樊光春：〈全真道傳承關係研究芻議〉，收入丁鼎主編，趙衛東、于建平副主編：《昆嵛山與全真道：全真道與齊魯文化國際學術研討會論文集》，北京：宗教文化出版社，2006年8月，頁25～28。

7. 郭武：〈全真七子「入門」次序略考〉，收入丁鼎主編，趙衛東、于建平副主編：《昆嵛山與全真道：全真道與齊魯文化國際學術研討會論文集》，北京：宗教文化出版社，2006年8月，頁29～37。

8. 呂錫琛：〈全真道心性思想的心理治療智慧〉，收入丁鼎主編，趙衛東、于建平副主編：《昆嵛山與全真道：全真道與齊魯文化國際學術研討會論文集》，北京：宗教文化出版社，2006年8月，頁115～122。

9. 欽偉剛：〈俞琰《參同契》注解所見全真教文獻〉，收入丁鼎主編，趙衛東、于建平副主編：《昆嵛山與全真道：全真道與齊魯文化國際學術研討會論文集》，北京：宗教文化出版社，2006年8月，頁308～314。

10. 吳韋諒：〈李南暉《讀易觀象惺惺錄》圖數推演探賾〉，收入第二十七屆國立臺灣師範大學國文學系研究生學術論文研討會籌備小組編：《思辨集·第二十四集》，臺北：國立臺灣師範大學國文學系，2021年3月，頁24～59。〔註1〕

11. 吳韋諒：〈郝大通《太古集》中金丹詩隱訣及與修真圖關係探驪〉，收入《《中國文學研究》第四十二屆論文發表會會議論文集》，臺北：國立臺灣大學中國文學系，2021年5月，頁29～61。

〔註1〕本論文係參與賴貴三教授（1962～）科技部計畫〈隴右真儒犖聖道，定西通渭仰青峰——清儒李南暉《易》學、理學與醫學會通研究〉之階段性成果（科技部計畫編號：MOST 109-2410-H-003-119-；科技部計畫學習期間：民國109年8月1日至民國110年7月31日）。本文完成承蒙賴貴三教授、陳廖安教授（1955～）、趙中偉教授（1950～）與匿名審查教授，不吝惠賜寶貴建議，筆者已採納其部分意見進行增補，特此致謝。

12. 吳韋諒：〈越南《周易》之圖書《易》策目探論〉（The Research into the Cemus of *Yi* Based on Diagram-Chart in *Book of Changes* in Vietnam），收入福建省學位委員會辦公室主辦，福建師範大學、福建省文學學會承辦，福建師範大學研究生院、文學院、教育部人文社科重點研究基地閩臺區域研究中心、福建省社科研究基地中華文化傳承發展研究中心、臺灣師範大學國文學系、臺灣萬卷樓圖書有限公司協辦：《第三屆海峽兩岸研究生人文論壇論文集》，福州：福建師範大學、臺北：臺灣師範大學國文學系，2021 年 11 月，頁 606～614。〔註2〕

13. 吳韋諒：〈「積學以儲寶」：如何引導學生「積學」、「儲寶」？〉，收入福建省學位委員會辦公室主辦，福建師範大學、福建省文學學會承辦，福建師範大學研究生院、文學院、教育部人文社科重點研究基地閩臺區域研究中心、福建省社科研究基地中華文化傳承發展研究中心、臺灣師範大學國文學系、臺灣萬卷樓圖書有限公司協辦：《第四屆海峽兩岸研究生人文論壇（臺北會場）論文集》，福州：福建師範大學、臺北：臺灣師範大學國文學系，2022 年 12 月，頁 87～98。

柒、學位論文（畢業年分為序）

一、碩士學位論文

1. 蔡纓勳：《僧肇般若思想之研究》，臺北：國立臺灣師範大學文學院中國文學研究所碩士學位論文，1985 年。

2. 許力仁：《李道平《周易集解纂疏》研究》，臺北：國立臺灣師範大學文學院中國文學系研究所碩士學位論文，2005 年。

3. 李興華：《北宋道士張伯端內丹道的火候論研究》，新竹：玄奘大學文理學院宗教學系碩士在職專班學位論文，2007 年。

4. 王旭陽：《郝大通術數學思想研究》，北京：中央民族大學哲學與宗教學學院宗教學碩士學位論文，2018 年。

〔註 2〕本論文係參與賴貴三教授科技部計畫〈越南漢喃文書之《易》學研究〉之階段性成果（科技部計畫編號：MOST 110-2410-H-003-062-；科技部計畫學習期間：民國 110 年 8 月 1 日至民國 111 年 7 月 31 日）。本文完成承蒙賴貴三教授、曾暐傑教授（1986～）與匿名審查教授，不吝惠賜寶貴建議，筆者已採納其部分意見進行增補，特此致謝。

5. 黃聖文：《彭曉《周易參同契分章通真義》研究》，臺北：國立臺灣師範大學文學院國文學系碩士學位論文，2021 年。

二、博士學位論文

1. 郭建洲：《張伯端道教思想研究》，濟南：山東大學中國哲學博士學位論文，2005 年。
2. 王詩評：《清初陶素耜《周易參同契脈望》研究——以內丹雙修學為主》，臺北：國立臺灣師範大學文學院國文學系博士學位論文，2013 年。
3. 徐明生：《道教「三一」義研究》，蘇州：蘇州大學中國哲學博士學位論文，2014 年。

捌、電子資源（中英名稱為序）

一、中文網站

1. 《文淵閣四庫全書電子版》內聯網版——下載目錄：http://0-newskqs.lib.ntnu.edu.tw.opac.lib.ntnu.edu.tw//skqs/download（網站檢索日期：2022 年 12 月 22 日）。
2. 佛光大辭典：https://www.fgs.org.tw/fgs_book/fgs_drser.aspx（網站檢索日期：2022 年 12 月 22 日）。
3. 道教研究資料檢索：http://www.daoist.org/BookSearch(test)/research_material.htm（網站檢索日期：2022 年 12 月 22 日）。
4. 漢籍電子文獻資料庫：https://0-hanchi-ihp-sinica-edu-tw.opac.lib.ntnu.edu.tw/ihp/hanji.htm（網站檢索日期：2022 年 12 月 22 日）。
5. CBETA 線上閱讀：https://cbetaonline.dila.edu.tw/zh（網站檢索日期：2022 年 12 月 22 日）。

二、外文網站

1. Data.GISS: Time and Date of Vernal Equinox：https://data.giss.nasa.gov/modelE/ar5plots/srvernal.html（網站檢索日期：2022 年 12 月 22 日）。
2. International Astronomical Union | IAU：https://www.iau.org（網站檢索日期：2022 年 12 月 22 日）。
3. Stellarium Astronomy Software：https://stellarium.org（網站檢索日期：2022 年 12 月 22 日）。